Andrea

AtV

M

Amy Myers wurde 1938 in Kent geboren. Sie studierte an der Reading University englische Literatur, arbeitete als Verlagslektorin und war bis 1988 Direktorin eines Londoner Verlages. Seit 1989 ist sie freischaffende Schriftstellerin. Sie ist mit einem Amerikaner verheiratet und wohnt in Kent. Amy Myers schreibt auch unter den Namen Harriet Hudson und Laura Daniels.

In ihren ersten Ehejahren arbeitete ihr Mann in Paris, und sie pendelte zwischen London und der französischen Hauptstadt hin und her. Neben vielen anderen Dingen mußte sie nun lernen, sich auf französischen Märkten und den Speisekarten französischer Restaurants zurechtzufinden. Dabei kam ihr die Idee, einen französischen Meisterkoch zum Helden eines klassischen englischen Krimis zu machen: Auguste Didier war geboren. 1986 veröffentlichte sie ihren ersten Kriminalroman »Mord im Dienstbotenzimmer«, 1987 folgte »Mord im Rampenlicht«, 1989 »Mord im Club«, 1991 »Mord in Cannes«, 1992 »Mord als Vorspeise« und »Mord unterm Tannenzweig«, 1994 »Mord im Pavillon« und 1995 »Mord in der Music Hall«. In ihnen allen beweist sich Auguste Didier als exzellenter Koch und Detektiv.

Prinzessin Tatjana, seit kurzem Mrs. Auguste Didier, ist so stolz auf ihren Motorclub, in dem adlige Damen gemeinsam ihrer Leidenschaft für die gerade in Mode kommenden Automobile frönen. Da taucht Hester Hart auf, die selbstbewußte Tochter eines Knopffabrikanten, und versucht, sich mit aller Macht in den Vordergrund zu drängen. Einigen der Damen ist das sehr unheimlich, denn sie kennen sie von früher und scheinen sie nicht in bester Erinnerung zu haben. Doch das beruht offenbar auf Gegenseitigkeit. Hester hat England vor einigen Jahren verlassen, um ausgedehnte Reisen in den Orient zu unternehmen. Nun ist sie, inzwischen eine Berühmtheit, zurückgekehrt, um sich für alte Kränkungen zu rächen. Und dabei geht sie nicht gerade zimperlich vor. Die Atmosphäre im Club scheint vergiftet. Trotzdem läßt Tatjana alle Sorgfalt walten beim Planen des Automobilkorsos nach Canterbury, wo König Edward VII. die Damen begrüßen wird. Am Morgen des langerwarteten Freudentags findet Auguste Hester Hart ermordet neben dem Elektromobil, das sie nach Canterbury fahren wollte.

Amy Myers

Mord im Motorclub

Kriminalroman

Aus dem Englischen
von Irmhild und Otto Brandstädter

Aufbau Taschenbuch Verlag

Titel der Originalausgabe

Murder in the Motor Stable

ISBN 3-7466-1086-9

1. Auflage 1997

Umschlaggestaltung Preuße-Hülpüsch grafik Design
Satz LVD GmbH, Berlin
Druck Elsnerdruck GmbH, Berlin
Printed in Germany

Vorbemerkung der Verfasserin

Mord im Motorclub wäre ohne den Beistand meiner Verleger, besonders Jane Morpeth und Andi Blackwell vom Headline Verlag, und meiner Agentin Dorothy Lumley von der Dorian Literary Agency nie auf die Straße getuckert - ihnen allen gebührt mein herzlicher Dank.

Zu Dank verpflichtet bin ich nicht minder Fred Ferrier und meinem Mann James Myers, beide ausgemachte Automobil-Enthusiasten, für ihre Hilfe und Empfehlungen, sowie Bernard Pfrunder.

Zum Schluß sehe ich mich veranlaßt, Seine verewigte Majestät König Edward VII. um Nachsicht zu bitten, daß ich ihn gezwungen habe, an einer Veranstaltung in Kent teilzunehmen, während er sich in Wirklichkeit auf eine Drei-Tages-Tour nach Liverpool, Swansea und Birmingham begab.

Prolog

Hester Hart stand auf dem Deck eines belgischen Postdampfers und grüßte die weißen Klippen von Dover im Überschwang ihrer Gefühle. Vermutlich war Wilhelm der Eroberer ähnlich begeistert, als er am Strand von Pevensey an Land sprang. Vor ihr lag ein neues Königreich, ihr Geburtsland. Die frisch gekürte Königin der Wüste, Tochter von Sir Herbert Hart, dem königlichen Knopflieferanten, schickte sich an, ihren nächsten und entscheidenden Feldzug zu unternehmen.

Das Schiff legte an, und tief unter ihr am Admiralty Pier hasteten Schauerleute und Matrosen emsig wie Ameisen umher, dazwischen hatten sich englische Polizisten postiert, die sich nicht von der Stelle rührten. Ameisen dieser Art gab es überall in der Welt, Dragomane, Maultiertreiber, Arbeiter aller Art; man warf ihnen ein paar Silberlinge zu, und sie waren glücklich. Doch die bessere Gesellschaft Englands gab sich mit so simplen Ansprüchen nicht zufrieden. Hester wäre sonst nicht außer Landes gegangen. Hier galt die Devise »Undank ist der Welt Lohn«, es sei denn, man gehörte zur Elite. Ihr Haß flammte wieder auf, als ihr Vorkommnisse aus früheren Zeiten in den Sinn kamen. Alte Rechnungen zu begleichen verlangte Überlegung und sorgsames Vorgehen. Sie hatte lange genug Zeit gehabt, darüber nachzudenken. Vor fünfzehn Jahren, 1889 hatte sie sich auf den Weg gemacht, um in die Fußstapfen von Jane Digby und Hester Stanhope zu treten, die im Orient Furore gemacht hatten. Jetzt schrieb man das Jahr 1904, ein neues Jahrhundert hatte begonnen, und anders als ihre Vorgängerinnen kehrte sie zurück, gewillt, die Gesellschaft zu zwingen, sie an den eng geschnürten Busen zu drücken.

Die Gangway wurde herabgelassen, und Träger drängten auf die Decks. Sie bedeutete einem grobschlächtigen Einheimischen, ihre wenigen Gepäckstücke aufzunehmen, und verglich ihn unwillkürlich mit dem arabischen Dragoman, der sie auf ihren Reisen begleitet und unterhalten hatte. Ihre versiegelten Seekisten hatte sie schon vorausgeschickt; sie bargen kostbares Gut, auf das ihr ganzer Plan gegründet war. Der Habe, die sie jetzt noch bei sich hatte, konnte der Bursche nicht schaden.

»London«, wies sie ihn kurz und knapp an.

»Erster Klasse, Madam?«

Hester reagierte verärgert. Hatte der Kerl keine Augen im Kopf? Selbstverständlich reiste sie erster Klasse. Sie war in England, nicht in Syrien.

Der Mann aus Dover mochte mit einem orientalischen Dragoman nicht mithalten können, aber er wußte sehr wohl, wann sein Lohn von drei Pennys auf dem Spiel stand, und kaum waren sie am Zoll Seiner Majestät vorbei, strebte er geradewegs einem Waggon »Nur für Damen« zu.

Hester war es zufrieden und lohnte es ihm. Der frische Aprilwind zerrte an den Hutnadeln, mit denen sie ihren breitkrempigen, mit Pfauenfedern geschmückten Kopfputz festgesteckt hatte. »Nur für Damen«, o ja, jetzt endlich würde man ihr den rechtmäßigen Platz in der Gesellschaft zugestehen. Man hatte sie lange genug gedemütigt und zurückgewiesen. Sie würde die Portale der High-Society stürmen. Das hübsche Gefieder derer, die ihr einst den Weg versperrten, würde sie zausen, mehr noch, sie würde eins dieser Hühnchen nach dem anderen rupfen.

Sie wußte auch schon, wo beginnen – beim Automobilclub für Damen, den so eine drittklassige russische Prinzessin vor kurzem gegründet hatte ...

1. Kapitel

»Eher würd' ich sterben, du Hundesohn!«

Der leidenschaftliche Aufschrei seines Küchenchefs ließ Auguste Didier, der mit seinen *filets de sole à la Tatiana* beschäftigt war, aufschrecken, und schon eilte er zu den Kampfhähnen hinüber. Der gesunde Menschenverstand sagte ihm, daß sein Koch Pierre Calille mit Luigi Peroni, Oberkellner im Clubrestaurant, nur mal wieder wie üblich aneinandergeraten war. Aber es galt, den Streit zu schlichten, andernfalls sah er das Dinner gefährdet. Finster blickend ging er dazwischen.

»Was gibt es so Wichtiges, daß man die Mayonnaise halbfertig stehen läßt?«

»Minze, Monsieur Didier.« Luigi weidete sich sichtlich daran, Pierres Herrn die schlechte Nachricht zu überbringen, zumal er der Gatte der Präsidentin des Motorclubs für Damen war. »Es hat Beschwerden gegeben.«

»Engländerinnen mögen doch aber Minze«, wunderte sich Auguste. »Es gibt nur wenige, die überhaupt noch andere Gewürze kennen.«

»Aber nicht in Rissole.« Luigi triefte vor Selbstgefälligkeit.

»Rissole?« kreischte Pierre. »Kroketten waren es – von Spitzenqualität. Monsieur Escoffier gehört zu den Leuten, die für Neues aufgeschlossen sind.«

»Das Pech ist nur, Pierre, daß Damen wie Lady Bullinger sich neuem gegenüber mitunter ablehnend verhalten«, gab Auguste vorsichtig zu bedenken.

»Und ich lehne es ab, mir von einem Kellner sagen zu lassen, wie man zu kochen hat«, wütete Pierre. »Soll ich mich etwa dem englischen Geschmack beugen, wenn ich eigens hergekommen bin, ihn zu kultivieren?«

Einer solchen Auffassung konnte Auguste nur zustimmen, aber er hatte die Interessen seiner Frau zu wahren, ging es doch um ihren Club. Er mußte einen Kompromiß finden. »Vielleicht wäre ein bißchen weniger Minze ...«

»Schmeckt zu streng, wie alles, was er kocht«, fiel ihm Luigi ins Wort, der sah, daß sich das Blatt zu seinen Gunsten wendete. »Mit Basilikum ist das anders.«

»Basilikum und mild im Geschmack?« Pierres dunkle Augen funkelten. »Ich hab das Gedicht von Keats gelesen, ›Isabella oder der Basilikumtopf‹. Da vergraben Italiener abgeschlagene Köpfe von Toten in Basilikum.«

»Ich werde gleich deinen drin begraben, du Hund.« Dieser unfaire Hieb ging an seine Nationalehre, und er konnte sich nicht mehr beherrschen.

»Ich bin verantwortlich für ...«

»Und ich bin für das Dinner heute abend verantwortlich«, erklärte Auguste laut und deutlich. »Fahren wir also mit den Vorbereitungen fort.« Im stillen dankte er seinem Vater dafür, daß er sich eine Engländerin zur Frau genommen hatte; in kritischen Situationen dominierten meist ihre Gene, und das kam einem Mann aus der Provence wie ihm zugute, besonders wenn man zwischen diesen beiden steckte, dem Kellner aus Mailand und dem in Marseille geborenen Pierre. Er mochte beide, den robusten, philosophisch veranlagten Pierre vielleicht sogar etwas mehr. Rein vom Äußeren her waren sie sich nicht unähnlich; beide waren Anfang dreißig, etwa so groß wie er selbst, ein Meter achtzig, beide hatten dunkles Haar, eine kräftige Statur; die glänzenden dunklen Augen und die Hautfarbe verrieten ihre südländische Herkunft. Pierres Blick zeugte von der leidenschaftlichen Hingabe an seinen Beruf, Luigis wirkte mehr belustigt, distanzierter. Der eine, vermutete Auguste, hatte strenge Moralvorstellungen, der andere, fürchtete er, wußte gar nicht, was das war. Auguste konnte das aber nur insofern interessieren, als Streitigkeiten zwischen den beiden sich negativ auf den Club auswirken würden – wie jetzt, zum Beispiel.

»Was ist das?« Er wurde sich plötzlich bewußt, daß das Stimmengewirr im Hintergrund, dem er bislang wenig Aufmerksamkeit geschenkt hatte, nicht nur lauter, sondern auch drohender wurde. Man hörte die Eisentore von Milton House im Londoner Westend schlagen, demnach konnte die Unruhe draußen nur etwas mit dem Automobilclub seiner Frau zu tun haben.

»Dolly Dobbs«, schrie Luigi aufgeregt los.

»Ein neues Mitglied, so wie Miss Hester Hart?« fragte Auguste. Er konnte sich nicht erinnern, daß Tatjana etwas in dieser Richtung erwähnt hatte.

»Nicht so wie Miss Hart.« Luigi lachte. »Es sei denn, Miss Hart hat sich in ein Automobil verwandelt.«

»Blödsinn«, gab Pierre heftig zurück. »Miss Hart ist eine großartige Frau, du Trottel.«

Davon hatte Auguste noch nichts gehört, und Luigis spöttischem Schniefen nach zu urteilen, war auch ihm diese Tatsache neu.

»Woher willst du Bauer das wissen?«

»Aus den Zeitungen; ich hab gelesen, daß sie tolle Dinge vollbracht hat. Es ist eine Ehre, für sie kochen zu dürfen.«

Der Lärm draußen wurde immer lauter, und Auguste entging nicht, daß das übrige Küchenpersonal zur Tür drängte.

»Aber was hat es nun mit diesem Dolly Dobbs auf sich?« fragte er. Dunkel erinnerte er sich, daß Tatjana beim Frühstück davon gesprochen hatte, daß sie ein Automobil, ein neues Testmodell erwartete, aber er hatte nicht so genau zugehört, weil er mit seinen Gedanken bei einem aufregenden neuen Rezept für eine Sauce zum Waldschnepfenbraten gewesen war. Schließlich war er für das Dinner verantwortlich, und Tatjana hatte darauf bestanden, daß es etwas ganz Besonderes sein sollte heute abend; fast war er ein wenig verletzt, daß niemand so recht Notiz davon nahm. Er warf einen besorgten und liebevollen Blick auf das Püree, auf dem die Seezunge zu servieren war. Doch dann packte auch ihn die Neugierde, was die Ursache für den Tumult draußen war, und er folgte Luigi und Pierre, die den Streit um die Minze begraben hatten, auf die Stufen hinaus. Nach einer »freudigen« Begrüßung klang der Radau nicht.

Mit dieser Vermutung hatte er recht. Als er auf den Hof hinaustrat, war alles, was Beine hatte, aus diesem stillen Viertel zusammengeströmt; die Menge kam ihm vor wie das johlende Volk in der Französischen Revolution, das mit ein paar hundert gefangengesetzten Aristokraten auf dem Weg zur Guillotine war. In diesem Falle schien sich die Wut gegen ein riesiges Etwas zu richten, das, in Segeltuch gehüllt, auf einem Plattenwagen thronte, den zwei kräftige Pferde zogen. Im Augenblick bewegte sich nichts, denn das Gefährt war im Torweg von Milton House zwischen den aufgebrachten Demonstranten, Männern und Frauen, eingekeilt.

»Nieder mit den Automobilen!« Mit schriller Stimme heizte ein hageres Weibsbild in mittleren Jahren wild entschlossen die wogende Masse an, die sich auf den Innenhof zwängte. Die Anführerin schwenkte ein Riesenplakat, auf dem die Losung stand: »Das Auto ist das Tier des Jüngsten Gerichts.« Sie peitschte die Stimmung auf und schrie grell in die Heerschar: »Verteidigt die Rechte der Pferde!«

Leicht amüsiert stellte Auguste fest, daß die lauthals zitierten Rechte den Tieren keineswegs freien Durchlaß garantierten, denn ein ganzer Wald von behandschuhten Händen hatte in die Zügel der vierbeinigen Freunde gegriffen. Mit dem Siegesschrei »CAPPS« riß die Anführerin die Zeltplanumhüllung herunter.

Die Menge drängte nach vorn, doch unvermutet ebbte der Lärm ab; vielmehr vernahm man ein Gemurmel, das man als Verblüffung oder Enttäuschung deuten konnte, vielleicht war es auch nur die Ruhe vor dem Sturm.

Was man da enthüllt hatte, war, zumindest wie es Auguste sah, nichts weiter als ein Automobil, lediglich die Farbe war auffällig, ein schreiendes Rot. Es war ein Landaulet mit offenem Verdeck, Rücksitz für weitere Passagiere, vier Rädern und einer Lenksäule. Vorne vor der Lenksäule gab es nichts, was einen Motor hätte halten können, aber soviel wußte selbst Auguste, daß das nichts Außergewöhnliches war.

Was war denn aber so aufregend an diesem Dolly Dobbs? Dem Fachmann mit Kennerblick mochten die Trittbretter auffallen, die in die ungewöhnlich breiten und oben abgeflachten

Kotflügel übergingen, aber in Augustes Augen (und vermutlich ging es den Leuten da nicht anders, denn etliche sahen so aus, als seien sie um ihre Beute gebracht worden) war und blieb es ein ziemlich normales Automobil.

Für einen Moment war sein Berufsinteresse aufgeflackert bei dem Ausruf »CAPPS«, aber auch das erlosch, als sich seine Frau durch das Gewühl zu ihm kämpfte, ohne Hut, ohne Handschuhe, und ihn dringlichst um Hilfe bat. »*Aux armes, mon ami*, das sind die von der ›Contra Auto pro Pferd Gesellschaft‹. Das ist der Dolly Dobbs, und das dort ist Mrs. Hortensia Millward.«

Auguste fand, daß ein Automobil sehr wohl in der Lage sein müßte, sich mit eigener Kraft fortzubewegen, aber er sagte es nicht laut und bezähmte sich; dabei hätte er am liebsten – wie ein kleiner Junge, der einen liegengebliebenen Motorwagen sieht – gerufen: »Holt doch ein Pferd!«

Tatjanas sonst so ruhiges Gesicht glühte vor Erregung, und ungeachtet ihres cremefarbenen Sommergewands stürzte sie sich in die Menge. Die allgemeine Unruhe nahm erneut zu und steigerte sich noch, als Hortensia Millward versuchte, den robusten Fahrer des Wagens von seinem Sitz zu zerren. Auguste erkannte ihn als Frederick Gale, den Mechaniker vom Club. Während Mrs. Millward sich im Interesse der CAPPS zu schaffen machte, zwischen Rad und Trittbrett hin und her hüpfte, dabei ihren braunen Rock bis an die Knie hochzog, sprang Fred auf und hielt das Lenkrad des Dolly Dobbs leidenschaftlich umklammert.

»Jetzt!«

Eine kleine Gruppe Besessener, im taktischen Vorgehen durch den Umgang mit Aufständischen im Khaiberpaß offensichtlich erfahren, stürmte auf Geheiß der Anführerin vor, um sich über Fred und dessen Beifahrer, einen sanftmütig aussehenden jungen Mann mit Brille, herzumachen, der verängstigt und wie hypnotisiert dasaß.

Erschrocken hielt Auguste Tatjana zurück, die drauf und dran war, sich auf Mrs. Millward zu stürzen, in der Absicht, Fred zu Hilfe zu kommen, und drängte sich selbst zwischen Fred, ein halbes Dutzend in Korsetts gezwängte und nicht gerade bewegliche Frauenleiber, die mit massiven hölzernen Plakatstützen bewaffnet waren, und einen Mann in mittleren Jahren, der den Eindruck machte, als sei er aus Versehen in eine Rauferei von Schülern geraten.

»Wehe, Sie vergreifen sich an ihm, Mrs. Millward!« schrie Tatjana.

Hortensia ließ einen Moment in ihrem Eifer nach; ihr lila Seidenhut saß nur noch halb auf dem Kopf, die Hutnadeln hatten der Heftigkeit ihres Angriffs nicht standhalten können.

»Wieso?«

»Er ist ein Lebewesen, genau so gut wie ein Pferd.«

»Dann sollte er sich nicht mit Erfindungen des Teufels einlassen!«

Auguste spürte eines der Plakate im Nacken, drei Paar Frauenarme umklammerten ihn; er hielt es für besser, sich aus der Debatte herauszuhalten. Außerdem haßte er Autos.

»Automobile sind die Zukunft.« Tatjana bahnte sich einen Weg zu Hortensia und sah sie, die Arme verschränkt, herausfordernd an.

»Pferde sind des Menschen Freund, sind Reichen und Armen gleichermaßen nützlich.«

»Und sind die Armen nicht ebenfalls Nutznießer der Erfindung des Rades?«

»Wie viele dieser ergebenen Freunde sollen denn noch verschreckt oder als unerwünscht beiseitegeschoben werden? Wie viele zarte Frauen sollen noch aus Angst vor euren Monstern mit ihren Fahrrädern stürzen? Nie hätte man das Gesetz, das jedem Automobil die öffentlichen Straßen sperrte, außer Kraft setzen dürfen!« Hortensia war des Argumentierens überdrüssig und langte erneut nach Fred, der im Begriff war, seinem Partner zu folgen. Letzterer war aus seiner Erstarrung erwacht, von seinem Sitz gesprungen und in Verteidigungsposition für den Dolly Dobbs gegangen. Mit ausgebreiteten Armen hatte er sich schützend vor ihn gestellt und demonstrierte so leidenschaftlich, wie sehr er ihm am Herzen lag; eine Zukunft von unvorstellbarer Größe galt es zu verteidigen.

»Meine Erfindung wird ihrer aller Leben revolutionieren, meine Damen«, beschwor er sie inbrünstig. »Im vergangenen Jahr haben die Brüder Wright den Himmel erobert. In diesem Jahr bin ich es, Harold Dobbs aus Upper Norwood, der die Erde erobert.«

»Was kann denn diese verrückte Mißgeburt schon? Aus seinem Stall fliegen und gen Himmel stürmen?«

Nur der Tatsache, daß die Gesetzesgewalt in Person von zwei Polizeibeamten auf dem Schauplatz erschien, konnte es Harold Dobbs verdanken, daß die Menge ihn nicht in der Luft zerriß. Die beiden Uniformierten brachten es zuwege, daß sich die Massen aus dem Hof auf die Straße zurückzogen, wenn auch die Köpfe unverwandt auf das Grundstücksinnere gerichtet blieben, wo die Pferde mit der offensichtlich kostbaren Ladung jetzt in Richtung Kutschenremise trotteten.

»Was meinst du, kann Hortensia diese Runde als Sieg verbuchen?« fragte Tatjana niedergeschlagen. Die Spitze oben an ihrem Kleid hatte unter dem übereifrigen Gebaren der CAPPS gelitten, auch war ihr die grüne Schärpe abhanden gekommen.

Auguste wäre fast mit den eigenen Schürzenbändern erdrosselt worden. Die weiße Mütze hing schief und war über ein Auge gedrückt, und es war abzusehen, daß das andere Auge sich bald blau verfärben würde. Aber es hatte einen Tag gegeben, da er gelobt hatte, für diese seine Frau Sorge zu tragen und ihr beizustehen bis ans Lebensende. »Selbst wenn, das heißt noch lange nicht, daß sie den Krieg gewinnt, *chérie*.« Zu seinem Bedauern, wie er sich innerlich eingestand.

»Hortensia hat Einfluß. Ihr Mann ist ein bekannter Archäologe. Er war heute hier. Es heißt, ihm wird bald ein Adelstitel verliehen.«

»Du gibst doch sonst nichts auf solche Dinge.«

»Es spielt aber für viele eine Rolle, und in London erst recht. Ich kann nur hoffen, daß sie nicht Unheil stiftet unter den Damen und die eine oder andere davon abhält, meinem Club beizutreten. Mein Pferdeprogramm zielt einzig und allein darauf ab zu beweisen, daß Pferd und Automobil sehr wohl miteinander auskommen können.« Tatjana war aufgewühlt.

Auguste entsann sich vage, daß sie ihm vor kurzem erst erzählt hatte, daß sie Clubmitglieder mit ihren Autos zu Dressurstunden auf Gehöfte von Pferdebesitzern schickte, um die Pferde an Motorwagen zu gewöhnen. Wie die meisten Pferdebesitzer war auch Auguste der ketzerischen Auffassung, daß es viel mehr die Automobile nötig hätten, sich an Pferde zu gewöhnen als umgekehrt.

»Wie kann man nur das Prachtstück nicht bewundern?« Liebevoll betrachtete Tatjana mit ihren dunklen Augen den Dolly Dobbs, als sie dem Gefährt zur Wagenhalle hinten auf dem Clubgelände folgten. »Einfach schrecklich, daß Hortensia von der Ankunft Wind bekommen hat – das Automobil sollte doch ein Geheimnis bleiben.«

»Was ist denn so Geheimnisvolles daran? Bei der grellroten Farbe, die es hat!«

»Es ist kein Rebhuhn, *chéri*, und braucht keine Tarnfarbe, um sich vor Feinden zu schützen. Aber ein Geheimnis ist es durchaus. Die offiziellen Ausscheidungsrennen des Automobilclubs von Großbritannien sind nächsten Donnerstag, am einundzwanzigsten Juli; und vor Sonnabend, wenn es zum ersten Mal in der Öffentlichkeit gezeigt wird, darf es niemand sehen.«

»Das ist nun aber geschehen.«

»Aha!« gab Tatjana vielsagend von sich – Fred hatte das Gefährt in eine Box des Autoschuppens manövriert, und sein Erfinder drapierte mit Hingabe die ins Rutschen geratene Umhüllung um seine Schöpfung.

Man hatte die alte Kutschenremise in eine Kraftwagenhalle umfunktioniert, die zehn Fahrzeugen, einer Reparaturwerkstatt und einer Waschanlage Platz bot, und nicht weit davon einen Benzinschuppen errichtet. An diesem heißen Dienstagnachmittag standen alle Türen offen, so daß die eingestellten Automobile mit den Nasen nach vorn zu sehen waren und den Betrachter unpassenderweise an Pferde erinnern konnten. Vielleicht sollte er ihnen Mohrrüben hinhalten, dachte Auguste gutmütig. Der Dolly Dobbs hatte seinen Platz direkt neben der Reparaturabteilung gefunden, und da kamen nur solche Automobile hin, die besonderer Aufmerksamkeit bedurften.

»Was du bisher zu sehen gekriegt hast, war ja nur die Außenhaut«, flüsterte Tatjana. »Er ist bloß so zeitig hierher gebracht worden, um ihm eine ganz besondere Ausstattung zu verpassen. Selbst die ganze Batterie der Akkumulatoren wurde für den Transport ausgebaut.«

Auguste bekundete Interesse und Wißbegier. »Willst du damit sagen, es sei ein Elektroauto? So was hat man doch aber schon längst erfunden!« Der offene Landaulet wies keine Ähnlichkeit mit den hochgebauten Elektromobilen auf, die er von den Straßen Londons her kannte.

Gleich darauf bereute er seine Unbesonnenheit. Tatjanas Augen leuchteten auf, als sie zu einer ausführlichen Erklärung ausholte. »Das stimmt zwar, aber sie sind in ihrem Aktionsradius sehr begrenzt. Sie schaffen nicht mehr als achtzig Kilometer, dann müssen schon die Batterien aufgeladen oder ausgetauscht werden. Damit taugen sie nur für den Stadtverkehr oder für Landsitze mit eigener Stromerzeugung. Selbst wenn wir immer mehr Werkstätten auf dem Lande haben und Batterien leicht ausgewechselt werden können, so hilft das noch lange nicht, wenn einen die Batterie unterwegs im Stich läßt.« Tatjana hatte sich in eine Begeisterung hineingesteigert, die Auguste von sich kannte, wenn er zum Beispiel mit einem *bavarois* beschäftigt war.

»Dann ist also der Dolly Dobbs mit einer Erssatzbatterie ausgerüstet?« nahm Auguste erneut Anlauf und versuchte, den heftig pochenden Schmerz am Auge zu ignorieren.

»Ersatzbatterie?« So große Unwissenheit konnte Tatjana kaum fassen. »Gewicht beeinträchtigt die Leistungskraft. Was hilft da eine zweite Batterie? Man würde nur noch weniger Kilometer schaffen. Nein, aber wenn die Batterie, die Edison entwickelt hat, und von der noch keiner was ahnt, die Erwartungen erfüllt ...«

Augustes Gedanken begaben sich auf Wanderschaft. Autofahren hatte mit Kochen viel gemein. Zu viele Verfeinerungen, und das Gericht war verdorben; zu wenig davon, und es war auch nicht besser. Erinnerungen an seine *écrevisses à la Maisie* nahmen ihn gefangen, und er mußte sich einen Ruck geben, um sich davon loszureißen. »Was ist denn nun das Besondere an dem Dolly Dobbs?« fragte er dann.

»Stell dir den Unterschied zwischen einem *soufflé à la Mrs. Marshall* und einem Meisterwerk von Auguste Didier vor, und du hast das Besondere.«

Argwöhnisch blickte er Tatjana an. Hatte sie es ironisch gemeint? »Na ja, mein *soufflé des violettes* ist schon Klasse, wenn auch Vanille vielleicht nicht unbedingt ...«

»Harold Dobbs hat das Problem gelöst, zumindest behauptet er das.«

»Was? Ob Vanille entscheidend ist, um den Geschmack richtig zur Geltung zu bringen?«

»Das doch nicht, Auguste.« Tatjana schüttelte den Kopf. »Das Problem des Leistungsvermögens beim Elektroauto.«

»Wie?« fragte ihr Mann zerknirscht.

»Würdest du das Geheimnis eines neuen Rezepts verraten, ehe du das Gericht gekostet hast?« kam es schnippisch zurück. Im Grunde genommen hätte sie die Frage auch gar nicht beantworten können, sehr zu ihrem Ärger. »Aber du wirst es beim Rennen ja selbst sehen.«

»So?« Argwöhnisch horchte Auguste auf.

»Es ist eine Rallye und ein gesellschaftliches Ereignis und gleichzeitig das offizielle Ausscheidungsrennen des Automobil-Clubs von Großbritannien. Der gesamte Club wird als geschlossene Gruppe von Hyde Park Corner starten. Wir werden mit unseren Automobilen die Dover Road entlangfahren, uns bis Martyr House auf den Barham Downs jenseits von Canterbury entlangbewegen, wo uns dann Seine Majestät empfängt. Er ist zu Gast beim Earl of Tunstall.«

»Und seiner Gattin?« Auguste konnte sich die Bemerkung nicht verkneifen, denn es war allgemein bekannt, daß Isabell, Lady Tunstall, es mit ihren Ehegelöbnissen nicht allzu ernst nahm.

»Ganz recht, zu Gast beim Earl of Tunstall und seiner Gattin.« Seine Majestät mochte früher genug Kapriolen geschlagen haben, doch in seinem gesellschaftlichen Umgang wußte er nun sehr wohl, sich kleine Vergnügungen mit Anstand und Würde zu leisten.

Auguste sah in Tatjanas Ankündigung ein böses Omen. Nach seiner bisherigen Erfahrung hatten offizielle Anlässe, bei denen Seine Majestät und er zugegen waren, stets einen unguten Ausgang genommen, und der Angeschmierte war meist er. Er mußte Tatjanas Bitten, sie in dem Léon Bollée zu begleiten, widerstehen, koste es, was es wolle. »Der Gedanke, Bertie wiederzusehen, ist ungemein verlockend, doch ich fürchte, ich bin schon verabredet, *chérie*; ich habe mit meinem Herausgeber vereinbart, daß wir ›Dinieren mit Didier‹ durchgehen.« Von seinem geplanten zehnbändigen Opus war zwar bisher mehr im Kopf als auf dem Papier, aber es ließ sich gut als Grund vorschieben, um unliebsamen anderen Verpflichtungen aus dem Wege zu gehen.

»Dann wirst du ihm eben absagen.«

»Je m'excuse?«

»Es geht um das Bankett.«

»Um welches Bankett?«

»Um das Bankett am kommenden Donnerstag, das du in den Gärten von Martyr House ausrichten wirst.«

Kurzes Schweigen.

»Ich hab's dir noch nicht sagen können, Auguste«, setzte Tatjana beschwichtigend hinzu. »Bertie ist es eben erst eingefallen.«

Alle möglichen Verwünschungen, die gut zu Bertie gepaßt hätten, lagen Auguste auf der Zunge, aber er hütete sich, sie auszusprechen, es hätte nichts genützt.

In die britische königliche Familie einzuheiraten, und mochte es in noch so entfernter Linie sein, brachte entschiedene Nachteile mit sich; von allen am schwerwiegendsten war, daß man ihm in der Ausübung der Kochkunst Beschränkungen auferlegte. Ein Künstler sollte frei sein, man sollte ihm nicht vorschreiben dürfen, wo er seine Kunst ausübt und wo nicht. Hatte etwa der Papst von Michelangelo verlangt, nur für ihn zu malen? Nein. Doch Seine Majestät König Edward VII. hatte an Augustes Eheschließung mit Tatjana, die eine entfernte Romanow und damit seine Cousine war, die Bedingung geknüpft, daß er das Kochen als einträgliche Beschäftigung aufzugeben hatte. Aus Wohltätigkeitsgründen ja (wie Alexis Soyer, wütete Auguste im stillen), auch privat würde er kochen dürfen, und natürlich würde er für den König kochen müssen, wann immer es dem beliebte.

Als Tatjana vor ein paar Monaten ihren Automobilclub für Damen gründete und ihn bat, bei wichtigen Essen und Banketts ehrenamtlich als Koch zu fungieren, hatte er mit Freuden zugestimmt. Und das heute abend war so ein Dinner. Aber Banketts für den König auszurichten war eine andere Sache; nicht, daß er Bedenken gehabt hätte, es nicht mit anderen Küchenchefs im Lande aufnehmen zu können (ausgenommen mit Escoffier vielleicht, seinem alten Lehrmeister), sondern weil er und sein Freund, Hauptinspektor Egbert Rose von Scotland Yard, die Erfahrung gemacht hatten, daß ihre Gegenwart in der Nähe des Königs eine unglückliche Konstellation war, daß sie jedes Mal Katastrophen heraufbeschwor. Bei wiederholten Anlässen war es zu einem Mord gekommen, und Auguste war in die Rolle des Detektivs gedrängt worden. Er mochte das nicht; er war Koch und kein Sherlock Holmes. Doch jetzt sah er den ängstlich besorgten Blick seiner Frau und erwiderte edelmütig: »Ich bin entzückt.«

Tatjana lachte erleichtert. »Ich fahre dich hin.«

»Fährst du nicht den Dolly Dobbs?« Wenigstens dieses Martyrium wollte er sich ersparen.

»Nein. Agatha, die Herzogin von Dewbury, wird ihn fahren, sie ist die Patronin des Erfinders.«

Auguste fügte sich ins Unvermeidbare. Das Bankett mußte peinlichst genau vorbereitet und von London aus transportiert werden; eventuell konnte er im letzten Moment noch darauf dringen, früher abreisen zu müssen. Und selbst, wenn das nicht gelang, es würde schon eine äußerst aufregende Reise werden, denn man konnte annehmen, daß Hortensia Millward von dem Rennausscheid wußte. Berittene Straßenräuber in Blackheath waren das mindeste, womit zu rechnen war. Augustes gute Laune kam wieder. Einen schönen Julitag konnte das Unternehmen zwar kosten, wenn es galt, im kleinen Garten von Queen Anne's Gate Rezepte mit Mrs. Jolly, ihrer Köchin, durchzugehen.

»Also gut. Ich werde ein Bankett ausrichten, das alle vorangegangenen übertrifft. Und das Dinner heute abend wird auch vom feinsten sein. Jeden Bissen, jede Krume wirst du dir genüßlich auf der Zunge zergehen lassen.«

»Hoffentlich.«

»Hegst du etwa Zweifel?« forschte Auguste leicht entrüstet.

»Ich hab erst noch meine Sitzung mit dem Komitee.«

»Und was ist da so Beunruhigendes dran?«

»Die Tagesordnung.«

»Nämlich?«

»Hüte und Hester Hart.«

Lady Bullinger, Schatzmeisterin im Automobilclub der Damen, drückte sich die Mütze auf das frisch frisierte Haar - sie tat es mit solcher Kraft, als hätte sie Hester Hart, diese ungeliebte Karrieristin, unter die Finger gekriegt. Männermütze, Schutzbrille, große derbe Fahrerhandschuhe ohne Finger und eng sitzender, zugeknöpfter Regenmantel standen im Widerspruch zu ihrem blauen Abendkleid, aber Maud war eine praktisch veranlagte Frau; es war ein naßkalter Abend.

»Was hältst du von Schlangen, Snelgrove?« Etwas überraschend konfrontierte sie mit dieser Frage die Kammerzofe, die ihr gerade eine Hutschachtel reichte mit einer für das Abendessen passsenden Kopfbedeckung.

Schlangen waren Snelgrove bisher nur im Reptilienhaus in Zoologischen Gärten begegnet, und sie brachte sie nicht mit Damen in Verbindung, die in Rennmobilen durch Europa kurvten, aber sie war nicht um eine Antwort verlegen.

»Man muß sich vor ihnen in acht nehmen, Mylady.«

Lady Bullinger schniefte zustimmend. »Richtig bemerkt, Snelgrove.«

Genauso würde sie sich gegenüber Hester Hart verhalten. Man konnte machen, was man wollte, ständig begegnete man diesem Weib – ihre Visage grinste einen aus den Seiten der »Illustrated London News« entgegen, sie posierte als Fotomodell in Palmyra, trieb ihr Unwesen in Damaskus, machte Jericho unsicher und spielte sich jetzt auch noch als große Dame in London auf. Jedes Mal, wenn Maud nicht umhinkonnte, sie zu grüßen, ob im Automobilclub oder anderswo, nahm sich Hester die Frechheit heraus, sie daran zu erinnern, daß man sich von früher her kannte. Natürlich hatte Maud die Vergangenheit ebenfalls nicht vergessen. Und was sie getan hatte, tat ihr nicht einmal leid. Im Gegenteil, sie war stolz darauf. Ob nun geadelt oder nicht, eine Familie von Knopffabrikanten blieb, was sie war. Wie auch immer, Maud war eine praktische Frau. Es war wohl klüger, sich nicht mit Miss Hart anzulegen, denn die Gesellschaft schien entschlossen, sie zu feiern. Nächstes Jahr um diese Zeit würde sie in Vergessenheit geraten sein, aber fürs erste tolerierte man sie wohl lieber.

Wie ein Schlachtschiff unter Volldampf rauschte Lady Bullinger die Treppen ihres Hauses in der Wimpole Street hinunter, wedelte gebieterisch den Automobilkutscher vom Fahrersitz, verwies ihn nach hinten und ergriff selbst das Steuer ihres neuen Sechszylinder-Napier-Tourenwagens.

Dröhnend bog das Fahrzeug in die Oxford Street, und schon dachte Maud nicht mehr daran, daß sie jetzt nicht in ihrem Napier-Rennflitzer saß, und peitschte den Motor auf die vor kurzem zugelassene Höchstgeschwindigkeit von dreißig Stundenkilometern hoch. Rasch umklammerte sie kräftig den Knüppel der Gangschaltung, um die Beschleunigung zurückzunehmen, und stellte sich wollüstig vor, es sei Hester Harts Hals, den sie da würgte. Dann wendete sie sich fröhlicheren Vorstellungen zu. Bald würde sie so schnell fahren können, wie sie wollte, denn im Oktober würde sie sich allen Ernstes auf das Internationale Damenrennen in Frankreich vorbereiten. Für sie stand fest, daß sie für England an den Start gehen würde. Wer käme denn sonst in Frage? Niemand.

Siegessicher drückte sie die Hupe; zwei ältere Herren am Piccadilly sprangen erschrocken zur Seite. Nach der Sitzung würde sie heute abend mit Phyllis und Roderick speisen; sie freute sich darauf. Klar, ihr Patensohn hätte eine bessere Wahl treffen können, sich nicht mit so einer Operettensängerin verloben müssen; aber das Mädel war immerhin salonfähig. Und nicht so eine wie Hester Hart.

Ein, zwei Kilometer weiter, in Mayfair, saß Mauds Schwägerin, die Herzogin von Dewbury und Sekretärin des Automobilclubs für Damen, vorm Spiegel und betrachtete sich kritisch. Sie war mit sich, ihrem Aussehen und ihren vierzig Jahren beschäftigt und hatte keine Zeit, Gedanken an Miss Hester Hart zu verschwenden. Die Geschichte lag Jahre zurück. Agatha befand sich auf dem Höhepunkt ihrer reifen Schönheit, und das konnte man von Hester Hart - bei allen Ansprüchen, die sie geltend machen konnte - ja nun gerade nicht sagen. An Sonne hatte ihre Haut zu viel des Guten bekommen, an Cold Cream zu wenig; das Haar hatte die wohltuende Wirkung von regelmäßigen Rosmarinspülungen nie erfahren, und ihr Gesicht war so lang wie das von Kamelen, auf denen sie sicher zur Genüge durch die Wüsten gezogen war. Kamele, fand die Herzogin, hatten eigentlich sogar sanftere Gesichtszüge als Hester Hart. Fast vierzig war Hester jetzt und hatte nie geheiratet. Sie hatte nie verstanden, etwas aus sich zu machen; nicht, daß das so leicht gewesen wäre bei dem Vater, den sie hatte. Der war genauso rund und dick wie die Knöpfe, die er herstellte, und seine jovialen Umgangsformen kamen sicher in seiner Fabrikantenbruderschaft gut an, stießen aber in den gehobenen Kreisen Londons nicht auf Gegenliebe. Trotzdem, man könnte ja der armen Frau mit Freundlichkeit begegnen, zumal sie nun auch zu den Mitgliedern des Motorclubs gehörte. Insgeheim fragte sie sich, warum Hester wohl eingetreten war und was für ein Automobil sie fuhr. Ob sie ein Raser war wie sie und Maud, die in diesem neu aufkommenden Sport Aufregung und Abenteuer suchten, oder mehr ein Hasenfuß wie Isabel Tunstall und Phyllis Lockwood, die das Auto mehr als modisches Beiwerk betrachteten?

Sie vermutete das erstere, und das würde bedeuten, daß Maud auf ihre Lorbeeren achten mußte. Die arme Maud. Gott sei Dank war ihre eigene Position als Patronin vom Dolly Dobbs sicher. Welchen Wagen sollte sie heute abend nehmen? Ihr kleiner Horbick Zweisitzer wäre natürlich toll, aber es würde bedeuten, ihre Zofe zum Club vorzuschicken, damit sie bei ihrer Ankunft schon da wäre und ihr gleich bei Frisur und Make-up zur Hand gehen könnte. Also doch lieber Harrys Mercedes.

Phyllis Lockwood, Vorstandsmitglied, wohnte in Belgravia, einem der wohlsituierten Stadtteile Londons. Sie stand bei sich zu Hause im Schlafzimmer, drehte eine Pirouette und kam befriedigt zu dem Schluß, daß sie eine Schönheit sei. Die Operette, in der sie mitspielte, hatte gerade die letzte Vorstellung gehabt; damit stand sie erst wieder im Herbst im Rampenlicht, wenn die nächste Theatersaison begann. Ihre einzige Verpflichtung war noch, sich im Atelier der berühmten Firma Ellis & Walery photographieren zu lassen, Postkarten für ihr Publikum. Insgesamt bedeutete das unendlich viel Zeit mit Roderick, und sie würden zu Beginn der Saison heiraten können. Welches Glück, daß ihre Ururgroßmutter die siebente Tochter eines Barons gewesen war und daß dank ihres Berufs als Schauspielerin einer Heirat in die bessere Gesellschaft Londons nichts im Wege stand. Die Trauung sollte in der St. George's Kirche am Hanover Square stattfinden, wie es sich gehörte. Sie vergötterte Roderick. Mit seinem schwarzen Haar und seinem romantischen Blick hätte er selbst der Bühne und einer Operette entsprungen sein können. Dabei war er Rennfahrer und kein Schauspieler. Ihm zu Gefallen war sie Mitglied des Automobilclubs für Damen geworden. Zugegeben, Motorsport war ungemein spannend - solange man nicht selbst am Rennen teilnahm. Aber zum Glück hatte Tatjana deutlich zu verstehen gegeben, daß der Club jedwedes Interesse an Autosport fördern wollte, nicht nur Autorennen.

Tatjana mußte man einfach gern haben. Nur ihr zuliebe hatte sie sich einverstanden erklärt, im Vorstand mitzuwirken. Sie war es der Öffentlichkeit schuldig, redete sie sich ein. Als Hasenfuß eingruppiert zu werden machte sie nicht gerade glücklich. Wiederum, was war schon dabei? Im Grunde genommen ging es doch nur darum, daß Frauen ein Auto hatten, um damit durch die Gegend zu kurven, Aufmerksamkeit auf sich zu lenken und obendrein noch beim Fahren attraktiv auszusehen. Das gerade, fand sie, hatte seine Tücken, besonders wenn der Wind blies, Staubwolken ihr die Sicht nahmen, aufgewirbelter Schmutz sich an Kinn und Wangen festsetzte, ihr trotz vorgebundenem Seidentuch in Mund und Nase ging. Und Schutzbrillen waren etwas Gräßliches. Eigentlich blieb einem nur, sich das ganze Gesicht zu verschleiern, aber dann war ja gar nichts mehr von einem zu sehen. Ganz schön schwierig alles. Warum konnten die blöden Automobilhersteller nicht irgend etwas vorne vor dem Fahrer montieren, was Abhilfe schaffte? Aber die dachten ja nicht an Frauen und ihren Teint.

Heute abend würden sie über Hüte reden, fiel ihr ein, als sie in ihren neuen Fiat stieg. Das versprach interessant zu werden. Und stand nicht auch dieses fürchterliche Weibsbild Hester Hart zur Debatte?

Erleichtert sah Isabel, Gräfin von Tunstall und Vorstandsmitglied, wie ihr Gatte mit dem Lanchester nach Martyr House, ihrem Landsitz in Kent, abfuhr. Sie hatte schon befürchtet, er hätte zum Dinner bleiben wollen, und das hätte ihr gar nicht gepaßt. Ihr Cousin Hugh war nämlich in der Stadt, und mit ihm als einem Familienangehörigen (und sehr engem Freund) gemeinsam zu speisen, wäre schicklich und obendrein wünschenswert. Er wohnte auf dem Lande in Richmond, und als sie noch nicht ihren Royce hatte, waren die Gelegenheiten zu zählen gewesen, da sie ihn hatte sehen können. Automobile erwiesen sich ohne Zweifel als ausgesprochen nützlich. Niemand würde heute etwas dabei finden, wenn eine Frau ohne Begleitung am Steuer saß. Autofahren galt als Sport, und welcher Art der Sport war, lag im Ermessen des Fahrers. Der Motorclub für Damen war in seiner Satzung sogar soweit gegangen, daß die körperliche Beanspruchung des Autofahrers es rechtfertigte, Motorwagenfahren ausdrücklich und gesellschaftlich tragbar als Sport zu betrachten, so daß man sich folglich des Korsetts entledigen durfte und es erst wieder am Zielort anlegen mußte (es sei denn, man wurde dort von einem intimen Freund erwartet). Isabel gluckste vergnügt vor sich hin, besann sich dann aber, daß so ein Vorkommnis lilienweiße und madonnenhafte Gesichter, die Ruhe und Gelassenheit zur Schau trugen, aus der Fassung bringen würde.

Heute abend war Vorstandssitzung, und Hester Hart, dieses exzentrische Frauenzimmer, stand auf der Tagesordnung. Einen Augenblick fühlte sich Isabel unwohl bei dem Gedanken. Im Club war sie ihr noch nicht begegnet, aber etliche Jahre zuvor hatte man sie Hester vorgestellt – hatte man sie ihr wirklich in aller Form vorgestellt? Sie konnte sich nicht mehr recht erinnern. Was sie noch wußte, war, daß irgend etwas Unangenehmes geschehen war, das etwas mit Seiner Majestät – damals noch Prince of Wales – zu tun hatte. War ja auch egal, von Bedeutung konnte es jetzt wohl nicht mehr sein.

Auguste, schon fertig für den Abend in Frack und mit weißer Binde, sah Tatjana und ihrer Zofe zu, wie sie miteinander rangen, um seine Frau mit großer Abendtoilette herauszuputzen. Es war ein Kampf zwischen Eloise und Tatjana. Die eine wollte die Schönheit ihrer Herrin, aber auch ihr eigenes Können voll zur Geltung bringen, und die andere die Prozedur so rasch wie möglich beenden, um sich wieder interessanteren Seiten des Lebens zuwenden zu können, wie zum Beispiel Automobilen. Er war sich dessen bewußt, daß es den meisten Ehemännern nicht vergönnt war, bei derart intimen Szenen zugegen zu sein, aber es war für ihn eine seltene Gelegenheit, sich mit Tatjana zu unterhalten und gab ihm auch einen faszinierenden Einblick in die tieferen Geheimnisse gesellschaftlichen Rituals. Heute abend war Tatjanas Krönung ein elfenbeinfarbenes Seidenkleid mit breiter Schärpe und farbig bestickten Einsätzen, das Unterkleid aus Satin. Gegen Juwelen, Blüten, Fächer wehrte sich Tatjana, aber er hatte sie eines Besseren belehrt.

»Warum bist du dagegen, daß Hester Hart mit in den Vorstand kommt?« Auguste konnte sich nicht losreißen von dem Anblick. Tatjana war voller Ungeduld und hielt nicht still, während Eloise mit dem Verschluß einer Diamantenkette kämpfte, die angeblich, wie ihm Tatjana einmal beiläufig erzählt hatte, Katharina der Großen gehört haben sollte.

»Du weißt doch auch immer, ob Fleisch oder Fisch schlecht sind, auch wenn Soßen und Gewürze sie noch so verlockend erscheinen lassen. Wie machst du das?«

»Ich habe ein Gespür dafür. Bloßes Gespür ist es natürlich nicht, es hat auch etwas mit Erfahrung zu tun, man kennt schließlich tausend ähnliche Gerichte.«

»Mir geht es nicht anders. Ich kenne viele Engländerinnen. Viele mag ich, viele nicht, entweder rein persönlich oder als Typ. Aber mit Hester Hart ist das anders. Wann immer ich ihr begegne, habe ich ein ungutes Gefühl, Auguste. Sie ist reizend zu mir, man kann ihr zuhören, ohne müde zu werden, sie ist gut anzuschauen, wird überall in London bejubelt, und doch, ich weiß nicht ...«

»Ich mag Sie nicht, Dr. Schrumm, ich weiß nur nicht, warum«, half Auguste mit einem Zitat nach.

»Um bei deinen Vergleichen zu bleiben, Auguste, als Gericht ist sie nicht abgerundet genug. Viele Länder hat sie erforscht, Syrien, Irak, Nordafrika und noch mehr, immer allein. Sie hat einen Ruf als unerschrockene Weltreisende. Und jetzt beschließt sie plötzlich, sich in England niederzulassen.«

»London und England haben etliches zu bieten.«

»Aber das Verlangen, sich Gefahren auszusetzen, stirbt nicht so einfach, Auguste. So ein Trieb hält sich und will befriedigt werden.«

»Genau deshalb ist sie zu dir in den Club gekommen«, gab er zu bedenken. »Sie will mit schnellen Automobilen umherreisen, nicht in langen Trecks dahinziehen oder auf Kamelen und Pferden reiten. Sie will ein Raser sein, kein Hasenfuß.«

»Manchmal denke ich, ich habe mehr mit Hortensia Millward gemein als mit meinem Vorstand«, erklärte die Vorsitzende des Clubs. »Warum haben wir zwei Raser auserwählt, die nur Steigungen und Gefälle im Munde führen oder Schmierbuchsen und Godron-Bennett-Pokale, und zwei Hasenfüße, die von Technik keine Ahnung haben, ein Schneckengetriebe nicht von einem Schwanenhals unterscheiden können?«

»Und was für einen Schaden könnte Miss Hart anrichten, wenn sie im Vorstand wäre?«

»Ich weiß nicht. Das ist es ja eben.«

Lustlos legte sich Tatjana das letzte schmückende Beiwerk an. Schon jetzt sehnte Auguste den Moment herbei, da der Abend überstanden und sie wieder daheim sein würden und Tatjana den ganzen Aufputz abbauen konnte.

»Und die Hüte, meine Liebe, die können doch kein Problem sein.«

»Du würdest staunen«, erwiderte seine Frau vielsagend.

Wie konnten sich Frauen nur an solchen Belanglosigkeiten hochziehen, fragte er sich. Aber dann mußte er an Plum's denken, den Herrenclub, bei dem er mehrere Jahre als Koch tätig gewesen war, und an die leidenschaftlichen Debatten, die es über das alljährliche Ritual der Prozession im Club gegeben hatte. Wenn Männer sich darüber in die Haare geraten konnten, wie eine Schaumgebäcknachbildung von Napoleon zu zertrümmern war, konnte man auch nicht von Frauen erwarten, daß sie sich anders verhielten, wenn es um Hüte ging. Und doch hoffte er nichts sehnlicher als das, denn bei Plum's hatte es mit einem Mord geendet.

Vorsichtig wagte sich Auguste in die Küche des Clubs vor. Natürlich hatte er alles in sicheren Händen gelassen, aber absolut sicher konnte man ja nie sein, und man tat gut daran, noch mal selbst ein Auge darauf zu werfen. War alles fertig? Die Sauce für die *filets de sole*, die *chiffonade* für die *consommé*, der Hummer à la Mornay, die *poularde à la Nantua*, *poularde Alexandra*, die *crème Anglaise* - ah ja, Pierres Zuckerzange lag noch auf dem Tisch; daraus schloß Auguste, daß auch die Süßspeise bereitet war. Selbst solche Nebensächlichkeiten entgingen ihm nicht. Routine war genauso wichtig wie der schöpferische Akt des Kochens. Oder doch nicht? Pierre war ein hervorragender Koch mit einem feinen Gespür, das nichts mit der üblichen Ausbildung zu tun hatte. Er hatte Auguste erzählt, er hätte im Hôtel Grande in Marseille gelernt, aber Auguste hatte den Verdacht, daß er dort nur kurz gewesen war und daß Pierres phantastisches Gespür für Fisch und Geflügel mehr von den Nebenstraßen der Stadt herrührte als von den Hotels, die im Baedeker aufgeführt waren. Wäre Napoleon irgendwo in der Nähe von Pierre Calille erschöpft am Straßenrand abgestiegen, hätte er ihm ein Gericht serviert, das es mit jedem Hähnchen Marengo hätte aufnehmen können.

»Stimmt was nicht mit der Zunge?« Pierre war neben ihm aufgetaucht und sah Auguste, der in den Eisschrank lugte, mit angespanntem und besorgtem Gesicht an.

»Alles in bester Ordnung, Pierre«, erwiderte Auguste rasch. Pierre tat sich schwer mit Kritik. Und wer sollte auch an der herrlich roten Zunge mit der großartigen Komposition pikanter Gewürze etwas aussetzen wollen? »Ich dachte nur gerade an Napoleon.«

»Ach so!« Pierres Gesichtszüge entspannten sich. »Ein großer Mann aus dem Volk.«

Im Interesse des Dinners verkniff es sich Auguste zu fragen, ob die Völker Italiens, Ägyptens, Deutschlands, Polens, Rußlands und so weiter mit einer solchen Bewertung auch einverstanden wären.

»Man sagt, Sie seien in Fragen Mord sehr erfahren, Monsieur«, fuhr Pierre fort. »Glauben Sie, die Briten haben ihn wirklich vergiftet, wie es heißt?«

Seltsam, kaum hatte sich einem ein unliebsamer Gedanke im Kopf eingenistet, hakte sich jeder und alles immer wieder daran fest. »Nein. Den Engländern hätte seine Ermordung nichts gebracht; sie sind eine erbarmungslose, aber praktisch denkende Nation. Es sei denn«, fügte Auguste fairerweise hinzu, »ihre Leidenschaft wird durch ein banales Vorkommnis entfacht.«

So etwas Triviales wie Vorstandssitzungen und Hüte, und dabei meldete sich wieder der unliebsame Gedanke an Mord. Oder eine Hester Hart.»Gibt es sonst noch etwas?« Tatjana hatte von vornherein nur eine minimale Denkpause einkalkuliert und wollte möglichst rasch zu den Sicherheitsfragen für den Dolly Dobbs übergehen. Das war ihr nicht vergönnt.

»Was ist mit dem Hut?« schoß Lady Bullinger prompt los. »Die beste Lösung ist eine Männermütze, so eine wie ich trage. Man kann auch mühelos unser Abzeichen daran feststecken.«

Tatjana schwammen die Felle weg. Sie mochte Maud gut leiden, aber sie hatte ein gewaltiges Temperament und war schwierig im Umgang. Zum Glück war sie zu vielen Rennen unterwegs, so daß sie den Club nicht so oft mit ihrer Anwesenheit beglücken konnte, wie sie gern gewollt hätte. Ihr Mann, Sir Algernon, sah das offensichtlich mit Wohlgefallen, vermutlich aus ähnlichen Gründen.

»Aber an einer Mütze kann man schlecht einen Schleier befestigen, Maud«, warf Agatha ein.

»Wer braucht denn einen?«

Tatjana gab sich alle Mühe, nicht zu auffällig Lady Bullingers von Wind und Wetter gezeichneten Teint anzuschauen.

»Warum nicht etwas wirklich Großes, das auch den Regen abhält, mit breitem Rand, Blumen und vielleicht auch Federn in Form von kleinen Autos«, schlug Phyllis strahlend vor.

»Wir würden wie Drachen im Wind abheben, Phyllis«, gab Agatha freundlich zu bedenken.

Schon stellte sich Tatjana das erheiternde Bild vor, wie ihr Vorstand in die Lüfte entschwand und für immer oben auf einer Wolke blieb. Jedes Mitglied einzeln genommen konnte ganz vernünftig sein, aber mit allen zusammen waren kaum Entscheidungen zu treffen, das war ähnlich schwierig wie bei Auguste, wenn der über einem neuen Rezept brütete.

»Nicht, wenn der Hut oben spitz zugeht.« Isabel ging allen Ernstes auf den Vorschlag ihrer Hasenfußgefährtin ein.

»Wie soll denn da noch das Abzeichen dranpassen!« Maud hämmerte auf den Tisch. »Wir brauchen eine Mütze. Ich kann meine sogar über die Ohren ziehen.«

»Ich brauche meine Ohren nicht zu verstecken«, verkündete Isabel und berührte leicht eins ihrer Ohren, um die anderen darauf aufmerksam zu machen, wie klein und niedlich sie waren.

»Willst du damit sagen, ich hätte große Ohren?« donnerte Maud aufgebracht los.

»Wie wäre es mit einem Dreispitz?« schlug Agatha vor. »So was ist modern, und ein Schleier ließe sich auch drumbinden.«

»Wie umgedrehte Weihnachtspäckchen würden wir aussehen«, gluckste Phyllis vergnügt.

Die Herzogin strafte sie mit einem verächtlichen Blick. »Dann bin ich für Mauds Mütze.«

»Aber du hast doch schöne Ohren«, sagte Isabel unschuldig.

»Und was haltet ihr von einer Schottenmütze?« fragte Tatjana rasch, die sah, daß Maud am Explodieren war.

»Sehr sportlich«, stimmte Agatha ihr zu.

»Ich will nicht sportlich, sondern hübsch aussehen«, erklärte Phyllis.

Wenn gar nichts hilft, muß man das Thema wechseln, fuhr es Tatjana durch den Kopf. Die Stimmung wurde immer gespannter; es war schlimmer, als sie befürchtet hatte, das konnte nicht nur an den Hüten liegen. »Da ist noch der Vorschlag eingebracht worden, daß man Miss Hester Hart, einer Frau von internationalem Ruf, antragen sollte, Mitglied des Vorstands zu werden.«

Sofort herrschte Stille. Vier Vorstandsmitglieder betrachteten angelegentlich Tintenlöscher und Papier vor sich auf dem Tisch.

Sie würde also mit ihrer Meinung vorpreschen müssen. Tatjana gab sich einen Ruck. »Rein vom Prinzip her halte ich es nicht für sinnvoll, ein neues Mitglied gewinnen zu wollen, solange wir uns selbst noch nicht als wirksamer Vorstand erwiesen haben.«

»Eine Frau, die so im Licht der Öffentlichkeit steht wie sie, kann dem Club nur dienlich sein.« Phyllis hatte von allen die geringsten Skrupel, als erste zu sprechen. »Es heißt, Ellis & Walery würden eine Postkarte von ihr in arabischer Nationaltracht herausgeben, und mein lieber Roderick sagt, sie sei eine bemerkenswerte Frau.«

»Du mußt sie nicht gerade für bemerkenswert gehalten haben, als du vergangenes Jahr für ›The Ladies' Companion‹ einen Artikel beigesteuert hast, in dem es um die Rolle der

Frau ging; die wahre Aufgabe der Frau, hieß es da, bestünde darin, den Männern Beistand zu gewähren und ihnen zu gefallen, und daß Frauen, die auf Kamelen und Pferden durch die Wüste galoppierten, nichts Frauliches an sich hätten.« Isabel konnte penetrant sein.

»So was habe ich nie gesagt«, jammerte Phyllis. »Jemand anders hat das für mich zusammengeschrieben.«

»Dem Club tun ein paar wirklich gute Chauffeure not, solche wie Miss Hart«, trompetete Lady Bullinger, »und nicht solche, die sich nicht in ihr Automobil wagen, wenn sich diesseits des Äquators eine Wolke am Himmel zeigt.«

»Ich muß an meinen Teint denken«, wehrte sich Phyllis weinerlich, die sich von der Patentante ihres geliebten Roderick schwer attackiert sah.

»Muß an der vielen Bühnenbeleuchtung liegen«, murmelte Agatha. »Ein bißchen unrein ist er ja.«

Phyllis starrte wütend vor sich hin. »Ich stimme für den Vorschlag.«

»Ich nicht«, sagte Isabel. Ihr war gerade eingefallen, wie Miss Harts Pläne für das diamantene Regierungsjubiläum von Queen Victoria 1897 ihre eigenen durchkreuzt hatten, und ausgerechnet dieser Dame jetzt zu einer Machtposition zu verhelfen, war das letzte, was sie wollte.

»Ich stimme dafür«, verkündete Lady Bullinger edelmütig. »Man sollte der Frau eine Chance geben.«

»Kennst du sie?« fragte Tatjana neugierig. Sie hatte den Eindruck, daß bei den wenigen Anlässen, zu denen Hester in den Club gekommen war, Maud geradezu mit Vorsatz versucht hatte, sie zu meiden.

Trotzig saß Lady Bullinger da. »Jedenfalls gut genug.« Sie räusperte sich, wie um zu verstehen zu geben, daß für sie die Debatte abgeschlossen war.

»Ich stimme dagegen«, erklärte Agatha. »Ich fürchte, das Interesse der Öffentlichkeit würde sich mehr auf sie konzentrieren und weniger auf die Automobile.« Dabei dachte sie in erster Linie an den Dolly Dobbs. »Damit bleibt die entscheidende Stimme bei Ihnen, Eure Hoheit.«

Tatjana ließ sich nicht gern mit »Eure Hoheit« anreden, hatte lieber das »Mrs. Didier«; nur zögernd beugte sie sich den allgemeinen Regeln und ließ es wenigstens bei offiziellen Anlässen wie im Club geschehen. Auch wurde sie ungern in solch eine Entscheidungssituation gedrängt. »Ich stimme mit ›nein‹.«

»Ich glaube nicht, daß Hester das gutheißen wird.« Phyllis wirkte plötzlich nervös.

»Sie wird es nicht erfahren, wenn es ihr nicht jemand zuträgt«, meinte Isabel beruhigend.

»Es wird doch wohl niemand interne Vorstandsangelegenheiten ausplaudern«, warnte Tatjana bestimmt.

»So was hat's schon gegeben«, murmelte Agatha.

»Wem die Jacke paßt«, grollte Maud, und Agatha geriet in Wut.

»Das erinnert mich an etwas, kommen wir noch mal auf die Sache mit dem Hut zurück«, ergriff Tatjana rasch das Wort. Vielleicht bildete sie es sich nur ein, aber Auguste hatte einmal gesagt, man könne es förmlich riechen, wenn sich etwas Ungutes zusammenbraut; er hatte es mit dem Geruch von Knoblauch und anderen Gewürzen verglichen, der sich beim Braten in der Küche verbreitet.

Der Speisesaal im Motorclub für Damen war luxuriös, licht und luftig, keineswegs so, wie Auguste es von vielen Herrenclubs her kannte. Er hatte ihm auf den ersten Blick gefallen. Mit den blaßgrünen Wänden, klassizistischen Robert-Adam-Kaminen und eleganten Säulen war es das rechte Ambiente für Menüs à la Didier.

Vor der Eröffnung des Clubs im März hatte es um das Arrangement der Stühle lange Diskussionen gegeben. Sollte man eine große Tafel stellen oder lieber einzelne Sitzgruppen? Schließlich hatte man sich auf einen Kompromiß geeinigt, eine gemeinsame große Tafel zum Lunch und Einzeltische abends, so daß Damen, die keine Herrengesellschaft wünschten, auch ungestört unter sich sein konnten. Das Prinzip, von Männern unbehelligt zu bleiben, war leicht durchbrochen worden, denn als ständigen Oberkellner des Hauses hatte man einen Mann akzeptiert, wohingegen all seine Untertanen weiblichen Geschlechts waren. Ein Restaurant war in erster Linie ein gesellschaftlicher Treffpunkt, kein Tagungsort für Diskussionen um Auto und technisches Detail; in diesem Punkt war man sich einig gewesen, und etwaiger Widerstand schwand dahin, als Luigi sich als Bewerber für das Amt vorstellte. Augen mit einem Schmelz so sanft wie Butter in einer *sauce hollandaise* hatte Tatjana ihn Auguste beschrieben, den aber beeindruckte weit mehr Luigis Geschick für Diplomatie. Inzwischen war er eine ebenso unentbehrliche Stütze wie die kannelierte Säule in der Mitte des Saales.

Doch dieses Schmuckstück hatte auch seine Schattenseiten, und die blieben Auguste nicht verborgen. Luigi brauchte nur Pierre zu sehen, und die feuchten Augen wurden hart wie Stein, alle Diplomatie war vergessen. Pierre war bloß bäuerlicher Herkunft, während Luigi Peroni offensichtlich einer Familie entstammte, die eng mit den früheren Herzögen Mailands liiert war. Ob dieses Verhältnis den kirchlichen Segen hatte und welche Gründe den Sproß eines adligen Hauses zwangen, seinen Lebensunterhalt zu verdienen, wußte niemand. Luigi verlor nie ein Wort darüber. Beredt waren nur die feuchten Augen. Tatjana verglich sein Schicksal Auguste gegenüber mit der Maus in Lewis Carrolls bekanntem Kinderbuch und meinte, Luigi hätte wie das arme Geschöpf eine lange und traurige Lebensgeschichte.

Die Fehde zwischen Küche und Restaurant war der Grund dafür, daß Auguste darauf bestand, in Reichweite der Küche zu sitzen. Wenn neuen Mitgliedern des Clubs zum ersten Mal aufging, daß der Koch zusammen mit ihrer Präsidentin speiste, sahen sie ihn scheel von der Seite an, und wenn sie später hinter die Beziehungen zwischen den beiden kamen, trafen Tatjana mitleidsvolle Blicke. Allmählich lernte man, die Situation zu akzeptieren. Da Seine Majestät die Einheirat eines Kochs in die königliche Familie gutgeheißen hatte, mußten sie wohl auch ein Dinner in seiner Gesellschaft ertragen können.

»Die Sauerampfersauce hätte ich selbst zubereiten sollen«, stellte Auguste plötzlich fest.

»Auguste, sie ist perfekt. Ich weiß es.« Tatjana seufzte.

»Wie willst du es wissen, ohne sie gekostet zu haben?« Auguste war schon halb aufgestanden, aber mit sich uneins. Sollte er doch lieber sitzen bleiben?

»Weil alles, was du kochst, perfekt ist, und wenn du sie deinem Meisterkoch zutraust, muß sie einfach gut sein.«

Er überdachte ihr Argument. »Aber hast du das eine Mal vergessen, als ich ihm die Rhabarbersauce überließ, und wie sie dann nur wie abgestandenes Wasser schmeckte?«

»Das war ein unglückliches Zusammentreffen von Ereignissen. Niemand konnte ahnen, daß dein Küchenas gerade im kritischen Moment dahinterkommen würde, daß seine Frau sich den Fleischer zum Liebhaber auserkoren hatte.«

»Ich kann mir nicht helfen, ich fürchte trotzdem, da geht etwas schief.« Unruhig setzte er sich wieder hin.

»Wenn, dann nicht mit deiner Kocherei. Eher passiert etwas wegen der Hüte. Phyllis plädierte für einen hohen Romney-Hut, der auf ihren goldenen Locken thronen sollte, und Isabel und Agatha zogen mit. Wenn wir darum noch die Schleier binden, werden wir wie in Weiß gehüllte Schornsteinkappen aussehen. Maud ist außer sich.«

Auguste mußte einräumen, daß mit dem Dinner alles gut zu verlaufen schien. Lady Bullinger speiste mit Phyllis Lockwood, die dieses eine Mal ohne Roderick Smythe, ihren Verlobten, auskommen mußte. Agatha und Edward, Herzogin und Herzog von Dewbury, saßen mit zwei Unbekannten an einem Tisch. Nein, Unbekannte waren es nicht. Der Herr war ihr Günstling Harold Dobbs, Erfinder des Dolly Dobbs; demnach mußte die andere Dame, die ein bißchen wie ein gehetzter Terrier aussah, seine Frau Judith sein. An dem gleichen Tisch saß auch noch Isabel, die lässig elegante, schöne Gräfin von Tunstall, und neben ihr der Herr, den Auguste zunächst für ihren Gemahl gehalten hatte, weil er oft mit ihr hier war. Dann aber hatte ihn Tatjana aufgeklärt. Er war der Cousin der Gräfin, Hugh Francis, und Tatjana war davon überzeugt, daß alle Lässigkeit schwinden würde, sowie die beiden allein miteinander waren. Heute abend war noch die junge und flatterhafte Miss Dazey mit von der Partie; es war ihre erste Saison in der Gesellschaft und – wie alle schon mit Schrecken erfahren hatten – auch ihre erste mit einem Automobil. Sie kostete beides in rasantem Tempo aus. Ohne daß ihre Eltern etwas davon ahnten, hatte sie sich in den jungen Leo, Fred Gales gutaussehenden Assistenten, verknallt.

Als die Süßspeisen serviert wurden, war Auguste schon ganz entspannt und dachte kaum noch daran, ihnen einen prüfenden Blick zu schenken. Ringsherum im Saal schien der Dolly Dobbs das Gesprächsthema zu sein, Spekulationen, was Geheimnisvolles wohl an ihm dran wäre, das ihn mehr als vierzig Kilometer laufen ließ und noch mal vierzig zurück. Geheimnisvolles? Bei Automobilen gab es nichts Geheimnisvolles, das galt nur für Süß- und Vorspeisen. Frohgemut sah Auguste den *cerises à la reine* entgegen.

Er hielt nach Luigi Ausschau und entdeckte ihn zu seinem Entsetzen in erregt zischelndem Wortgefecht mit Pierre, der unerhörterweise im Speisesaal erschienen war, wo er eigentlich nichts zu suchen hatte.

»Was soll das, was machen Sie hier?« forschte Auguste aufgebracht; er war aufgesprungen, bereit, der Sache auf den Grund zu gehen.

Nur zu bereitwillig klärte ihn Luigi auf. »Es geht um die Kirschen, Mr. Didier. Es tut mir leid, es sagen zu müssen, aber sie sind angebrannt.«

»Wenn er seine Nase in mein Arbeitsgebiet steckt, muß ich doch nicht seins respektieren«, erklärte Pierre verdrossen. »Sie sind nicht angebrannt.«

»Ich will sie kosten«, verlangte Auguste grimmig.

Dienstbeflissen wurde ihm ein Schälchen mit *cerises à la reine* gereicht, und bar jeder freudigen Erwartung kostete er sie. Sie schmeckten etwas strenger als sonst, vielleicht eine Idee zuviel Kirschwasser, aber angebrannt? Vielleicht war es – Auguste wurde plötzlich gewahr, daß niemand ihm oder den Kirschen gebührende Aufmerksamkeit zollte.

Aller Augen waren auf den Eingang zum Speisesaal gerichtet, wo auf der obersten der drei Stufen ein verspäteter Gast stand. Das Gesicht kam Auguste bekannt vor – er hatte es wiederholt in der »Illustrated London News« gesehen. Von den früheren Besuchen der Dame im Club konnte er es nicht kennen, er war nicht zugegen gewesen. Es war ein interessantes Gesicht, nicht unbedingt hübsch. Es war Hester Hart, die sich demonstrativ arabisch gekleidet hatte. Aber nicht ihre Aufmachung war das Sensationelle, vielmehr die gebieterische Pose, mit der sie einen, den Damen des Clubs sehr wohl vertrauten Mann am Arm hielt. Es war Roderick Smythe, der allseits bekannte Rennfahrer und Verlobte von Phyllis Lockwood. Etwas schüchtern und zugleich gerötet vor Stolz stand er da, schaute in die Runde und mied geflissentlich den Blick in Richtung des Tisches, an dem die Bullingers mit Phyllis Lockwood saßen.

Auguste mußte erst selbst seinen Schrecken überwinden und stellte dann fest, daß es allen die Sprache verschlagen hatte; die einen fanden es kurios, die anderen waren echt schockiert. Harold Dobbs war sichtlich erschrocken, Lady Bullinger wütend, die Gräfin höchst amüsiert, Hugh peinlich berührt, und die arme Phyllis erbleichte und wurde starr vor Entsetzen.

Luigi bewies ein weiteres Mal sein diplomatisches Geschick und bat die Neuankömmlinge an einen Tisch, der möglichst weit von Phyllis entfernt war. Doch Hester folgte ihm nicht unmittelbar, wählte einen kleinen Umweg, der sie an der Rivalin vorbeiführte. Sie ließ alle Spielregeln der Etikette beiseite, blieb stehen und rief lauthals zur Erbauung des ganzen Raums: «Hugh, dich hier zu sehen! Und auch Edward.« Pause, dann: »Und die liebe Agatha, Isabel, Maud. Wie schön euch alle zu sehen. Und natürlich auch Phyllis.« Die letzten Worte waren mehr wie nebenbei hingeworfen.

»Wußte ich's doch«, zischte Tatjana. »Sie bringt nur Ärger.«

Dem konnte Auguste nicht widersprechen; er ignorierte die Kirschen und tat sich an den *pêches Maintenon* gütlich. Wenigstens die waren exquisit.

2. Kapitel

Hester Hart biß in ihr Muffin. Frisch war es nicht. Sie hatte das Haus in Mayfair gemietet, die Dienerschaft gleich mit, und den Fehler begangen, daß sie sich das Haus zwar angesehen hatte, die Leute aber nicht. Trotzdem, nichts würde ihr heute die gute Laune verderben können. Ihr sorgfältig geplanter Auftritt gestern abend war zu ihrer vollsten Zufriedenheit ausgefallen. Daß man sie nicht zum Vorstandsmitglied machen wollte, hatte sie zwar maßlos gewurmt, sie aber nur in ihrem Vorhaben bestärkt, gegen gewisse Personen entschieden vorzugehen. Sie würde hart bleiben, so hart wie das Muffin auf ihrem Teller.

Auf ihr Klingeln erschien die Köchin, wenn auch einigermaßen träge.

»Noch ein paar Muffins, bitte, Smirch. Ich hätte sie gern warm, wenn man sie mir serviert, auch sollten sie vorzugsweise von heute sein.«

Hannah Smirch schmerzten die Füße, und die frischen Muffins hatte sie für sich zurückbehalten. Ihr war von Anfang an klar gewesen, daß Madam keine Ahnung hatte, was sich im Umgang mit Hausangestellten geziemte; und so waren sie und Peters, der Hausdiener, zu der einhelligen Auffassung gelangt, je schneller diese Madam auszöge, desto besser. Lange würde ihres Bleibens hier nicht sein, so wahr sie Hannah Smirch hieß.

Hester blieb verborgen, was sich da möglicherweise über ihr zusammenbraute, und sie überlegte ihrerseits den nächsten Schachzug. Der Erfolg ihres ersten Zugs im Spiel, und nur sie war mit den Spielregeln vertraut, gekoppelt mit der leichten Niederlage durch ihre nicht erfolgte Wahl in den Vorstand, besiegelte ihren Entschluß. Sie würde Roderick heiraten; ein solcher Schritt dürfte etliche Vorteile und kaum Schwierigkeiten bringen. Phyllis zählte sie gar nicht erst zu den letzteren, obwohl sie den Altersunterschied zwischen seinen fünfunddreißig und ihren - nun ja, neunundreißig Jahren durchaus sah. Aber verglichen mit Phyllis konnte sie einem kräftigen, reifen und gutaussehenden Mann weitaus mehr bieten: Witz, Attraktivität, Erfahrung und Perfektion in sexueller Beziehung - keine der Londoner Damen in ihren züchtigen Betten würde es mit ihr aufnehmen können. Sie kicherte vergnügt vor sich hin bei dem Gedanken an ihr Zusammensein mit Roderick, als sie sich ihm errötend das erste Mal in ihrer fraulichen Tugend hingegeben hatte (zumindest hatte er daran geglaubt). Aber man reist schließlich nicht umsonst in den Nahen Osten. Selbst einem Sir Richard Burton öffneten sich die Tore zu einem Harem nicht so ohne weiteres; und dabei war er auf Materialsuche gewesen, um seine Ausgabe von »Tausend und einer Nacht«, in der die anstößigen Stellen nicht gestrichen waren, mit ausführlichen Fußnoten versehen zu können. Gerade in den Harems konnte man die hinreißendsten Vorstellungen von *ghandsch* bekommen, der Kunst der verschiedenen Stellungen und Bewegungen beim Geschlechtsakt; etliche davon hatte sie sich selbst sehr rasch zu eigen gemacht.

Ja, eine Ehe mit Roderick wäre auszuhalten; zumindest hatte er Interesse an Sex dank seiner Teilnahme an den großen Rennen auf dem Kontinent Paris - Wien, Paris - Berlin und wo auch immer; die Dankesbezeugungen auf den Routen erwiesen sich als ungemein vielseitig, wollte man seinen Schilderungen Glauben schenken; da kam jeder auf seine Kosten, ganz nach Geschmack und Laune. Die meisten Engländer auf Reisen würden sich mit einem Fußwärmer zufriedengeben, dachte sie spöttisch, nicht aber Roderick, dem lag durchaus das Wohlbefinden anderer Körperteile im Sinn.

Noch mit den Gedanken an ein Eheleben mit Roderick spielend, war sie auf ihren zweiten Plan gekommen, und an dem waren die Herzchen Maud, Agatha, Phyllis und Isabel schuld, Tatjana sowieso. Warum waren sie auch so töricht gewesen, sie nicht in den Vorstand zu wählen. Nun würde Hester selbst Rennfahrerin werden, sie war fest entschlossen. Hatte sie nicht schon durch ganz Europa eigenhändig Automobile gesteuert – bis in die Türkei? Mit den Hindernissen und Kurven, die sie dort und anderswo auf abenteuerlichen Straßen bewältigt hatte, hielt keiner mit. Maulesel, Kamele, Pferde mußten alle irgendwie angetrieben werden – ein Automobil war doch auch nichts weiter als ein glorifiziertes Pferd! Das erinnerte sie übrigens an die Demonstration, die sie gestern miterlebt hatte, an diese eifrigen Pferdeverfechter. Da hatte sie eine ihrer alten Widersacherinnen gesehen; die gehörte auch auf die Liste zu denen, die den Tag schon noch verfluchen würden, an dem sie Hester Hart ausgestoßen hatten. Alles in allem sah sie ein paar äußerst spannenden Wochen entgegen.

Für Auguste erwies sich der Mittwoch als weniger spannend. Da heute seine Dienste in der Küche des Clubs nicht gefragt waren, brütete er, wenn auch widerstrebend, über »Dinieren mit Didier«. In der Küche sprühte er nur so voller Ideen, wenn's um neue Rezepte ging, aber sowie seine Feder zum Schreiben ansetzen wollte, verweigerte sich ihm der Gedankenfluß. Als damals Mrs. Jolly, die Köchin, ihre segensreiche Tätigkeit in Queen Anne's Gate aufnahm, sah es so aus, als würde ihr Sohn Charlie einen blendenden Sekretär für Augustes schriftstellerische Arbeit abgeben. Aber leider war es um dessen Begeisterung fürs Essen ähnlich wie bei Auguste bestellt, sie war viel ausgeprägter als die fürs Schreiben. Zudem entwickelte er ein leidenschaftliches Interesse für Annie Parsons, die erste Küchenmamsell im Club; das hatte wiederum zur Folge, daß er seine Dienste ihrem Vater anbot, der einen Fischstand auf dem Markt in Bermondsey hatte, und damit schien das Schicksal des Werkes »Dinieren mit Didier« endgültig besiegelt.

»Auguste!«

Seiner quälenden Unschlüssigkeit, ob zu *chanterelles* eine Sauce gehörte oder nicht, bereitete Tatjana ein Ende. Ein glückliches Bild gab sie nicht ab, wie sie sich da in einen Stuhl fallen ließ; selbst ihr Musselinkleid wirkte schlaff und traurig. Eine der Unannehmlichkeiten, die der Club für sie mit sich brachte, war, daß sie konventionelle Frauenkleidung tragen mußte und nicht in Pumphosen, Kittel und Männermütze rumlaufen konnte, die sie sich angewöhnt hatte, als sie vor zwei Jahren ihre Autoschule eröffnete. Die Schule lag direkt neben dem Club und lief immer noch gut, so daß Tatjana die Werkstattkleidung stets im Club hatte, um schnell wieder hineinschlüpfen zu können.

»Ein schlechter Tag heute, *ma mie*?« Die Frage erübrigte sich eigentlich, denn man brauchte sie nur anzuschauen.

»Ja. Für den Club, für mich, für alle. Alle reden nur davon, wie gräßlich sich Hester Hart benommen hat und daß sie eben keine Lady sei und man von vornherein hätte wissen müssen, was kommt.«

»Vielleicht hatte sie Roderick Smythe erst auf dem Weg zum Club getroffen«, versuchte Auguste zu beschwichtigen.

»Phyllis landete heute nachmittag hier, in Tränen aufgelöst«, antwortete Tatjana bekümmert. »Sie schien mir die Schuld geben zu wollen. Das hat man nun davon, daß man die Vorsitzende ist; ob du mit einer Sache was zu tun hast oder nicht, jeder nimmt sich das Recht heraus zu denken, du hast die Finger mit im Spiel gehabt. Sie hat Roderick zur Rede gestellt.«

»Und was hat er zu seiner Verteidigung vorbringen können?«

»Sie ist ihm nachgegangen von seiner Wohnung bis zu seinem Friseur und hat ihn sich dort vorgenommen, wenn ich's richtig verstanden habe, als er quasi festgenagelt war und sich die Haare schneiden ließ – zur allgemeinen Erheiterung des ganzen Ladens, der Kundschaft und der Angestellten. Daß die berühmte Phyllis Lockwood sie mit ihrem Besuch beehrte, trieb ganze Heerscharen herbei, alle hatten plötzlich das Bedürfnis nach einer Rasur, man stand förmlich Schlange. Und mittendrin Phyllis, die Roderick abkanzelte.«

»Und was hat er geantwortet?« Auguste konnte sich eines leisen Mitgefühls von Mann zu Mann nicht erwehren.

»Er bedeutete ihr, wenn er wirklich so ein Taugenichts sei, wie sie behaupte, dann könne so eine Schönheit und Berühmtheit wie sie ihn doch wohl nicht ernsthaft heiraten wollen.«

»Und was passierte dann?« Offensichtlich war Roderick Smythe raffinierter als Auguste ihm zugetraut hatte.

»Phyllis fand das auch und gab ihm den Verlobungsring zurück.«

»Warum dann die Tränen?«

»Auguste, hast du wirklich keine Ahnung, was in einer Frau vorgeht? Auch wenn sie ihn nicht heiraten will, heißt das doch noch lange nicht, daß sie ihn nicht liebt. Ich habe ihr zugeredet, sie solle Geduld haben, Hester würde Roderick bald über sein. Die Frau wird ihm über kurz oder lang auf den Docht gehen, denk ich mal.«

»Hat sie dir zugehört?«

»Nein. Zu allem Unglück tauchte auch noch Maud auf. Du weißt ja, sie ist Rodericks Patin. Zwar war sie dafür, daß Hester mit in den Vorstand kommt, aber ich vermute mal, von dem Gedanken, daß sie ihren Patenjungen heiratet, ist sie nicht erbaut. Es war seltsam. Sie hat sich maßlos ereifert, mehr als ich erwartet hätte. Sie riet sogar Phyllis, ihn gerichtlich zu belangen, weil er sein Heiratsversprechen gebrochen hätte.«

»Wo die halbe Männerwelt Londons miterlebt hat, daß sie es war, die die Verlobung gelöst hat?«

»Ich weiß. Aber es tut dem Club auch nicht gut, wenn Maud sich dort wie 'ne Furie aufführt. Außerdem ist Roderick einer unserer besten Fahrer bei internationalen Rennen, ist bekannt und beliebt. Nur ihm haben wir zu verdanken, daß der Automobilclub von Großbritannien zugestimmt hat, den Dolly Dobbs bei den Straßenrennen unseres Vereins offiziell zu werten. Ich kann mich einfach nicht in sein Privatleben einmischen.«

»Und wie steht's um den guten Dolly Dobbs?« erkundigte sich Auguste und hoffte, mit dieser Frage Tatjana etwas abzulenken.

Es funktionierte. »Bei dem ganzen anderen Trubel heute hatte ich nicht viel Zeit, mich danach zu erkundigen. Fred und Leo haben den ganzen Tag daran gewerkelt, und Harold Dobbs immer um sie herum, wie eine Glucke, von Mrs. Judith Dobbs ganz zu schweigen.«

»Ist die auch Mitglied?«

»Nein, aber wo Harold ist, ist sie auch, wenn's sich irgendwie einrichten läßt. Und das ist die andere Geschichte, die mich beunruhigt, Auguste.«

»Judith?«

»Nein, der Dolly Dobbs. Irgendwie ist es zu ruhig.«

»Ich dachte, das ist gerade sein Vorteil, Elektromobile laufen ruhig.«

»Stell dich nicht so dumm, Auguste«, war ihre Reaktion. »Du weißt genau, was ich sagen wollte. Ich habe das ungute Gefühl, daß Hortensia etwas ausheckt. Wir können den Dolly Dobbs nicht einfach bis nächsten Donnerstag in der Remise verschlossen halten. Es muß noch einmal getestet werden, ob alles richtig funktioniert. Deshalb wollten wir ihn am Sonnabend herausholen.«

»Aber was wollen sie dem Wagen schon anhaben?«

»Ich weiß nicht. Das ist es ja gerade mit den CAPPS. Halt bitte auch du die Augen offen, ob sich verdächtige Personen in der Nähe der Wagenhalle herumtreiben. Denen ist nicht zu trauen, die wollten ernsthaft gegen Automobile vorgehen.«

Er hatte Mitgefühl mit ihr. Mehr als einmal hatte er sich gefragt, wie wohl der Dichter John Milton, der früher einmal hier gewohnt hatte und dessen Name für die Anschrift des Clubs herhalten mußte, ohne daß er sich dagegen wehren konnte, darauf reagiert hätte, mit solch infernalischen Maschinen in Verbindung gebracht zu werden. Vielleicht hätte es ihn zu einer zweiten Version von seinem »Verlorenen Paradies« inspiriert. Auguste hoffte, daß ein vorzügliches Mahl *à deux* Tatjana etwas trösten würde, und war froh, daß er Mrs. Jolly überredet hatte, abends zum Rinderbraten die köstliche Fenchelsauce zu servieren.

Der erhoffte Erfolg blieb aus. Selbst am Donnerstagmorgen zum Frühstück war Tatjana mißgestimmt. Dabei fand Auguste, gerade das Frühstück müßte man in aller Ruhe genießen, war es doch der Auftakt für alle anderen genüßlichen Mahlzeiten des Tages. Trotzdem arbeitete sich Tatjana wie immer durch all die Rechauds – Nierchen, Fisch mit Reis, Eier, Tomaten, Champignons. Sagenhaft, wie schlank sie dabei blieb. Er versuchte, sie abzulenken, beschwor alle möglichen Prognosen herauf, was später einmal auf sie zukommen würde, aber sie nahm ihn nicht weiter ernst; dabei lagen die späteren Jahre gar nicht in allzu weiter Ferne, er war immerhin schon Mitte vierzig, sie Mitte dreißig.

Plötzlich nahm etwas anderes ihre Aufmerksamkeit gefangen. »Auguste! Das darf doch nicht wahr sein!« rief sie erschrocken.

»Stimmt was mit den Eiern nicht? Mrs. Jolly hat doch aber ..«

»Es geht nicht ums Essen. Nein, Auguste, sieh doch nur!« Sie hielt ihm die »Morning Post« unter die Nase.

»Was denn?« Er starrte auf eine Reklame für William-Rasierseife. »Sein strahlendes Gesicht sagt alles«, las er.

Tatjana wies mit dem Finger nachdrücklich auf einen Artikel und die Überschrift »Miss Hester Hart«.

Er überflog den Text und entnahm daraus, daß Miss Hart auserwählt war, England im Oktober bei dem Internationalen Rennen der Damen, das in den Ardennen stattfinden sollte, zu vertreten. Daß es überhaupt stattfinden würde, war nach den Tragödien des Rennens Paris – Madrid vom Vorjahr ohnehin ein enormes Zugeständnis seitens der französischen Regierung; daran teilnehmen zu dürfen, mußte als besondere Ehre gelten.

»Und was ist daran so furchtbar?« fragte er vorsichtig.

»Maud hat fest damit gerechnet, nominiert zu werden.«

»Hat man denn offiziell bei ihr angefragt?«

»Das nicht, aber sie hat den Club bei vielen anderen Ausscheiden vertreten und hat sich natürlich darauf verlassen, es auch diesmal zu tun.«

»Ist das ein so wichtiges Rennen?«

»Wichtig?« Tatjana ereiferte sich. »Allein auserwählt zu werden für ein solches Rennen kommt auf deinem Gebiet der Situation gleich, für Monsieur Escoffier persönlich kochen zu dürfen.«

»Aha.« Auguste war beeindruckt.

»Lies nur weiter, es kommt noch schlimmer«, forderte ihn Tatjana mit dunkler Stimme auf.

Er las. Selbst ihm ging auf, daß es die nachstehende Mitteilung in sich hatte. » ›Miss Hart wird ebenfalls das neue experimentelle Dolly-Dobbs-Automobil bei dem kommenden offiziellen Straßenrennen steuern ...‹ Aber hast du nicht gesagt, Agatha sollte den Dolly Dobbs fahren?«

»Genau das. Niemals hätte sie es sich anders überlegt, nicht mal ein Harold Dobbs würde sie davon abbringen können, selbst wenn er wollte. Auguste, ich kann mir nicht helfen, ich wittere Unrat«, und ihre Stimme zitterte.

Dem hatte er nichts entgegenzusetzen. Wie auch?

Lady Bullinger stakste zu dem Gerät, das ihr Mann installiert hatte, damit die Hausangestellten auch im letzten Moment von Senn's Delikatessenladen entsprechende Mengen Räucherlachs heranholen konnten, wenn er unerwartet in London auftauchte. Schließlich war Dringlichkeit geboten, und diesmal konnte man es nicht dem Butler überlassen. Sie nahm also den Hörer vom Haken, hielt ihn achtsam weit genug vom Ohr ab, eingedenk der Warnungen, wie schädlich diese monströse Erfindung fürs Gehör werden konnte, und brüllte: »Verbinden Sie mich mit der Herzogin von Dewbury.«

Agatha war gerade bei der Lektüre der »Morning Post«; kein Wunder, daß sie ihrem Butler das Gerät förmlich aus der Hand riß und noch loszeterte, ehe Lady Bullinger etwas sagen konnte. Ihre ohnehin helle Stimme überschlug sich fast. »Hast du's gelesen?«

»Das kann nur ein Scherz sein«, trompetete Maud zurück, »man will uns ärgern.«

»Hester macht keine Scherze.«

»Ich zitiere mir Roderick sofort heran. Der muß dem Automobilclub klarmachen, daß es einfach nicht sein kann, daß das Weibsbild bei einem internationalen Rennen fährt. Wenn einer fährt, dann bin ich es.«

»Vermutlich wird dir dann aufgehen, daß Roderick nicht ganz unbeteiligt ist und mit besagtem Weibsbild etwas zu tun hat«, konstatierte Agatha schleppend und doch mit leicht frohlockendem Unterton.

»Unfug!« bellte Maud. »Er weiß genau, wie sehr mir die Sache am Herzen liegt.« War es wirklich Unfug? Je mehr sie darüber nachdachte, desto unsicherer wurde sie, desto eher hielt sie einen derartigen Verrat für durchaus möglich. Offensichtlich war er besessen von dem Weib, hatte jegliches Urteilsvermögen verloren. Nun gut, mit Maud Bullinger würde man es nicht so leicht aufnehmen können, da verrechnete sich die Gegnerin. Trotzdem, ohne Verbündete ging es nicht. »Agatha, was ist mit dem Dolly Dobbs? Was mag dieser Dobbs-Mensch von der Sache halten?«

Pause auf der anderen Seite. Dann: »Keine Ahnung. Aber ich krieg's raus.«

»Du scheinst die Sache sehr gelassen zu nehmen, Agatha.« Maud war enttäuscht, daß es durch die Leitung nicht zurückgeiferte.

»Findest du?« tönte die Stimme ihrer Schwägerin grell. »Am liebsten würde ich Miss Hester Hart auf der Stelle umbringen.«

Dem Fräulein vom Amt, das begierig mithörte, lief ein Wonneschauer über den Rücken. Das übertraf ja ihre ärgsten Vorstellungen von dem, was sich in herzoglichen Kreisen tat. Ob man die Polizei informieren sollte?

Zwei Telefonhörer wurden zur gleichen Zeit wieder eingehängt, und die beiden Gesprächspartnerinnen sannen auf Rache, wie man es der Frau heimzahlen konnte, der sie vor fünfzehn Jahren schon einmal übel mitgespielt hatten.Etwas weiter weg in Bloomsbury saß ebenfalls ein Ehepaar beim Frühstück; es ging einigermaßen schweigsam zu, denn der vor ihnen liegende Tag bot den beiden kaum gemeinsame Vorhaben. Er war damit beschäftigt, sich gedanklich auf seine Ausführungen zu den Ruinen Babylons einzustellen, und sie rüstete sich erneut für den Kampf zugunsten der Pferde. Dann aber ergab sich plötzlich ein Thema, das beider Interesse fand, auch wenn Hortensia, die nur an ihre vierbeinigen Freunde und das jüngste ungeheuerliche Vorhaben dachte, Pferde an Automobile zu gewöhnen, die Reaktion ihres Mannes nicht recht mitbekam.

»Sieh dir das an«, schrie sie los und wedelte erregt mit der

Zeitung. »Es heißt hier, daß das neue Monster, dieses Dolly-Dobbs-Mobil, nicht von der rasenden Herzogin, sondern von einer Hester Hart gesteuert wird. Hast du von der schon mal etwas gehört?« Außer über Pferde und deren Widersacher las Hortensia wenig.

John Millward blieb der Toast fast im Halse stecken. Er hatte sehr wohl von ihr gehört, öfter als ihm lieb war. Er hatte sie sogar unter den Zuschauern erspäht, denn Hortensia hatte darauf bestanden, daß er zu dieser gräßlichen Demonstration mitging. Er war ein verträglicher Mensch, wollte niemandem wehtun, und die Fehde, die Miss Hart immer wieder ins Gespräch brachte, war einseitig, ging stets von ihr aus. Sie konnte es nicht lassen, überall die leidige Sache zum Thema zu machen, wenn sie glaubte, man kannte seinen Namen, ob in gelehrten Kreisen oder anderswo. Dabei war es für ihn lediglich eine Frage der beruflichen Integrität gewesen, nicht, weil er ihr persönlich am Zeuge flicken wollte. 1898 war er im Zusammenhang mit der Öffnung der Grabstätte von Amenophis II. in Kairo gewesen; damals hatte ihn Robert Koldewey um seine Meinung zu Hester Hart gebeten; er stellte gerade seine Mannschaft für die Ausgrabungen von Babylon zusammen, wo man dann auch auf die Ruinen des Turms zu Babel gestoßen war. Millward hatte sich verpflichtet gefühlt zu sagen, daß die Dame nie etwas mit Geschichtsforschung zu tun gehabt hätte, auch wenn sie allenthalben in den Zeitungen von sich reden machte und sich mit ihren Reisen brüstete, die durchaus Anerkennung verdienten. Das nächste, woran sich Millward erinnerte, war, wie er im Shepheard's Hotel gesessen und friedlich seine Pfeife geraucht hatte, als ein zänkisches Weib hereinstürmte, ihn mit einem Sonnenschirm bedrohte und ihn beschimpfte, er würde ihre Ehre in den Schmutz ziehen. Eine ganze Lobby englisch sprechender Herren hatte voller Interesse zugehört, und seither schien ein gut Teil der zivilisierten Welt zu glauben, daß er und Hester Hart sternklare Nächte in leidenschaftlicher Umarmung unter dem Wüstenhimmel verbracht hätten – und sie setzte alles daran, eine solche Vorstellung zu untermauern.

Er lebte in ständiger Sorge, Hortensia könnte etwas davon zu Ohren kommen. Aber er war ja Gott sei Dank kein Pferd und lief so wenig Gefahr, und seine Ehe war wunderbar intakt geblieben. Dafür war er überaus dankbar, denn er liebte seine Frau abgöttisch, auch wenn er nicht recht hätte sagen können, warum.

»Ich möchte wissen, wie dies Dolly-Dobbs-Ungetüm ist, wenn's wirklich fährt.« Hortensia hatte deutlich die Neugier gepackt. »Am Sonnabend will der Motorclub für Damen Rennen im Richmond Park veranstalten, hab ich gehört, und abends ist dann eine Garten-Party. Vielleicht ist das Vehikel mit dabei. Laß uns hingehen.«

»Nein!«

Überrascht sah Hortensia auf. »Du hast doch was für Pferde übrig, oder?«

»Keine Frage«, gab John ergeben zur Antwort und überlegte, ob sich für Sonnabend eine dringliche Einladung zum Thema »Das alte Assyrien« beschaffen ließe.

»Dann ist die Sache ja klar«, stellte Hortensia befriedigt fest.

Am besagten Sonnabendmorgen kam Auguste früh in Milton House an, wenn auch nicht unbedingt aus freien Stücken. Aber Madame Präsident war noch arg beschäftigt, nicht mit sich selbst, sondern mit ihrem Léon-Bollée-Automobil, und das bedeutete, daß noch geraume Zeit vergehen würde, ehe die Männerhosen abgestreift und gegen für eine Dame von Stand passendere Kleidung ausgetauscht wurden. Sie mußte, wie sie ihn hatte wissen lassen, erst noch überprüfen, ob die Batterien aufgeladen, ob Schmiervorrichtungen, Fettbüchse und Wasserkanister gefüllt waren; auch galt es, sorgfältig Ersatzteile einzupacken, Auslaß- und Einlaßventile zum Beispiel, Zündkerzen, Schläuche und obendrein einen Werkzeugkasten, der Isambard Brunel hätte blaß werden lassen vor Neid. Auguste hingegen mußte lediglich dafür Sorge tragen, daß die Speisen fürs Büfett für nahezu zweihundert Leute das Haus in einwandfreiem Zustand verließen und unversehrt in Richmond ankamen. In Tatjanas Augen eine leichte Aufgabe.

Er hatte alles gut im Griff; jetzt trieb ihn die Neugier hinten auf den Hof, wo in Kürze mit Hester Hart zu rechnen war, die ja die erste öffentliche Ausfahrt des Dolly Dobbs miterleben wollte. Auguste konnte Leo erkennen, der sich im Reparaturschuppen zu schaffen machte, gefolgt von Miss Dazey wie einem treu ergebenen Schatten. Sie trug einen flotten, blauen Staubmantel und eine verwegene Mütze. Dann bemerkte er plötzlich einen Fremden, der oben an der Dachrinne zwischen Autoschuppen und Reparaturwerkstatt entlangrobbte und immer wieder versuchte, einen Blick durch das vergitterte Oberlicht zu erhaschen. Ein Spion!

»Was suchen Sie da?«

So angerufen, zuckte der Mann wie ein aufgescheuchtes Kaninchen zusammen, kroch nach hinten übers Dach und verschwand. Wütend rannte Auguste seitlich zum Autoschuppen und bekam den Eindringling gerade noch am Arm zu packen, ehe er entwischen konnte. Er hatte einen alten Zylinder auf und eine riesige Schürze um. Er lüftete den Hut und räusperte sich.

»Morgen, Chef«, brachte er hervor.

»Einen schönen guten Morgen«, erwiderte Auguste friedfertig und lockerte seinen Griff. »Sind Sie Fensterputzer?«

Das Gesicht des Mannes entspannte sich. »Nicht schlecht, Chef. So was wie'n Gelegenheitsarbeiter.«

»Kommt nur auf die Gelegenheit an. Die anderen, die hier zu tun haben, kenne ich eigentlich alle. Sie sind mir noch nicht untergekommen.«

»Hab das falsche Haus erwischt«, versuchte der Mann zu erklären und glaubte, er hätte den jovialen Ton gefunden.

Auguste packte ihn erneut am Arm, denn er wollte sich davonmachen. »Nicht so schnell, *mon ami*. Sie sind einer von den CAPPS.«

»Nein, Auguste.« Daß Tatjana schon fertig sein würde, hatte er nicht erwartet. Sie sah gut aus in ihrem Staubmantel aus Leinen mit englischer Stickerei. Abgesehen davon, daß ihr dunkles Haar sich schon wieder löste und sie offensichtlich nur einen Handschuh hatte, schien sie aufbruchbereit. Ihrer

Toilette maß sie keine Bedeutung bei. »Der ist kein CAPP. Sie sind Mr. Thomas Bailey, stimmt's? Mr. Dobbs' größter Rivale.«

Der Mann wurde rot. Er mußte etwa genauso alt sein wie Harold Dobbs, um die dreißig; aber während Dobbs mehr wie ein geistesabwesender Schmetterlingssammler aussah, wirkte der sehr viel kleinere Bailey, nachdem er nicht weiter darauf bestand, Gelegenheitsarbeiter zu sein, mehr wie ein fanatischer Napoleon, der darauf gesetzt hatte, die Welt zu erobern.

»Ich bin aus reinem Berufsinteresse hier«, tat er hochmütig kund.

»Dem können Sie nächsten Donnerstag am Hyde Park Corner frönen, wenn die offiziellen Rennen starten.«

Ihm konnte es nur recht sein, auf diese Weise Augustes Fängen zu entkommen. »Mach ich. Aber ich hab da so meine Vermutungen«, sagte er noch geheimnisvoll und machte sich davon.

»Bewacht denn hier keiner das Automobil?« fragte Tatjana verärgert und eilte in die Werkstatt. Dort kam gerade Fred Gale die Wendeltreppe von unten hochgeklettert, den das Stimmengewirr neugierig gemacht hatte. Nachsichtig schüttelte er den Kopf, als er Miss Dazey und Leo sah; hingebungsvoll spähte sie über seine Schulter, während er mit einer weichen Drahtbürste eine der neuen Luftbereifungen säuberte. »Nicht doch, Miss, das hier ist nicht der rechte Ort für Sie.«

Leo war die Erleichterung deutlich anzusehen, und er begrüßte Fred und Tatjana als rettende Engel.

»Leo mag mich auch hier nicht. Ist doch dumm von ihm, nicht, Mr. Didier?« wendete sich Miss Dazey fröhlich Auguste zu, während Tatjana zu Fred hinüberging, um mit ihm zu sprechen.

Auguste schaute sie an und konnte ihr nur beipflichten; Leo aber murmelte etwas von Arbeit und keine Zeit, die sattsam bekannte Ausrede aller bedrängten Männer.

»Scheust keine Zeit und Mühe für den geliebten Dolly.« Provozierend blieb Miss Dazey an der Verbindungstür zum Automobilschuppen stehen. Schon hatte sie die Hand am Türgriff, woraufhin Leo hinzusprang, ihr die Hand von dort wegnahm und sich selbst wie ein Schild davorstellte, um Dollys Geheimnisse vor ihr zu schützen. »Wir sehen sie sowieso gleich alle«, reagierte Miss Dazey patzig und verletzt.

»Aber erst, wenn Mr. Dobbs es sagt«, gab Leo entschieden Bescheid.

Statt einer Antwort schlang sie ihre Arme um seinen Hals, und nun konnte er sich nicht mehr zur Wehr setzen und ließ es geschehen. Sie gab ihm einen Kuß auf die Wange. »Es ist eine entscheidende Phase jetzt.«

In eben dem Moment betraten Harold Dobbs und seine Frau den Raum.

»Unser Dolly Dobbs tritt wirklich in eine entscheidende Phase.« Der geniale Erfinder barst vor Stolz. »Wie Ikarus und Daedalus greife ich nach der Sonne.«

»Du bist großartig, Harold.« Angetan mit einer altmodischen Regenhaube, dreimal so groß wie Napoleons Dreispitz, stand die getreue Judith unerschütterlich neben ihm.

»Ist Miss Hart schon da?« wollte Harold wissen.

»Noch nicht.« Tatjana gesellte sich zu den beiden.

»Warum haben Sie eigentlich Ihre Meinung geändert, Mr. Dobbs, daß plötzlich nicht mehr die Herzogin Ihr Auto nächste Woche fahren soll? Heißt das, daß Sie vorschlagen, daß Miss Hart es auch heute schon steuern soll?«

Harold errötete leicht. »Ja, so wird es sein. Miss Hart ist eine geübte Fahrerin«, sagte er nicht gerade glücklich. »Und die Herzogin versteht das durchaus.«

»Meinen Sie? Warum marschiert sie dann so fest entschlossen über den Hof?« fragte Tatjana.

Nervös warf Harold einen Blick zu Ihrer Hoheit und verschwand rasch auf der Treppe, die nach unten führte; seine Frau eilte ihm hinterher.

Agatha kam hereingefegt in einem blaßgelben Seidenkleid und gut gelaunt. »Wo steckt er?« Sie blickte sich um, und als Tatjana aufs Kellergeschoß deutete, ging sie zur Treppe. »Kommen Sie nur rauf, Sie törichter Hampelmann.«

Kurz danach ließ sich schüchtern Harold blicken, verbeugte sich ehrerbietig vor ihr und zog seine Mütze.

Agatha verschwendete keine Zeit mit Formalitäten. »Ist der Dolly Dobbs bereit? Alles fertig für mich? Führen Sie mich zu ihm.«

»Öm ...«

Ohne auch nur im geringsten zu zögern, wendete sich Agatha Tatjana zu: »Ignorieren Sie bitte diesen Unsinn in der ›Morning Post‹, Hoheit. Ich werde mein Auto fahren.«

»Meins«, begehrte Harold in einem Anflug von Geistesgegenwart auf.

»Es liegt mir fern, mich mit Ihnen zu streiten, Sir. Bringen Sie mich zu meinem Auto.«

Harold gab sich geschlagen, ging zur Verbindungstür, gefolgt von einer triumphierenden Agatha, und öffnete sie.

Im Türrahmen stand Hester Hart und begrüßte sie sichtlich amüsiert: »Meine liebe Agatha.« Über ihrem ebenmäßigen Gesicht saß eine kesse Schottenmütze; der lila Staubmantel mit protzigen Silberknöpfen in zwei langen Reihen paßte weniger zu ihr. »Gewiß überläßt du doch das Fahren der Dienerschaft. Ich mache es gern, und du kannst – ganz so, wie dir's zukommt – im Fond Platz nehmen. Der Sitz für den Chauffeur ist einigermaßen niedrig. Ich werde dir also nicht die Aussicht versperren.«

Auguste war fassungslos, trat einen Schritt vor, als wolle er dazwischengehen. Tatjana hielt ihn zurück. Hester kam weiter in das Werkstattgebäude, verhinderte so, daß Agatha das Auto sehen konnte. Harold drückte sich an die Werkbank, hätte sich am liebsten unsichtbar gemacht, Mrs. Dobbs blickte verwirrt drein, Leo war verschwunden, mit ihm auch Miss Dazey. Fred war emsig damit beschäftigt, einen Satz Zweitschlüssel zu putzen. Die Herzogin war wie vom Blitz getroffen, und Tatjana zitterte um ihren Club. Aller Augen waren auf Agatha gerichtet. Die schwieg zunächst, gab sich dann aber zum allgemeinen Erstaunen geschlagen. Sie brachte es sogar fertig zu lächeln.

»Meine liebe Hester«, flötete sie, »wenn Harold möchte, daß du unser Auto fährst, so sollst du's auch fahren. Nichts liegt mir ferner, als dir die Stunde deines Ruhms nicht zu gönnen.

Oder Harolds. Du bist bestimmt die bessere Fahrerin.« Sie blickte in den strahlenden Sonnenschein, spannte ihren mit Rüschen verzierten Sonnenschirm mit den Vergißmeinnichtsträußchen auf, als wenn die den Teint schädigenden Sonnenstrahlen ihre einzige Sorge wären, und ging schnellen Schritts von dannen.

Selbst Hester war verblüfft, faßte sich aber rasch. »Was ist doch Agatha für eine reizende Frau. Eine meiner ältesten Freundinnen.«

»Da dürften noch merkwürdige Dinge passieren«, flüsterte Tatjana Auguste zu, als Harold, der sein Selbstvertrauen wiedergefunden hatte, durch die Verbindungstür und zum Dolly Dobbs eilte. »Wenn die Schlange zischt, hat sie meist auch ihren Grund.«

»Wer ist in diesem Falle die Schlange, Hester oder Agatha?«

»Eine so gut wie die andere.«

Nur Harold und Hester wurden in das heiligste aller Heiligtümer gelassen. Tatjana, Auguste, Mrs. Dobbs, Fred, Leo und Miss Dazey mußten draußen warten, und Harold Dobbs sank in Tatjanas Wertschätzung eine Stufe tiefer. Bislang war Augustes Neugierde, wie der Dolly Dobbs letztendlich aussehen würde, darauf ausgerichtet, ein Automobil zu Gesicht zu bekommen.

Als es dann endlich soweit war und Fred Gale die Türen aufwerfen durfte, ertönte triumphierend Dolly Dobbs' Hupe, und langsam schob sich das Mobil mit Hester am Steuer heraus; Harold lief nebenher und weinte fast vor Erregung.

Tatjana griff nach Augustes Arm. »Was, um Himmels willen, ist das alles?«

Wenn das ein Automobil sein sollte, dann war es das Verrückteste, was Auguste bisher gesehen hatte. Vorne auf beiden Kotflügeln war hoch aufragend so etwas wie ein riesiger Phonographentrichter aufgebockt. Davor war bei beiden eine schreiend bunte Windmühle montiert mit jeweils acht Flügeln, alle in unterschiedlichen Farben. Vor der Lenksäule auf der geschwungenen Verkleidung spreizte ein kesser Wetterhahn sein Gefieder. Auguste kam sich wie in der Theaterinszenierung mit dem Drachen vor, die er erst jüngst im Drury Lane gesehen hatte.

Nach dem ersten Schock rannte Tatjana hinüber, um das Monstrum genauer unter die Lupe zu nehmen. Hester schien mit dem Gefährt vertraut und saß selbstgefällig auf dem Fahrersitz.

»Was soll das darstellen?« fragte Tatjana und deutete auf die Phonographentrichter und das ganze Drum und Dran.

Harold glühte vor Begeisterung. »Das sind Windmaschinen. Ich habe das Geheimnis der beständigen Bewegung entdeckt.«

»Der Name Dobbs wird in die Geschichte der Wissenschaft eingehen«, rief Judith aufgeregt. Dabei rutschte ihr die Kapuze ihres Regenmantels wenig vorteilhaft halb ins Gesicht.

»Die Gesetze der Physik lassen aber ein Perpetuum mobile gar nicht zu«, gab Auguste zu bedenken. Wenn schon das antike Griechenland keine befriedigende Lösung hatte finden können, schien es ziemlich unwahrscheinlich, daß so ein unbedeutender Landstrich wie England das vermochte.

»Das ist ganz einfach«, verkündete Hester von oben herab und nahm die wissenschaftliche Erkenntnis quasi für sich in Anspruch. »Während der Fahrt bläst Wind ins Automobil, wird durch Dynamo und Motor in Elektrizität verwandelt und lädt praktisch die Batterie ständig neu auf.«

»Der Voltmesser wird stets etwa zwei Volt pro Zelle anzeigen«, erklärte Harold. »Mir ist die Idee durch die Papierwindmühle meiner Tochter Dolly gekommen, die sie im Zoo gekauft hat. Deshalb habe ich den Windmühlenflügeln auch die gleiche Farbe gegeben – Dolly zum Spaß.«

»Angenommen, es gibt Rückenwind oder gar keinen Wind, oder der Wind kommt nicht von vorn; was dann?« fragte Tatjana skeptisch.

»Natürlich hat Mr. Dobbs auch daran gedacht«, gab Hester schnippisch zurück. »Der Wetterhahn hier sagt mir, ob der Wind seine Richtung geändert hat. Dafür habe ich den Griff hier links.« Sie beugte sich vor und zog ihn an, und prompt schwenkte der riesige Aufbau auf dem linken Kotflügel um

360 Grad herum. »Und ebenso einen rechts.« Gehorsam veränderte auch das rechte Teil seine Richtung. »Der Dolly Dobbs kann auf den Wind aus jeder beliebigen Richtung reagieren. Ist es windstill, wird allein die Vorwärtsbewegung Wind erzeugen. Es wird mir eine Ehre sein, diese großartige Erfindung bei den offiziellen Rennen fahren zu dürfen.«

Wenn auch nur, weil in erster Linie Hester Hart im Glorienschein stehen würde, ging es Auguste durch den Kopf. Tatjana hatte recht; auch er mochte Hester Hart nicht. Charme hatte sie, ja, aber den hatte auch Medusa gehabt.

»Sie werden bestimmt Aufsehen erregen«, bestätigte ihr Tatjana. Sie glaubte immer noch, daß Harolds Theorie einen Haken hatte und wollte das Gefährt erst in Aktion sehen. »Bisher weiß niemand, wie das Auto tatsächlich aussieht; aber wenn es Mr. Bailey gelungen sein sollte, schon einen Blick zu erhaschen, ehe wir ihn eben daran hindern konnten, wäre es durchaus möglich ...«

»Thomas Bailey - hier?« unterbrach sie Harold. »Sind Sie sicher?« Er wurde blaß.

»Ja«, erwiderte Tatjana unbekümmert. »Ich habe ihn sofort erkannt. Geht nicht das Gerücht, daß er auch an einem neuen Auto bastelt?«

In Harolds Gesicht arbeitete es; auf Tatjanas Frage ging er nicht ein.

»Zurück in den Wagenschuppen mit meiner Erfindung!« befahl er unklugerweise der Fahrerin mit erstickter Stimme.

»Unsinn!« empörte sich Hester.

»Fahren Sie ihn zurück!« Man konnte meinen, Harold wollte Hester Hart vom Wagen zerren, so aufgebracht war er. Sie warf einen Blick auf die Umstehenden, sprang herunter und schritt zur Remise; sie bedeutete Harold, ihr zu folgen; laut schlugen die Türen hinter ihnen zu.

Gespannt warteten alle, was passieren würde; drinnen spielte sich deutlich ein heftiges Wortgefecht ab.

»Ich hoffe, Hester gewinnt«, kommentierte Tatjana schadenfroh.

»Ich auch.«

»Ich nicht.« Judith starrte sie an. Ihre Hoffnung sollte sich erfüllen. Nach fünf Minuten erschienen beide wieder auf der Bildfläche. Harold hatte den Sieg davongetragen; er kletterte auf den Fahrersitz und manövrierte den Dolly Dobbs im Rückwärtsgang in den Schuppen. Hester Hart verlor kein einziges Wort, kniff die Lippen zusammen und ging quer über den Hof, wo Roderick Smythe vorgefahren war.

Als er ihr Gesicht sah, sprang er vom Auto und half ihr beflissen auf den Fahrersitz seines neuen Crossley.

»Verstehst du, was hier vor sich geht?« fragte Tatjana, als sie davonfuhren, ohne sich auch nur umzublicken. »Daß Harold Dobbs mit Agatha und Hester fertig wird, hätte ich nie gedacht.«

»Glücklich scheint er aber mit seinem Sieg nicht zu sein«, konstatierte Auguste. Im Gegenteil; er wirkte ausgesprochen nervös. Weshalb geriet er so außer sich, als Baileys Namen erwähnt wurde? Und was ging in der Herzogin vor? Sie hatte äußerst seltsam reagiert; todsicher sann sie auf Rache. Der kommende Donnerstag versprach spannender zu werden, als Auguste zu hoffen gewagt hatte.»

Ist auch die *sauce remoularde* für das *mousse de crabe* eingepackt, Pierre?«

»*Naturellement*, Monsieur Didier«, erwiderte Pierre geduldig. Desgleichen der Meerrettich für die Wachteln, die *sauce chocolat* für das Sahnegelee, die Aprikosensauce für das Kastaniensoufflé und die hundert Dinge, die für das Büfett zum Lunch und später zum Tee auf dem Landsitz in Richmond vonnöten waren.

Was die Rennen betraf, so würde sich der erste Teil auf hügligem Gelände auf dem Petersham Hill im Richmond Park abspielen, und zwar ging es um die Bestzeit der Damen zwischen dem Dysart-Arms-Gasthof an der Petersham Road und dem Haupteingang des Star-and-Garter-Hotels oben auf dem Hügel. Dann sollte es einen Endausscheid zwischen den zwanzig Besten auf dem »Test Hill« im Richmond Park geben, zwischen den »dort herumstehenden Eichen«, wie Tatjana die Strecke nannte.

Wohl fühlte sich Auguste gerade nicht in seiner Haut. Das

Zwischenspiel mit dem Dolly Dobbs verhieß nichts Gutes, würde eine unbeschwerte Heiterkeit bei dem geselligen Beisammensein des Clubs heute nicht aufkommen lassen. Außerdem war Pierres Backwerk ein wenig zu süß. Das galt auch für die Sahne, und aus seinen *mille feuilles* troff Honig; nicht eben unangenehm, aber doch ungewöhnlich. Fieberhaft war das Küchenpersonal mit den letzten Handgriffen beschäftigt, und Auguste beobachtete das hektische Treiben. Es hatte Zeiten gegeben, da hatte er in solchen Situationen mit herumgewuselt, hier aber blieb ihm nur die Rolle des Oberaufsehers. Für das heutige Bankett trug Pierre die Verantwortung, nächsten Donnerstag mußte er dann in Aktion treten. Allzu beglückt schien Pierre allerdings nicht ob dieses Privilegs zu sein.

»Bedrückt Sie irgendwas, Pierre?« fragte er schließlich. »Die kalte Ente vielleicht?«

»Eher der Hund da.«

»Hund?« Auguste wollte kein Rezept mit Hund einfallen.

»Mit Luigi Peroni zusammenarbeiten zu müssen, ist kein Vergnügen, *maître*.«

»Wenn es heute zu Schwierigkeiten kommt, sind sie eher auf Miss Hart zurückzuführen, fürchte ich.« Unbedacht war es Auguste herausgerutscht. Längst waren die Zeiten dahin, da seines Wirkens nur in der Küche war.

»Ist Mr. Smythe wieder zu Miss Lockwood zurückgekehrt?« fragte Pierre interessiert.

»Das nicht, aber der Auftritt des Dolly Dobbs ist auf nächsten Donnerstag verschoben worden.«

»Das wird ihr wenig zugesagt haben.«

»Dem war so.« Auguste zögerte. »Sie müssen mir helfen und bis zum Donnerstag ein Auge auf das Automobil werfen, darauf achten, daß niemand versucht, in die Wagenhalle einzudringen.«

»Miss Hart wird dem Gefährt ja wohl kaum etwas anhaben wollen.«

»Nein, aber andere vielleicht.«

»Womöglich ihr etwas zuleide tun?« Pierre wirkte besorgt. »Sie ist eine so großartige Frau.«

Neugierig sah Auguste ihn an. »Das schon, aber mehr wie eine Backpflaume in einer Schale schönster Pfirsiche; zu herb, zu dunkel, überschattet alle anderen.«

Die letzten Körbe wanderten aus der Küche in die bereitstehenden motorisierten Lieferwagen draußen. Auguste hatte sich nur zögernd damit einverstanden erklären können, daß die kostbaren Speisen fürs Büfett am besten in Lieferwagen transportiert wurden, und als er jetzt auf den Hof hinausging, wo die ganze Autokolonne stand, hatte er den Eindruck, als grinsten ihn die Kühler und Lampen vielsagend an.

Winter House war ein Klinkerbau im georgianischen Stil und hatte seit jeher der Familie Francis gehört. Das Anwesen erstreckte sich bis hinunter zum Flußufer. Der derzeitige Besitzer Hugh Francis, Cousin und Liebhaber von Isabel, Gräfin von Tunstall, war Junggeselle, und die Bezeichnung »Großkotz« paßte auf ihn. Es sprach sehr für seine verwandtschaftliche oder sonstige Zuneigung, daß er bereitwillig über hundert Automobile über seinen Rasen holpern lassen wollte. Im Vergleich mit den Reizen, die Isabel bot, waren das Banalitäten.

Auguste konnte sich nicht helfen; ihn beschlich eine Vorahnung. Aber sein sonst so feines Gespür brachte ihn auf keine Fährte; wohin er auch blickte, nichts bot Anlaß für seine Unruhe. Die Damen und ihre Mitfahrer waren inzwischen eingetroffen. Tatjana flüsterte ihm zu, daß Hester Hart mit dem Crossley das Geländerennen auf dem Petersham Hill mit einer Minute zweiundvierzig Sekunden gewonnen hatte, und selbst die verblüffende Zeit von einer Minute und achtundvierzig Sekunden auf dem Test Hill hatte der Stimmung des Tages keinen Abbruch getan, auch nicht die sensationelle Nachricht, daß Maud hinter ihr auf dem Gras ins Schleudern geraten war oder daß ein Stallknecht den Benzintank der armen Phyllis an einem Gasthof versehentlich mit Wasser gefüllt hatte. Außerdem sagte sich Auguste in aller Bescheidenheit, daß sein Büfett, auch wenn er diesmal nicht unmittelbar selbst Hand angelegt hatte, dazu angetan war, sogar trübsinnigste Gemüter aufzuheitern.

Der Verlauf des Abends gab ihm recht. Er schaute über die bunte Schar auf dem Rasen; man hatte sich der Staubmäntel entledigt, und Sonnenschirme gaben ein Bild exotischer Kohlköpfe. Sollte er sich doch geirrt haben? Es schien alles gut zu laufen.

»Wie wirst du dich diesem Weib gegenüber verhalten, Agatha?« Maud Bullinger biß wütend in ein Eclair. »Du läßt die doch nicht etwa den Dolly Dobbs fahren?«

»Wirst du sie denn das Internationale Rennen der Damen fahren lassen?« konterte die Herzogin.

»Das liegt nicht in meinen Händen.« Selbstgefällig betrachtete Maud ihre kräftigen Finger, als wollte sie besagte Dame mit ihnen erwürgen.

»In meinen auch nicht.« Agatha lächelte hinterhältig.

»Du führst doch etwas im Schilde!« rief Maud plötzlich aus.

»Es gibt viele Wege, dem Biest beizukommen.«

»Sei auf der Hut, Agatha«, warnte Maud stirnrunzelnd. »Nicht, daß die alte Geschichte wieder aufgerührt wird.«

Der Herzog näherte sich den beiden, und sofort spielten sie die Harmlosen. »Kannst du dir vorstellen«, teilte die Herzogin ihrer Schwägerin mit, »daß ich völlig vergessen hatte auszukuppeln; als der Horbick anfing rückwärtszufahren, hätte ich fast die Kette abgeworfen. Aber dann fiel's mir gerade noch ein ...«

Edward, Herzog von Dewbury, bekundete höfliches Interesse, beschloß aber flugs, nach Hugh Ausschau zu halten; der wußte bestimmt die letzten Cricket-Ergebnisse. Daß Frauen sich nie über etwas Interessantes unterhalten konnten!

Andere verloren gar keine Zeit mit Reden. In einem der oberen Zimmer in Winter House vergnügten sich Isabel und Hugh im Bett. Themen wie Durchschnittsgeschwindigkeiten, Bestzeiten, Luftbereifung konnten sie schon seit langem nicht mehr reizen. An dem Geländerennen hatte Isabel einzig und allein teilgenommen, um in Form zu bleiben, und daß Hester Hart gewonnen hatte, störte sie kein bißchen. Eher störte sie, daß die Dame nächsten Donnerstag beim Rennen nach Canterbury eine gewichtige Rolle spielen würde. Als Gastgeberin im Martyr House wollte aber Isabel im Mittelpunkt stehen. Sollte dieses Dolly-Dobbs-Gefährt beim Rennen gut abschneiden, würde Seine Majestät die Rennfahrerin huldvoll empfangen, und das barg eine Gefahr. Er könnte von ihr erfahren, warum er nicht schon früher das Vergnügen ihrer Bekanntschaft gemacht hatte. Dann hing es von seiner Stimmung ab, ob er darüber lediglich lachte oder Isabel für immer aus seinen Kreisen verbannte. Und das durfte nicht geschehen.

»Liebling, wo bist du mit deinen Gedanken?« flüsterte Hugh an ihrem Ohr.

Sofort war Isabel wieder bei der Sache; sie vergeudete kostbare Minuten seines Vorspiels – und bloß wegen dieses Weibsbilds. Sie widmete sich ihm mit gebotener Hingabe, war ganz leidenschaftliche und verführerische Liebhaberin.

»Unsinn.« Liebevoll lächelte Hester Roderick an. »Ich weiß, du kannst es genausowenig abwarten wie ich. Warum also nicht heute?« Ihr betörender Blick hatte schon so manches Herz zwischen Euphrat und Eismeer dahinschmelzen lassen.

Doch Roderick ließ sich diesmal nicht gleich hinreißen. Seine Augen wanderten zu Phyllis Lockwood, die gedankenverloren ihren Sonnenschirm drehte und sich mit Sir Algernon Bullinger unterhielt, einem weiß Gott nicht gerade anregenden Gesprächspartner. Auch Hester sah zu ihr hinüber, und ihre Gereiztheit nahm nur noch zu. Aus Siegen durfte man keinen Hehl machen, ob es um Gipfelstürmerei oder Dinge im persönlichen Leben ging. »Wenn wir es heute nicht bekanntgeben, könnte ich meinen, du bereust es schon, mich heiraten zu wollen.«

Roderick durchzuckte ein Schrecken. »Aber nein, niemals.« Nie mehr würde er auf die gekonnt aufreizenden Tricks von Hester verzichten wollen. Dabei war er allerdings nicht soweit gegangen, sich sein Ding mit Bienengift einzureiben, ehe er mit ihr ins Bett stieg. In seiner Rennfahrerkarriere hatte er vielfältige interessante, amouröse Erlebnisse gehabt, Hester aber war von allen die Krönung. Sie war die Königin, die der Einöde seines Lebens ein Ende bereitet hatte, wie er ihr in einer romantischen Aufwallung gestand. Nein, von ihr würde er nicht mehr lassen können. Er riß sich zusammen, drehte Phyllis den Rücken zu und widmete seine Aufmerksamkeit wieder ganz Hester, die jetzt im Gespräch mit Tatjana war. Im Umgang mit Damen, selbst Prinzessinnen, legte Hester weniger Charme an den Tag als mit Herren.

»Ich bin immer noch gewillt, im Vorstand mitzuarbeiten«, ließ sie Tatjana herausfordernd wissen.

»Da die Abstimmung nun einmal gelaufen ist, wird das in diesem Jahr nicht mehr gehen, fürchte ich.« Tatjana versuchte, Bedauern durchscheinen zu lassen.

Auguste beobachtete besorgt die Szene von seinem günstigen Posten hinter dem Prunkstück von *Pièce montée* (in Form eines Automobils) und sah, wie Hester die Lippen zusammenkniff. Glücklicherweise war er nicht nahe genug dran, sonst hätte er Hester zischen gehört: »Zum Fürchten dürfte es noch Anlaß geben, Hoheit.«

»Ich fühle mich unter Freunden«, tönte Hester vom erhöhten Standort eines Grashügels herab. Hugh hatte sich – wenn auch etwas unwirsch – damit einverstanden erklärt, daß sie zu den Anwesenden redete, nur hatte sie keinen begeisterten Zulauf. Ihre »Freunde« fanden sich eher zögernd ein. »Wie oft habe ich mich unter dem arabischen Sternenhimmel nach den grünen Weiten Englands gesehnt ...«

Mit Wohlgefallen nahm Auguste zur Kenntnis, daß Hesters Rede abrupt ein Ende gesetzt wurde. Eine Staubwolke machte sich breit, Kriegsgeheul war zu vernehmen. Als sich der Staub legte, konnte er etwa ein Dutzend Pferde im gestreckten Galopp ausmachen, angeführt von Buffalo Bill, und an seiner Seite Annie Oakley. Alle Reiter schwenkten Plakate wie Tomahawks, und auf denen stand geschrieben: »Nieder mit Dolly Dobbs!« Es waren die CAPPS; sie ritten ein, um dem Geschehen eine Wendung zu geben.

»Hört doch mal zu«, rief Hester vergebens; die Eindringlinge waren zum Stehen gekommen. Pferde umringten die versammelten Gäste, und ihre Reiter in Wildwestkostümierung stiegen ab. Nur Buffalo Bill versuchte sich rasch, wenn auch ungeschickt, hinter seinem Schlachtroß zu verbergen, was Hortensia verwunderte.

Genau in dem Moment, da Hester John Millward erspähte, sprang Auguste in die Bresche. »Haben Sie heute schon Tee getrunken?« fragte er höflich und stellte sich zwischen Hester und ihr Opfer.

Hortensia grinste ihn an. »Gutes Futter haben Sie da, wie?«

»Für Mensch und Tier gleichermaßen, Madam.«

»Gänseleberpastete ist mir immer recht. Aber dann möchte ich dieses Dolly-Monster sehen.«

Hortensia wurde ihm sympathisch. »Ich fürchte, man hat Dolly zu Hause gelassen.«

»Macht nichts«, entgegnete sie aufgeräumt. »Dann machen wir eben ein paar Autoreifen platt.«

»Laß das Versteckspielen, John«, sagte Hester finster.

Tapfer kam Buffalo Bill hinter seinem Pferd zum Vorschein. »Guten Tag, Hester.«

»John ist ein alter und enger Freund von mir«, tat Hester laut den anderen kund. »Jetzt nicht mehr so eng wie in früheren Zeiten«, flötete sie. »Kannst du dich noch an die Karawane nach Palmyra erinnern, John?«

»Was für eine Karawane?« forschte Hortensia neugierig.

»War nie in so einer Karawane«, quiekste John.

»Du bist wirklich ein Gentleman, John«, schmollte Hester.

»Nur, daß ich keine Lady dazu sehe.« John war selbst verblüfft über seine Schlagfertigkeit.

Hester wurde blaß vor Wut. »Scheren Sie sich aus dem Weg, Sie Idiot«, brüllte sie den armen Pierre an, der auf Augustes Wink hin versuchte, mit einer Platte Eclairs dazwischenzugehen.

Im Gegensatz zu Hester hielt sich Auguste im Zaum.

»Also gut«, verkündete sie. »Alle meine lieben Freunde sind hier versammelt. Ich bin tief bewegt bei dem Gedanken an früher, als wir uns alle viel näher standen. Zwei Entscheidungen sind in mir gereift. Roderick erfülle ich seinen Herzenswunsch und werde seine Frau.« Giftig sah sie in die entgeisterten Gesichter. »Und zweitens weiß ich, daß die Bescheidenheit all meinen Freunden hier verbietet, den Wunsch zu äußern, daß die Freundlichkeiten von ehedem, die sie mir erwiesen haben, der Öffentlichkeit preisgegeben werden. Doch ich finde, sie verdienen Anerkennung. Zum Glück sind alle meine Tagebücher erhalten, und ich habe ein Angebot angenommen, meine Memoiren zu veröffentlichen.«

Edith Rose errötete vor Stolz, als ihre Hausangestellte mit einer großen Schüssel hereingestolpert kam und unbeholfen Portionen auf die Teller austeilte. Das sechzehnjährige Mädchen war mehr als aufgeregt, einen französischen Gast und seine Gattin bedienen zu dürfen, die obendrein noch eine Prinzessin war.

»Doch nicht etwa Mrs. Marshalls *soupe à l'Augustine*? Edith, du verwöhnst uns«, erklärte Tatjana wacker.

»Mit eurer Mrs. Jolly kann ich's leider nicht aufnehmen«, erwiderte Edith bescheiden.

»Das hier würde Mrs. Jolly gar nicht zustandebringen«, versicherte Auguste aufrichtig. Zum einen hätte er Mrs. Jolly auf der Stelle aus seinen Diensten entlassen, wenn ein Gericht nach Mrs. Marshalls Rezeptur auf seinen Tisch gekommen wäre. Mochte ja eine große Dame und berühmte Köchin gewesen sein. Auch Alexis Soyer galt als Talent in der Kochkunst. Nicht aber bei Auguste Didier, dem Meisterkoch; er fühlte sich Maître Escoffier verpflichtet. Zum anderen hatte Edith, die gewiß den ganzen Tag gewirbelt hatte, um das hier zu servieren, mit einer Zutat nicht gespart: das Gericht war mit Liebe zubereitet. Mrs. Jolly mochte eine unvergleichlich gute Köchin sein, aber allein durch ihr Anstellungsverhältnis konnte sie mit dieser Besonderheit nicht aufwarten. Nichts ging über einen Abend bei seinem Freund Hauptinspektor Egbert Rose von Scotland Yard. Er verdrängte sogar sein eigentliches Anliegen, weshalb er Egbert hatte sehen wollen. Ein Dinner durfte man mit derlei Themen nicht verderben; statt dessen unterhielt man sich über die bevorstehenden zwei Wochen, die sie gemeinsam in Eastbourne verbringen wollten. Erst nach Tisch, als sie sich in dem kleinen Wintergarten zusammenfanden, den Edith so liebte, und sich die Abenddämmerung über den Garten senkte, kam er auf die Sache zu sprechen, mit Rücksicht auf die anwesenden Damen ganz allgemein nur, keineswegs dienstlich oder konkret. Für Egbert allerdings deutlich genug.

»Nicht, daß ihr mir eine Leiche mitgebracht habt! Du hast doch nicht etwa Pjotr Gregorin auf dem Rücksitz deines Automobils aufgebockt, Tatjana?«

Auguste schauderte es. Allein die Erwähnung von Gregorins Namen erinnerte ihn mehr als ihm lieb war an den anderen Nachteil, den seine Einheirat in die Romanow-Familie mit sich gebracht hatte. Gregorin sah seine persönliche Mission darin, Auguste Didier aus dem Wege zu schaffen, da er sich erdreistet hatte, Gregorins Nichte zu ehelichen. Wie bei allen Anarchisten war Geduld die eine Waffe, die Gregorin beherrschte, aber Auguste hatte wenig Hoffnung, daß deswegen das Ziel als solches in Vergessenheit geraten würde. Egbert war der gleichen Auffassung, und wenn er gelegentlich darüber scherzte, dann nur, um Auguste daran zu erinnern, auch weiterhin auf der Hut zu sein.

»Mit Gregorin hat das nichts zu tun, Egbert. Aber wir brauchen deinen Rat, wie wir einen Mord verhindern können«, erwiderte Tatjana rasch; ihr war nicht entgangen, daß Auguste mit sich und seinen Gefühlen rang.

»Das ist nicht mein Ressort. Dafür ist Freud zuständig, der mit dem Unterbewußtsein.

»Mit dem was, Egbert?« Edith wußte nichts damit anzufangen.

»Unterbewußtsein.«

»Ach so.«

»Ich will's erklären.« Auguste verdrängte seine unklaren Ahnungen und schilderte erleichtert die Begebenheiten um Hester Hart und daß sich ein Sturm über den Wettrennen vom kommenden Donerstag zusammenbraute, ganz zu schweigen von dem Furore, das die Drohung mit den Memoiren gemacht hatte. Der Schrecken saß den Vorstandsmitgliedern des Clubs gestern noch den ganzen Nachmittag in den Gliedern.

Edith war diejenige, die als erste das Schweigen brach. »Nett klingt das ja gerade nicht, was man von der Dame hört.«

»Nur gibt sich Scotland Yard leider nicht mit Nettigkeiten oder häßlichen Stimmungen ab, das sind ja wohl bisher die einzigen Indizien, die ihr habt.« Fragend sah er Auguste an.

»Meine Nase wittert was«, reagierte Auguste bedächtig.

»Bei allem Respekt für deinen Spürsinn, aber selbst du mit deiner Nase kannst nicht zwischen einem schlechten Ei und einem Mord unterscheiden. Bleiben wir bei dem, was du erzählt hast, und gehen wir der Sache auf den Grund. Ist es Hester Hart oder das Dolly-Dobbs-Automobil, das dich Unrat wittern läßt?«

»Ich weiß es nicht«, mußte Auguste eingestehen.

»Das ist aber entscheidend. Wenn's das Automobil ist, dann bist du zur falschen Person gekommen. Ich gebe mich nicht mit Autos ab, die aus dem Verkehr gezogen werden, nur mit Personen. Und ein Autorennen von Damen scheint mir wenig Anhaltspunkte für mein Metier zu bieten.«

»Auch nicht, wenn am Ende besagten Ereignisses Seine Majestät mit von der Partie ist?«

Langes Schweigen; dann brach es aus Egbert hervor: »Nicht schon wieder, Auguste, bitte nicht!«

3. Kapitel

Man roch förmlich die schlechte Laune in der Küche, penetrant wie zu lange gekochter Rosenkohl. Wie konnte das nur so rasch um sich greifen? Auguste schäumte. Es kam doch nicht von ungefähr, daß Pierre Annie anblaffte, die auch gleich in Tränen ausbrach; daraufhin brüllte der Gemüsekoch, der ein Auge auf sie geworfen hatte, die anderen Küchenmädchen an, und die wiederum ließen ihren Frust an den nächsten beiden aus. Es war eine Kettenreaktion. Prompt focht der Konditor die Ehre der Mutter vom Küchenmeister an, der für Soßen und Tunken zuständig war, und zu allem Überfluß hielt der Fleischkoch selbigen Dienstagvormittag für den rechten Zeitpunkt, sich ein Duell mit seinem Kompagnon für Geflügel und Wild zu liefern, wer die besseren Meriten auf seiner Spezialstrecke hatte. Mißgestimmt arbeitete es sich aber schlecht, um so mehr, da sich Streitigkeiten nur allzu leicht auf die in einer solchen Atmosphäre zubereiteten Speisen übertrugen und alle Regeln der Küchenkunst außer Kraft gesetzt wurden. Dabei erwartete seine Majestät, der König von England und Herrscher über 400 543 713 Seelen, in zwei Tagen ein Bankett, das an der gewohnten Perfektion eines Auguste Didier nichts zu wünschen übrig ließ.

Sofortiges Eingreifen war vonnöten. Diese Verantwortung oblag an sich Pierre, der aber war wie vom Erdboden verschwunden; das letzte, was man von ihm gesehen hatte, war, wie er Annie gegenüber unmißverständlich sein Küchenmesser drohend über dem Kopf schwenkte. Wie immer mußte Auguste sich der Sache annehmen. »Attention!« brüllte er in den geradezu siedenden Hexenkessel.

Zu seiner Überraschung herrschte im Nu Ruhe.

»Warum zittert die Sülze für die *truites froides* heute abend angsterfüllt?« donnerte er furchteinflößend. »Warum klebt der Kuchenteig verschreckt am Schüsselrand, und warum würden die Schnepfen für die *côtelettes de Bécassines à la Souvaroff*, die eigens für das Lieblingsgericht Seiner Majestät importiert wurden, am liebsten wieder in ihren gewohnten Lebensraum zurückfliegen? Warum, will ich wissen.«

Das Schweigen hielt an. Die Belegschaft spürte sehr wohl, daß es angebrachter war, keine Antwort zu geben.

»Dann sage ich es euch eben«, fuhr Auguste fort. »Kochen hat etwas mit Kunst zu tun und bedeutet gleichzeitig schwere Arbeit. Die Begeisterung des Künstlers geht auf geheimnisvolle Weise in seine Schöpfung ein. Das gleiche geschieht aber auch, wenn ihm elend zumute ist. Der Dichter, der Maler, der Gärtner, der Musiker, sie alle sind sich dessen bewußt. Warum geht euch das ab?«

Wieder Stille.

Auguste blickte finster in die Runde. »Es ist jetzt zehn Uhr. Monsieur Bernard, der Kellermeister, ist noch nicht hier, deshalb bevollmächtige ich Signor Peroni, zwei Flaschen Veuve Cliquot zur Wiederbelebung eurer Kräfte zu öffnen. Stärkt euch an einem Glas Orangensaft mit Sekt, und Sonne wird wieder in eure Herzen ziehen. Das ist eine Anordnung.«

Auguste wurde allgemeine Zustimmung zuteil, und er machte sich auf die Suche nach seinem Oberkellner. Den zu finden war nicht weiter schwer. Aus dem Zimmer für das Personal neben dem Restaurant drangen Flüche auf italienisch an sein Ohr, und aus der Heftigkeit, mit der sie erwidert wurden, konnte Auguste leicht entnehmen, daß sie dem vermißten Küchenchef galten. Das war zuviel des Guten. Er stellte sich wie ein Racheengel in den Türrahmen.

»Und worum geht's heute mal wieder?« fragte er gebieterisch. »Ist es diesmal vielleicht Estragon?«

Sie blieben ihm eine Antwort schuldig.

»Sie müssen schon entschuldigen, Monsieur Didier«, versuchte sich Luigi mit einem tiefen Bückling zu verteidigen. »Nur eine persönliche Meinungsverschiedenheit.« Die Luft knisterte förmlich vor Feindseligkeit.

Auguste hielt nicht mit seiner Meinung hinterm Berg über solche, die Zeit vergeuden konnten, wenn hehre Aufgaben wie die Vorbereitung eines Banketts zu erfüllen waren, und ging - innerlich beruhigt - wieder in die Küche zurück. Soweit er mitbekommen hatte, waren Worte wie »Dolly Dobbs«, »Hester Hart« und »Lady Bullinger« gefallen. Daß Angelegenheiten, die das Haus erregten, für das man arbeitete, auch das Personal in Wallung brachten, schien ihm nur natürlich, aber daß man sich so vehement über ein Automobil ausließ, kam ihm doch absonderlich vor. Er hatte etliche Jahre auf Stockbery Towers in der Küche gearbeitet, aber er konnte sich nicht entsinnen, daß man sich wegen der Vorzüge von herzöglichen Pferden und Equipagen in die Wolle geraten wäre.

Im Laufe des Vormittags verbesserte sich die Stimmung in der Küche, auch Pierres, wie Auguste mit Erleichterung feststellte. Aber selbst als er sich zum Lunch mit Tatjana in Queen Anne's Gate traf, nagte an ihm noch der Kummer, daß die Leute nicht mit der Begeisterung bei der Sache waren, die die Zubereitung eines Banketts für den König eigentlich verlangte. Lunch war für ihn eine zwanglose Mahlzeit, und im allgemeinen freute er sich darauf. Mrs. Jolly war unerschöpflich in immer neuen kulinarischen Kreationen, und ein übers andere Mal erlebte er köstliche Überraschungen. Heute war es ihre Geflügelpastete, aber selbst der Zauber einer unerwarteten Geschmacksrichtung - war es Ingwer? - konnte ihm nicht über seinen Hader mit der Welt hinweghelfen.

»Dich bedrückt etwas, Auguste«, meinte Tatjana schließlich.

»Dich etwa nicht?« Er wußte nicht warum, aber der Gedanke an Donnerstag belastete ihn wie ein Stapel nicht abgewaschener Töpfe und Pfannen; mehr als sonst bewegte ihn die Aussicht, dem König zu begegnen. Wenigstens hatte sich Egbert nach etlichem Zögern bereit erklärt, den Autotroß nach Canterbury zu begleiten. Seine Sachkenntnis und seine Stellung waren an sich Gewähr, daß es gar nicht erst zu unerwarteten Vorkommnissen kam.

»Doch, und trotzdem bin ich nicht so brummig wie du.«

Da war etwas dran; seine Frau ließ sich selten etwas anmerken. »Warum eigentlich nicht? Ist es nicht die Pflicht der Frau, den Unmut mit ihrem Mann zu teilen?«

»Dreiunddreißig Jahre meines Lebens habe ich ohne dich auskommen müssen; sechs davon hat uns eine lächerliche Barriere getrennt, bloß weil ich Prinzessin und du Koch warst. Nun aber trennt uns nichts mehr, wir können ständig beisammen sein. Was soll mir da Unmut?«

Die Geflügelpastete gewann wieder an Reiz, und der Diener, der fünf Minuten später das Zimmer betrat, war schokkiert, als er seine Herrschaft in leidenschaftlicher Umarmung vorfand. Ein solch ungebührliches Verhalten ließ sich allenfalls damit entschuldigen, daß beide nicht Engländer waren.

»Trotzdem«, sagte Tatjana dann, als sie sich gelassen wieder gesetzt hatte, »auch ich habe Grund genug, verärgert zu sein. Harold Dobbs ist heute bei mir aufgetaucht, Judith auch ...«

Am Frühstückstisch der Dobbs in Upper Norwood ging es wie üblich recht laut zu. Entgegen althergebrachter Sitte vertrat Judith Dobbs die Auffassung, daß dem Herrn des Hauses die Nähe seiner Kinder nicht vorenthalten werden sollte und daß man gemeinsam frühstückte, ehe er das Haus verließ. Harold hatte nichts dagegen einzuwenden, er war sowieso mit den Gedanken meist woanders. In jüngster Zeit weilten sie zum Beispiel in ganz fernen Gefilden, wo der Name Dobbs neben dem eines Newton, Watt oder Stevenson glänzte, neben einem Maxim, Hancock, womöglich sogar da Vinci. Einen Cugnot, de Dion oder Daimler bezog Harold nicht in die Liste derer ein, die sich in der Welt mit Rädern oder Schwingen Ruhm erworben hatten; seiner Auffassung nach spielten Ausländer nur eine geringfügige Rolle, was das Wunderwerk Automobil betraf. Wenn es nach Harold ging, so hatte man das Auto in England erfunden und dort zur Perfektion gebracht, daran konnte auch so ein unglückliches Handicap wie die Polizeiverordnung, Automobilen mit einer roten Warnflagge voranzugehen, nichts ändern, die Motorwagen dreißig Jahre lang von den Straßen verbannt hatte. Der Fortschritt ließ sich von William Murdoch und seinem Dampfmobil von 1784 bis zu Harold Dobbs verfolgen. Keine zwei Tage, und der ganze Ruhm des Dolly Dobbs würde sich der Welt offenbaren. Zwar gab es da eine winzige

Ungereimtheit in Harolds makelloser Zukunftsvision, aber die wischte er schnell beiseite. Ein bloßes technisches Detail konnte dem wahren Künstler nichts anhaben, bis auf die bedauerliche Tatsache, daß er dieses Weibsbild Hester Hart fahren lassen mußte. Er konnte der Herzogin von Dewbury selbst nicht erklären, wie es eigentlich dazu gekommen war; aber letztendlich hatte auch sie nur den Dolly Dobbs im Sinn, tröstete er sich, und wenn Hester Hart das Auto fuhr, machte es sicher noch mehr von sich reden als mit einer Herzogin am Steuer. Harolds Zukunftshimmel färbte sich wieder rosarot.

Plötzlich hatte er die Vorstellung, daß sich ein Automobil der Zukunft buchstäblich in die Lüfte hob wie Hiram Maxims Flugmaschine. Vielleicht würde man sogar über die Wasser schweben können ... Seine Gedanken wanderten, und Dolly nutzte seine Geistesabwesenheit und kippte Klein-Billy den Inhalt des Toastständers in den Schoß. Zum Glück brachte das Dienstmädchen gerade die Morgenpost herein, was Harold den Vorwand lieferte, sich aus dem nachfolgenden Tumult herauszuhalten. In häuslichen Angelegenheiten hatte sich Judith selten in der Hand und war vergeblich bemüht, die vorbildliche Hausfrau abzugeben. Dabei wollte sie es Darling Harold zuliebe so gern sein, und in der Zeitschrift »The Lady« klang es auch ganz einfach.

Darling Harold aber stieß nur einen Schrei des Entsetzens aus.

»Dolly hat doch nur gespielt«, lenkte Judith nervös ein.

»Nein, nein«, brachte Harold nur mühsam über die Lippen und schluckte. »Ich meine das hier – den Brief.«

Judith griff danach. Das Wort Brief schien für das Gekritzel übertrieben. In großen Druckbuchstaben, die ganz deutlich kein Löschpapier gesehen hatten, stand da geschrieben: DER DOLLY DOBBS WIRD NICHT LAUFEN. Jegliche Hoffnung, daß sich das auf eine sachliche Feststellung der technischen Leistung bezog, wurde durch den Zusatz zunichte gemacht: DAFÜR WERDE ICH SORGEN.

»Hast du eine Ahnung, was das bedeutet?« stammelte Harold hilflos. Er konnte sich nicht vorstellen, daß es jemanden gab, der nicht so besessen war vom Dolly Dobbs wie er.

Dolly hingegen brach in Tränen aus und wartete, daß die Mutter sie wie gewohnt tröstete. Aber nichts dergleichen geschah, und so plärrte sie nur: »Dolly Dobbs bin ich. Warum kann ich nicht laufen?«

Billy seinerseits nutzte die Gelegenheit, sich mit einer Portion Rührei auf dem Schoß zu rächen; zu seinem Ärger nahm nur Dolly davon Kenntnis, alle anderen beachteten ihn nicht weiter.

»Wir müssen so schnell wie möglich mit Mrs. Didier sprechen«, erlärte Judith entschieden.

So schnell wie möglich lag im Ermessen der Eisenbahn; möglicherweise hatte sie Verständnis für die prekäre Lage des Dolly Dobbs und setzte Harold und Judith rechtzeitig genug an der Victoria Station ab, um Tatjana den schönen Vormittag zu verderben ...

Von Hüten konnte man Rückschlüsse auf Stimmung und Charakter ihrer Trägerinnen ziehen, fand Tatjana. Der weiße Filzhut von Judith Dobbs jedenfalls warnte sie von vornherein, daß Ärger im Anzug war. Die Krempe vorn war hochgebogen und glich einem Schlachtschiff, und Judiths Gesicht darunter wirkte wie das einer besonders kampflustigen Galionsfigur. Harold, der offensichtlich nicht in der Lage war zu sprechen, hielt ihr den Brief unter die Nase.

Sie las ihn, und der Inhalt versetzte sie in Unruhe, auch wenn sie beschwichtigende Worte fand. »Das ist eine harmlose Drohung, vielleicht von der CAPP. Ein Mitglied vermutlich; ich kann mir nicht vorstellen, daß sich Mrs. Millward auf solch ein Niveau herabbegibt.«

»Da kommen auch andere in Frage«, meinte Judith düster. »Eifersucht, zum Beispiel, kann Schlimmes bewirken.«

»Rivalen? Ich kann mir nicht vorstellen, daß Thomas Bailey so etwas macht.«

»Nein. Frauen.«

Unwillkürlich sah Tatjana die Herzogin auf einem Chippendale-Stuhl in Dewbury House vor sich, wie sie ernst dasaß, dieses häßliche Geschmiere zu Papier brachte und es majestätisch dem Butler reichte. Oder glaubte Judith, daß irgendwelche Weiberhorden sich in die Haare gerieten über Ruhm und Ehre eines Harold Dobbs und mit solchen Drohungen auf Rache sannen? Soviel stand fest, Judith mußte beruhigt und der Dolly Dobbs in sicheren Gewahrsam genommen werden. »Ich bin fest überzeugt, daß diese Warnung nicht weiter ernst zu nehmen ist, aber ich werde einen Wächter vor der Wagenhalle postieren, rund um die Uhr.«

»Einen bewaffneten«, forderte Judith. »Mit einem kräftigen Knüppel.«

»Mit 'ner Pistole«, brachte Harold mühsam hervor.

»Eine große Taschenlampe und eine Trillerpfeife dürften es tun«, schloß Tatjana die Debatte ab.

Als Tatjana Auguste von den Vormittagsereignissen in Kenntnis setzte, sah Mrs. Jollys Himbeer-Charlotte gleich weniger einladend aus. Ein ungutes Gefühl wollte ihn nicht loslassen. Eigentlich kam er immer rasch hinter die Ursache solchen Unbehagens, aber diesmal verließ ihn sein Spürsinn.

»Ich habe mit Fred und Leo gesprochen«, informierte ihn Tatjana. »Sie werden Wache halten und sich dabei abwechseln. Roderick Smythe wollte auch unbedingt mitmachen. Als ich in den Autoschuppen kam, war er schon da, deckte gerade das Oberlicht mit Planen ab und überprüfte die Fenstergitter und Riegel.«

»Wieso wußte er von der Sache?«

»Das ist ja gerade das Schlimme. Hester Hart hat auch so einen Brief erhalten. Natürlich bekam sie einen Wutanfall; ihr ehrenwerter Ritter war sofort zur Stelle und bot ihr Schild und Schwert an. Nicht, daß sie Beistand von anderen nötig hätte. Die hat ein Durchhaltevermögen wie ein Kamel. Von ihrem Vorhaben, den Wagen am Donnerstag zu fahren, läßt die sich nicht so leicht abbringen.«

»Hast du eine Ahnung, wer die Briefe geschrieben haben könnte, Tatjana?«

»Nein. Ich kann mir nicht vorstellen, daß Hortensia oder Thomas Bailey so etwas machen, auch wenn er ein Fanatiker ist.«

»Hast du nicht einmal gesagt, daß er an einem eigenen Automobil bastelt?«

»Stimmt, aber wenn du so willst, macht das ja halb England. Außerdem fährt Thomas nicht am Donnerstag, warum sollte es ihn dann stören, wenn ein anderes Auto im Rennen ist? Und selbst wenn er es fahruntüchtig macht, Harold könnte ohne weiteres ein neues bauen.«

»Immerhin hat ihn die Neugierde geplagt, sonst hätte er nicht am Autoschuppen herumgeschnüffelt.«

»Das war reines Sachinteresse. Ich denke eher, es kommt von einem CAPP-Mitglied.«

»Vielleicht auch nicht. Seit Hester im Lande ist, schwelt es irgendwie im Club. Wir haben gedacht, es hat mit ihr zu tun, aber wie sich die Sachlage darstellt, geht es offensichtlich um Hester Hart und das Dolly-Dobbs-Mobil.«

Beide schwiegen und hatten den gleichen Gedanken.

»Agatha kann doch aber damit nichts zu tun haben«, meinte Tatjana. »Sie ist schließlich eine ...« Erschrocken hielt sie inne. »... Herzogin wollte ich sagen, Auguste. Wie konnte ich! Auch Herzoginnen sind Leidenschaften unterworfen wie jeder andere.«

»Mag sein, aber du hast insofern recht, daß Herzoginnen darauf bedacht sein müssen, durch solch alberne Kindereien nicht Stellung und Ruf zu gefährden. Daß man ein bestimmtes Auto nicht fahren kann, rechtfertigt so eine Reaktion wohl kaum.«

»Aber die Memoiren, mit denen Hester droht. Nehmen wir mal an, die Herzogin spielt eine Rolle darin, möglicherweise keine gute?«

»Warum dann aber gleich Harold mit bedrohen?«

»Um vom wahren Grund abzulenken.«

Auguste gab sich damit nicht zufrieden. »Nein, irgendwie steckt Harold in der Sache mit drin. Es muß einen Grund dafür geben, daß er zuließ, daß Hester Hart Agatha verdrängte, auch daß er den Wagen vergangene Woche der Öffentlichkeit vorenthielt.«

»Harold ist ungemein wankelmütig; vielleicht hatte er

nur seine Meinung geändert, weil er Hesters Charme erlegen war.«

»Aber als er von Thomas Bailey erfuhr und dessen Herumspionieren, war er alles andere als wankelmütig«, gab Auguste zu bedenken.

Tatjana seufzte. »Weißt du noch, wie aufgeregt du damals warst bei dem Bankett zu Monsieur Escoffiers Geburtstag oder bei dem *pièce montée* im Gwynn's Hotel, das du unbedingt für Madam Emma Pryde zubereiten wolltest?« Auguste errötete. »Oder bei dem Essen abends zum Ball für die Kalinkowa?«

»Halt ein, meine Liebe. Ich weiß es nur allzu gut.«

»Siehst du, und auch Automobile können Leidenschaften hervorrufen; ich habe mehr als einmal versucht, dir das klarzumachen. Autos sind nicht Beförderungsmittel schlechthin. Sie sind Schöpfungen menschlicher Phantasie, sind dem Kunstverstand des Menschen entsprungen, sind Beweis seines Leistungsvermögens.«

»Unter dem Gesichtspunkt sehen das Hortensia und ihre Eiferer gewiß nicht«, murmelte Auguste.

»Sowie Fanatismus im Spiel ist, schlägt das Pendel oft ins Gegenteil um. Bei Hortensia, zum Beispiel, hast du die Leidenschaft für Pferde und gleichzeitig einen übertriebenen Abscheu gegen alles Motorisierte.«

»Wenn ihr was von den Gerüchten über ihren Mann zu Ohren gekommen ist, vielleicht auch gegen Hester.«.

Für Maud Bullinger war es nichts besonders, sich Risiken auszusetzen, erst recht nicht, wenn sie sich mit Vorbedacht darauf eingestellt hatte. Sie brauchte nur in ein Rennauto zu steigen, und schon umfing sie ein Wonnegefühl. Jetzt auch wieder. Sie knöpfte die Handschuhe zu und machte sich auf den Weg. Wollte man Omelettes haben, mußte man Eier aufschlagen – das war ihre Lebensphilosophie; ein wenig hinkte der Vergleich, denn sie hatte nie eine Küche von innen gesehen. Schon einmal hatte sie im Zusammenhang mit Hester Hart Unheil von ihrer Familie abgewendet, und sie würde es auch diesmal tun. Man könnte ja Hester mit Hilfe einer Panne aus dem Rennen werfen; mochte sie doch dann wieder in die Wüste verschwinden und dort – dank der Einkünfte aus der väterlichen Knopffabrik – über die Eingeborenen herrschen. Woher nahm eigentlich die Frau die Frechheit, England bei einem internationalen Rennen vertreten zu wollen? Beim Kameltreiben höchstens, na gut. Maud kicherte selbstgefällig über diesen Einfall und stieg auf den Rücksitz des Napier. Heute würde sie Higgins fahren lassen. Sie mußte ihre Strategie durchdenken.

Zwanzig Minuten später marschierte sie ins Carlton Hotel, wohl gerüstet für die Schlacht. Die Farne im Palmengarten raschelten verschreckt.

In seinen Räumen bereitete sich Roderick Smythe nervös auf das Martyrium mit Maud vor. Tausendmal lieber fuhr er das Paris-Wien-Rennen. Mit Autos wußte er Bescheid, kannte sie in- und auswendig, ob es um Akkumulatoren oder Achslager ging. Selbst auf der schmierigsten, dreckigsten Straße schleuderte es ihn nicht aus der Bahn. Um Maud aber würde er liebend gern einen Bogen machen. Er war das Idol der Zuschauermassen, die die Rennstrecke säumten, bekannt für seine tollkühnen Abenteuer – in Avignon, zum Beispiel, bei dem Rennen Paris-Marseille, als er mit dem Kontrollposten am Ausgang der Stadt, einem adretten kleinen Frauenzimmer mit spitzbübischem Funkeln in den Augen, in einem Gasthaus untergetaucht war. Sonst hatte da immer nur ein sturer Gendarm herumgestanden. Sie hatten sich bei ihrer *entente cordiale* vergnügt mit dem Erfolg, daß dreißig Autos im Begleitschutz der örtlichen Polizei nicht abgefertigt wurden; niemand war da, um ihnen die Uhrzeit des Verlassens der Stadt abzustempeln, und das ganze Rennen mußte für ungültig erklärt werden. Man hatte sich köstlich über ihn amüsiert. In London wurde Roderick nicht gerade geschätzt, und er haßte es, Zielscheibe des Spotts zu sein. Phyllis hingegen war sehr beliebt – und das zurecht. Sie war wirklich ein Schatz. Aber Hester hatte ihm klargemacht, daß es Phyllis war, die das Verlöbnis mit ihm gebrochen hatte. Er, Roderick, war die geschädigte Partei, und trotz des Himmels auf Erden mit Hester mußte er zugeben, daß er alles andere als glücklich war. Die Nächte, zumindest die Stunden, da die englische Gesellschaft ein Auge zudrückte und unverheiratete Paare gewähren ließ (das heißt, wenn die Hausangestellten zu Bett gegangen und Straßenfeger und Milchmann noch nicht auf Achse waren), waren köstliche Pein und Vergnügen zugleich. Das Zusammenspiel mit Hester war wie ein Rennen bei neunzig Stundenkilometern, das war Gegenwind, war sich ausleben. Daß einem dabei trotz Schutzbrille auch Mücken und Staub in die Augen gerieten, vergaß er gern. Im Vergleich zu Hesters exotischer Nesselrode-Nachspeise war das Leben mit Phyllis allenfalls ein fader Brotpudding.

Er kam zu dem Schluß, daß man ihn zutiefst mißverstand, und er vermutete, die Sache würde eher noch komplizierter werden. Er hatte das ungute Gefühl, daß Maud darauf aus war, selbst in dem Internationalen Rennen der Damen anzutreten. »Die Beste soll fahren«, hatte Hester erklärt, und nachdem er sie in seinem Napier gesehen hatte, war auch für ihn alles klar. Sie hatte es ihm im Bett vorgeschlagen, in der Nacht vor ihrer Probefahrt, und als er sah, was sie am Steuerrad zuwege brachte, hatte er sich einverstanden erklärt. Möglicherweise reagierte Maud anders. Aber man würde Hester von ihrem Entschluß wohl kaum wieder abbringen können.

Er betrat den Palmengarten, und Maud segelte ihm wie die keltische Königin Boadicea in der Schlacht gegen die Römer entgegen.

»Ah, Roderick, wie schön, dich zu sehen!« Maud lächelte.

»Ganz meinerseits, Tante Maud.« Vorsichtig tat er einen Schritt nach vorne und machte eine leichte Verbeugung.

»Jammerschade, daß Hester uns am Sonnabend nicht den Dolly Dobbs zeigen konnte«, eröffnete sie die Unterhaltung, nachdem sie an einem Tisch Platz genommen hatten. »Aber jetzt bleibt sie ja in England, da werden sich ihr noch genug Möglichkeiten dafür bieten. Ich werde sie mit den Organisatoren von den Damenrennen auf britischen Rennstrecken bekannt machen.«

»Das mit dem Internationalen Rennen, hat dich das nicht weiter geärgert?« Roderick war so verdattert, daß er fast seinen Brandy mit Soda fallen ließ.

Ein herzhafter Lacher. »Warum sollte es, Roderick?« Man hatte den Eindruck, sie meinte es ehrlich. »Am Anfang vielleicht, ja. Auf seine alten Tage bedeutet einem so ein Ereignis schon etwas.« Sie schluckte leicht, mit ihren achtundvierzig war sie nur dreizehn Jahre älter als er. »Aber jetzt, wo sie doch sozusagen meine Schwiegertochter wird, bleibt die Sache in der Familie, und ich bin es zufrieden. Ich habe genug mit den Rennen hier zu tun. Da fällt mir ein, ich könnte ein paar Tips gebrauchen. Ich möchte bei dem Bewährungsrennen mitmachen, das der Schottische Automobilclub nächsten Mai veranstaltet, Glasgow-London. Natürlich bin ich auf Gold aus und auf das Non-Stop-Zertifikat. Ein Mors und ein Ariel sollen sich auch angemeldet haben. Vielleicht könntest du ...«

Roderick war fassungslos, eine völlig andere Maud schien ihm gegenüberzusitzen. Rasch beteuerte er, daß er ihr selbstverständlich mit Rat und Tat zur Seite stehen würde.

»Ich wünsche Hester sehr, daß sie im Oktober gewinnt«, nahm Maud das Gespräch wieder auf. »Bis dahin seid ihr sicher verheiratet, oder? Ich freue mich schon, sie auf den Rennstrecken hier im Lande zu erleben. Wir könnten ein gutes Team abgeben.«

»Ja.« Roderick geriet in Begeisterung, und Monsieur Escoffiers Menu gewann wieder sein Interesse. »Großartig, Tante Maud.«

»Sie ist verdammt gut am Steuerrad. Ich habe ihre Hände beobachtet. Die sagen alles. Sie hat die Hände eines Fachmanns. Ich kann mir gut vorstellen, daß sie nächstes Jahr bei den Gordon-Bennett-Ausscheidungsrennen mitmischt.«

»Das wohl nicht. Das ist meine Domäne«, widersprach Roderick leicht schockiert. Im Gordon-Bennett-Cup-Rennen in Deutschland hatte er vergangenen Juni Ruhm und Sieg davongetragen. Eine Durchschnittsgeschwindigkeit von siebzig Stundenkilometern, und das ganze elf Stunden am Tag, war schon nicht schlecht; außerdem hatte es etliche Hindernisse gegeben in Form von zwei streunenden Hunden und einem Bauern, der ihm in die Quere gekommen war; seinetwegen war er mit dem Wolseley in einem Marktstand mit Kohlköpfen gelandet, das wiederum hatte ihm einen Kuß von der hübschen Gastwirtin eingebracht.

»Was soll das, Roderick? Ihr könnt doch beide mitmachen. Ein bißchen Wettstreit kann nicht schaden. Zeitungsleute, Photographen und selbst die neumodischen Filmemacher werden alle zur Stelle sein, wenn Hester ihrem Sieg entgegenrast. Dann wird auch Phyllis begreifen, daß es mit Automobilen mehr auf sich hat, als sich nur vor ihnen in Positur zu stellen.«

»Wieso Hester, Maud?« fragte Roderick gedehnt.

»Was meinst du, mein Junge?«

»Wieso soll Hester gewinnen, wenn ich auch mit von der Partie bin?«

»Sie hat Talent; sie ist diejenige, welche. Es ist wie bei den Pferden irgendwie schicksalhaft besiegelt. Du brauchst sie dir nur anzuschauen, und schon weißt du, welches das Rennen macht. Du bist ein großartiger Fahrer, Roderick, und ein Mann dazu ...«, es kostete sie einige Überwindung, das zu sagen, »... aber Hester steht der Sieg ins Gesicht geschrieben.«

»Ich bin ganz sicher, daß sie nach unserer Heirat nicht mehr fahren will.« Die *cailles aux feuilles de vigne* verloren jeglichen Reiz.

»Wieso?«

»Babies und so.«

»Ach, das wär aber schön.« Pure Herzlichkeit strömte ihm über den Hummersalat hinweg entgegen. »Wie gern hätte ich einen Enkelsohn. Aber wer weiß, ob das noch geht. Immerhin war sie mit Agatha in einer Klasse. Ihr Alter, weißt du ...« Lady Bullinger ging diplomatisch vor, sprach immer leiser, brach dann schließlich ganz ab.

»Ja, schon gut, sie ist etwas älter als ich, aber ausschlaggebend ist letzten Endes die Liebe.«

»Oho, Roderick. Deine Gefühlsaufwallungen in Ehren, alles, was recht ist. Liebe läßt es in der Ehe rundgehen, wie?« Sie lachte herzhaft; dann reagierte sie erstaunt: »Oh, wen haben wir denn da?«

Roderick verging jede Lust an Monsieur Escoffiers Kochkünsten, als er aufblickte. Eine reizende Gestalt, in hellrosa Musselin gehüllt, kam zögernd näher.

»Mir war zu Ohren gekommen, daß du hier speisen würdest, Maud. Ich hatte keine Ahnung, daß Roderick ...« Phyllis konnte den Satz nicht zu Ende bringen. »Ich geh natürlich wieder.«

»Das wirst du nicht tun.« Ganz Kavalier sprang Roderick auf und rückte ihr einen Stuhl zurecht. Eigentlich hatte er sagen wollen, daß er im Begriff war zu gehen, wollte nicht unnötig an Zärtlichkeiten und Umarmungen von einst erinnert werden. Aber irgend etwas hielt ihn zurück.

Er sollte es bedauern. Zwei Minuten später, Phyllis hatte gerade erklärt, sie hätte nur wenig Appetit, und bestellte ein *filet de boeuf poêle à la Piémontaise*, kam es zu einer erneuten Unterbrechung. Hester Hart erschien nicht in Zartrosa, vielmehr in einem schmuddligen Mostrichgelb, das ihr eine Verkäuferin überschwenglich als die Farbe der Wüste aufgeschwatzt hatte. Außerdem war sie mehr als aufgebracht. Sie hatte es kaum glauben wollen, als ihr Informant vom Club ihr mitteilte, daß Roderick hinter ihrem Rücken mit Lady Bullinger zu Tisch saß. Dem Weib traute sie nicht über den Weg. Roderick hatte ihr gesagt, er würde in seinem Club Mittag essen. Und da war ja auch noch diese blasse Ophelia, Phyllis Lockwood.

»Gibt es vielleicht noch Platz für einen vierten?« fragte Hester drohend.

»Aber natürlich.« Phyllis errötete und blickte flehentlich zu Roderick hinüber, er möge die Situation retten. Maud hingegen, die das Spiel des Zufalls genoß, dachte gar nicht daran, helfend einzuschreiten.

Roderick konnte nicht umhin festzustellen, daß Funken, die aus dunklen Augen sprühten, aufregender waren, als die aus wässrig blauen; sie waren aber auch weitaus gefährlicher.

Es war wie mit einem Automobil. Hatte der Motor erst einmal Feuer gefangen, stand man am Wegesrand und wartete auf einen barmherzigen Samariter. Ob der kam, blieb fraglich.

Zum Abschluß eines ihrer verwandtschaftlichen Besuche in Richmond hatten sie zu Mittag gespeist, und Isabel war im Aufbruch begriffen.

»Wenn ich dich richtig verstanden habe, fährst du jetzt zum Martyr House«, kommentierte Hugh beiläufig.

»Darling, ich kann nicht anders, ich muß, muß morgen den ganzen Tag dort sein. Ich hab mir allerdings vorgenommen«, sie machte eine vielsagende Pause, »morgen abend wieder in die Stadt zu kommen, und damit biete ich dir einen blendenden Vorwand, mich bei dem Rennen am Donnerstag zu begleiten, anstatt allein und mit dem Zug zu reisen.«

Hugh überdachte das Angebot. »Gut, dann können wir morgen abend zusammen im Club essen - falls du die Güte hast, mich einzuladen.« Er lachte.

»Das ist doch klar.« Isabel war überrascht, stimmte aber liebend gern zu.

»Wie wird Seine Majestät reagieren, wenn wir zu seinem Empfang nicht da sind?« Hugh krankte nicht gerade an Minderwertigkeitsgefühlen, aber selbst er konnte nicht ignorieren, daß die Attraktivität des Monarchen in Isabels Augen möglicherweise mehr zählte. Immerhin war sie eine ehrgeizige Frau.

»Vor zehn Uhr am Donnerstagvormittag trifft der nicht ein; das reicht allemal, um rechtzeitig zur Begrüßung der Club-Damen da zu sein.

»Du bist aber die Gastgeberin, und er wird damit rechnen, dich dort vorzufinden.

»Ich habe mein Teil getan«, erklärte sie leichthin. »Für die eine Nacht, die er bei uns bleibt, habe ich den ganzen Ostflügel frisch herrichten lassen. Und obendrein noch alles für den Ball am Abend vorbereitet. Ich kann mich also gut und gerne der Herzoginmutter gegenüber nett zeigen und sie die Gastgeberin spielen lassen. In ihrer Jugend war sie mal kurz, wie soll ich sagen, befreundet mit Seiner Majestät; ich kann mir vorstellen, sie hat nicht übel Lust, diese Freundschaft zu erneuern.«

»Meinst du, sie stößt auf Gegenliebe?« Hugh amüsierte sich; recht überzeugt war er von Isabels uneigennützigen Motiven allerdings nicht.

»Da Mrs. Keppels Schatten über ihm schwebt, wird sie wenig Erfolg haben.« Isabel war die Verbitterung anzumerken. Seit Alice Keppel im persönlichen Leben Seiner Majestät eine nicht unwesentliche Rolle spielte, war es weit schwieriger geworden, in seiner Gunst zu bleiben, geschweige denn, die eigene Position weiter auszubauen. Sie hatte verzweifelt mit sich gerungen, ob sie am nächsten Tag wieder nach London fahren sollte oder nicht. Daß sie sich so entschieden hatte, hatte mehr mit Hester Hart zu tun, weniger mit ihrer in wehmutsvollen Erinnerungen schwelgenden Schwiegermutter. Wahrscheinlich war es gescheiter, dieses verflixte Frauenzimmer im Auge zu behalten, ihr das Gefühl zu geben, daß sie in Isabel eine Freundin hatte. Sicher war sicher, jetzt, wo Hester Hart ihre Memoiren schreiben wollte. Man konnte ja nie wissen, vielleicht holte sie die alte Geschichte wieder hervor.

Schreiben bedeutete Macht. Zwischen einen und das geschriebene Wort konnte sich niemand stellen; höchstens das Verleumdungsklagen regelnde Gesetz. Voller Genugtuung stellte Hester fest, daß in diesem Falle es niemand wagen würde, die eigenen Schwächen vor Gericht auszubreiten. Man brauchte ja nur Oscar Wilde zu nehmen, wie's dem ergangen war, oder Lady Colin Campbell mit ihrer skandalösen Scheidung, als sie sich gegen Anschuldigungen wehrten und ihr Lebenswandel dabei zur Sprache kam. Beide wurden aus der Gesellschaft verstoßen, niemand fragte, ob das zu Recht geschah.

Zufrieden betrachtete Hester den Stapel unbeschriebenen Papiers. Als erstes würde sie die Memoiren veröffentlichen, dann ihre Reisetagebücher. Gar zu gern würden die anderen die Tagebücher, auf deren Eintragungen die Memoiren beruhten, in die Finger bekommen. Das würde aber nicht geschehen, dafür hatte sie schon Sorge getragen. Sie lachte vor sich hin bei dem Gedanken. Morgen würde sie im Club sprechen, hatte sie beschlossen; man würde es ihr nicht abschlagen können. Alle würden sie kommen, winden würden sie sich. Noch heute wollte sie mit den Memoiren beginnen. Von den Tagebüchern gab es zwei verschiedene Fassungen; die eine war zur Veröffentlichung gedacht, und die andere enthielt all die Qualen ihrer Schulzeit, die gräßlichen Situationen während ihres Jahres als Debütantin und vieles, vieles mehr.

Die Tagebücher würde sie einer Bibliothek übergeben, so daß für die nächsten siebzig Jahre niemand herankam. Damit verhinderte sie, daß übereifrige Familien sie womöglich verbrannten. Ihr sollte es nicht so gehen wie Sir Richard Burton, dessen Schätze der Nachwelt verlorengingen, weil seine Frau nach seinem Tod die Aufzeichnungen ins Feuer warf. Ihre Tagebücher waren das Beste, was sie hatte. Es galt, sorgfältig zu bedenken, was damit geschah. Nach der Eheschließung mit Roderick würde sie ein Testament machen. Aber erst einmal mußte sie die Tagebücher in sicheren Gewahrsam bringen. Sie konnte sie fast auswendig hersagen, so gut kannte sie sie; sie waren ihr Leben.

»Der Araber ist voller Poesie, ist eins mit seiner Wüste. Für ihn ist sie nicht Ödland, sie bedeutet ihm Heimat, deren Schönheiten er liebt, deren Wohlgerüche der Wind zu ihm trägt, ganz gleich, wo er gerade ist. Seit ich Robert Woods ›Die Ruinen von Palmyra‹ das erste Mal gelesen hatte, zog es mich zu jenem Ort, und als er dann vor mir lag, unter goldenem Abendhimmel, spürte ich die wahre Seele des Arabers, seine Poesie und Leidenschaft, seine Gastfreundlichkeit und Redegewandheit, seine sittliche Größe, die erfüllt ist von dem Gott, den er verehrt. In allem ist Allah, und Allah ist alles ...«

O ja, eine große Schriftstellerin würde sie sein, wenn erst einmal die Tagebücher veröffentlicht waren. Noch heute würde sie sich an die Memoiren setzen. Sollte sie anfangen wie Harriette Wilson? »Ich will nicht darüber sprechen, wie und warum ich mit fünfzehn die Geliebte des Earl of Craven wurde.« Der erste Satz war entscheidend, mußte Interesse wecken. Etwa in der Art ...

»Ich will meinen Leser nicht (mehr als unbedingt erforderlich) damit langweilen, wie sich die Spitzen der englischen Gesellschaft zusammentaten, um mir das Herz zu brechen, so daß ich mich – verhöhnt und geächtet – gezwungen sah, einsam und verlassen durch die unendliche Wüste zu ziehen.«

Fünfundzwanzig Jahre lang hatten sie die bitteren Worte ihrer Tagebucheintragungen nicht losgelassen, die sie seit ihrer Schulmädchenzeit trotz aller Seelenpein in gestochener Handschrift niedergeschrieben hatte. »Ich hasse alle«; das Tagebuch von 1881: »Wie dumm und gräßlich sie alle sind.« Und die schlimmste Eintragung, nicht ihrer Bitterkeit, mehr ihres Frohlockens wegen: »Ich, Hester Hart, heirate den Erben ...«

»Aber, Euer Gnaden«, wehrte sich Thomas Bailey schwach. In letzter Zeit hatte er wiederholt versucht, sich zur Wehr zu setzen, aber hier auf einem zerbrechlichen Sheraton-Stuhl in Dewbury House kam er noch weniger zum Zuge als sonst.

»Seien Sie kein Schlappschwanz, Thomas«, wies ihn Agatha zurecht. »Es ist abgemacht. Ich fahre das Brighton Baby im Rennen. Was spricht dagegen? Ich bin Mitglied des Motorclubs für Damen und folglich berechtigt, ein Automobil meiner Wahl zu steuern.«

»Aber ist es ratsam?«

»Mein lieber Thomas, gibt es irgend etwas, dessen Sie sich schämen müßten in Sachen Auto oder sonstwie?«

Er überlegte einen Augenblick. »Nein.«

»Dann bleibt es dabei.« Agatha hielt kurz inne und besann sich auf ihren Charme, versuchte es mit dem Augenfunkeln, mit dem sie Harry seinerzeit betört hatte (wenn auch nur beim ersten Mal). »Denken Sie doch bloß einmal daran, wie großartig das wird, wenn Sie mit dem Baby in den Zeitungen stehen, vielleicht sogar mit einem Bild in der ›Illustrated London News‹.«

Thomas stellte es sich vor und gab zögernd nach. Das einzige, was ihn interessierte, war, Automobile entwerfen zu dürfen und sie zu fahren; aber selbst er begriff, daß man dafür Geld brauchte, und zu diesem Behufe mußte man leider auch andere Leute mit einbeziehen.

»Jetzt kannst du endlich heiraten, Thomas«, hatte seine Tante Gertie vor sieben Jahren bei der Beerdigung seines Vaters gesagt. »Das ist doch ein hübsches kleines Startvermögen.« Sofort hatte ihm ein Job in Gamages Warenhaus vorgeschwebt in der Abteilung für mechanisches Spielzeug und einer für Ethel in der Kurzwarenabteilung. Ethel mit der ständig roten Nase und dem versonnenen Blick; sie beide gehörten einfach zusammen. Tante Gertrude hatte recht. An einem freien Tag im August war er mit Ethel nach Brighton gefahren, wollte in aller Form bei einer Tasse Tee nach einer Harlekinvorstellung um ihre Hand anhalten. Dann hatte Ethel darauf bestanden, sich erst ihre Zukunft wahrsagen zu lassen, und hatte um einen Penny für den Handleseautomaten gebeten. Auch er sollte einen in den Schlitz stecken. Er opferte die Pennies aus seinem neuen stolzen Fünfundzwanzig-Pfund-Vermögen, hatte sich aber verkniffen, eine weitere Münze für einen Blick in den Guckkasten mit der Bildfolge »Dame im Bad« auszugeben. Die Maschine spuckte ein Stück Papier aus, auf dem ihm seine Zukunft kundgetan war: »Wage den Sprung in den Ozean des Lebens. Die Schicksalswinde schwellen deine Segel.«

Prompt wurde das Bild einer »Ethel für immer und ewig« von dem eines Zwölf-Zoll-Modellautos verwischt, das er entworfen hatte.

»Bei mir heißt es«, las ihm Ethel vergnügt vor: »›Hoffnungen mögen sich zerschlagen, aber die Zukunft leuchtet hell.‹«

Er hatte nicht um Ethels Hand angehalten (sie war inzwischen mit dem Besitzer eines Geschäfts für elektrische Beleuchtung verheiratet), hatte bei seinen überraschten Brötchengebern gekündigt, die ihm sogar eine Gehaltsaufbesserung in zehn Jahren in Aussicht gestellt hatten, und war für ganze sieben Tage ein Gentleman geworden, der sich im Müßiggang übte. Thomas war ein ebenso fanatischer Typ wie Harold Dobbs, nur praktischer veranlagt. In der einen Woche begriff er, daß er mit seinen fünfundzwanzig Pfund nicht weit kommen würde, auch daß sie nicht reichen würden, um sein geliebtes Geistesprodukt, das bislang nur auf dem Papier existierte, in die Praxis umzusetzen. Er nahm daraufhin eine Stelle bei einem

Fahrradhersteller an, der beabsichtigte, es auch mit Kleinwagen zu versuchen, und dieser Schritt hatte sich als richtig erwiesen. Letztendlich war sein Lebenstraum mit dreißig in Erfüllung gegangen. Er war immer noch nicht verheiratet, und Tante Gertrude schickte ihm auch nicht mehr die selbstgestrickten Eierwärmer zu Weihnachten.

Jetzt beugte er sich ein weiteres Mal dem Schicksal, dessen Winde ihm erneut günstig standen. Irgend etwas mußte ohnehin geschehen mit diesem widerwärtigen Dobbs-Menschen, warum also nicht jetzt. Das war offensichtlich ein Schweinehund, ein Schurke übelster Sorte; vermutlich taten Ihre Gnaden recht daran, ihn von einer Teilnahme am Donnerstagrennen abzuhalten.

Ihre Gnaden erhob sich, deutete damit an, daß die Audienz beendet war. Sie beobachtete ihn, wie er linkisch seine Mütze vom Butler in Empfang nahm, und sagte leichthin: »Irgendwas müssen wir uns noch mit dem Dolly Dobbs einfallen lassen. Meinen Sie nicht auch, Thomas?«

»Draußen, mein Junge«, befahl Frederick Gale.

»Nein, drinnen.« Leo zeigte sich ungewöhnlich stur.

»Ihr Jungschen habt keinen Mumm in den Knochen. Unsere Jungs damals haben doch nicht die Schlacht geschlagen, weil sie sich gemütlich in einen Wagenschuppen verkrochen. Barrikaden wollen besetzt sein.«

Die alten Soldatengeschichten, die zwanzig Jahre zurücklagen, interessierten Leo wenig. Viel mehr interessierte ihn, wie er sich einer Miss Dazey erwehren konnte. Zwar war es bei diesen Hundstagen auch nachts warm, trotzdem war er nicht scharf darauf, hier ganz allein festgenagelt und ihr ausgeliefert zu sein. Stimmte schon, es war nur eine Nacht. Morgen würde Mr. Smythe die Wache übernehmen. Auch war es ziemlich unwahrscheinlich, daß eine wohlerzogene junge Dame sich hier nach Mitternacht herumtreiben würde, aber Miss Dazey traute er alles zu. Daß sie etwas gegen den Dolly Dobbs im Schilde führte, glaubte er nicht; elektrisch betriebene Automobile waren der zu leise, sie preschte lieber in aufheulenden und knatternden Fahrzeugen los, die alle Tauben in der Umgebung wie Staub im Wüstensturm aufscheuchten.

»Angst vorm Weibsbild, wie?« höhnte Fred, der das Problem mit dem gleichen Scharfsinn erkannte, mit dem er auch einem nicht funktionierenden Vergaser auf die Sprünge half oder sofort sah, wenn eine Sprungfeder fehlte. »Glaubst du, die tut dir was an, vergreift sich in dunkler Nacht an deinem Kolben?«

Leo wurde rot. »Nein. So eine ist sie nicht. Aber was soll ich machen? Ich kann doch nicht vor ihrer Tür im Eaton Square auftauchen und ihren Eltern erzählen, ich will um die Hand ihrer Tochter anhalten. Wäre ein bißchen komisch, wie?«

Fred lachte erneut. »Ein Küßchen in Ehren kann niemand verwehren.«

»Vielleicht doch.« Leo wußte, wovon er sprach. Sie hatte ihn einmal in der Reparaturgrube überrascht, war durch den Lagerraum im Kellergeschoß unter der Werkstatt geschlichen und dann die Wendeltreppe seitlich an der Rampe hochgelaufen. Er war gerade beim Saubermachen von Lady Bullingers Fahrgestell und Reifen gewesen – na ja, nicht ihren, den von ihrem Napier; in der einen Hand den Eimer, in der anderen eine Bürste zum Schrubben. Sie war zu ihm gekrochen, hatte mit einer der Ketten gerasselt, die er abgenommen und in ein Reinigungsbecken gelegt hatte. Sie war einfach da, ließ die Kette fallen, schlang die Arme um seinen Hals, umgab ihn mit einem Duft von Floris und Paraffin. Gott sei Dank hatte er seine Sicherheitslampe bei sich, sonst wären sie vielleicht vollends für einander entbrannt. Er war gewissermaßen hilflos gewesen, hatte nicht mal den Eimer irgendwo abstellen können. Zugegeben, Spaß hatte die Sache gemacht.

»Raus mit dir, Bursche!« Fred verlor die Geduld. Disziplin konnte nie schaden. »Nimm einen Stuhl und eine Decke; aber schlaf nicht ein. Kannst morgen früh mal zwischendurch zehn Minuten schlafen.«

»Und wenn es regnet?« muckte Leo auf.

»Nimm eine von den Gummiplanen, mit denen wir die Autos abdecken.«

»Danke, Mr. Gale«, murmelte Leo erbost und verfluchte alle Ingenieure, Konstrukteure, Chauffeure und Automobile, besonders aber den Dolly Dobbs. In seinen Augen glich der genausowenig einem Auto wie ein ausgestopftes Theaterpferd einem Rassetier beim Derby-Rennen. Aber er würde sich mit seinem Urteil zurückhalten, bis er sah, auf welche Geschwindigkeit es das Vehikel brachte.

Leo kam sich einigermaßen blöde vor, wie er da draußen saß, nachdem Fred gegangen war, und auf die Damen oder deren Begleitung wartete, die ihre Wagen holten. Meistens fuhr Fred sie auf den Hof vor, wenn sie gebraucht wurden, aber nach Mitternacht, wenn ihr Dienst vorbei war, blieben die Autos halt im Schuppen, und die Damen oder die sie begleitenden Herren holten sie selbst heraus. Heute standen noch vier drin. Verdrossen saß er da und wartete. Um halb eins brachte Mrs. Didier eine Tasse heißen Kakao aus der Küche, ehe sie nach Hause ging; das belebte seine Geister ein wenig. Nur noch siebeneinhalb Stunden. Er huschte in die Werkstatt und holte sich einen großen Schraubenschlüssel; er fühlte sich sicherer damit.

Der Horbick verschwand als erster. Zu seiner Verwunderung erschien Ihre Gnaden höchstpersönlich und fuhr ihn heraus; meist bestand sie hartnäckig darauf, daß es jemand anders für sie machte. Saubere Arbeit, passend zur Herzogin. Zwei Zylinder, Wellenantrieb, gut auf hügligem Gelände, hatte er jedenfalls gehört.

»Leo, das ist aber nett, daß du hier wartest.« Allzu fröhlich sah sie nicht aus. Vielleicht hatte Mr. Didiers Dinner nicht ihren Erwartungen entsprochen.

»Ich halte hier Wache«, erklärte er verlegen.

»Ist ja komisch. Hast du Angst, der arme Dolly würde sich davonmachen?«

Er konnte es nicht leiden, wenn man sich über ihn lustig machte. Aber einer Herzogin durfte man das wohl nicht sagen. »Es geht mehr um Spione«, murmelte er.

»Um solche wie mich? Höchst amüsant.« In Wahrheit schien sie wenig amüsiert, aber ohne viel Aufhebens zu machen, ließ sie ihn die Tür aufklinken und reichte ihm die Anlasserkurbel. »Ist die Batterie aufgeladen?« fragte sie knapp.

»Ja, Euer Gnaden.«

»Die Fettlager? Schmiervorrichtungen? Wassertanks? Alles in Ordnung?«

»Alle aufgefüllt, Euer Gnaden.«

Als sie weg war, sank Leo gedankenverloren auf seinen Stuhl zurück. Selbst mit einer Lady Bullinger kam man leichter zurecht. Zumindest glaubte er es, bis sie anmarschiert kam, um ihren Napier zu holen. Ihr Aufzug war befremdlich, sie war angetan mit schmuckloser Autokappe, Schutzbrille und dichtem Schleier.

»Laß ihn an und fahr ihn nach vorn, Leo.« Ihr gebieterischer Ton ließ nicht die Frage zu, warum sie es nicht selbst tat, wo sie doch anschließend den Wagen nach Hause fuhr.

»Ich kann es nicht tun, Madam. Ich halte hier Wache.« Je mehr er sagte, desto alberner klang es.

»Du kannst nicht?« blaffte sie los. »Ich möchte wissen, wofür du bezahlt wirst, junger Mann.«

Sie bestand nicht weiter darauf, verschwendete kaum einen Blick auf die verschlossene Abteilung mit dem Dolly Dobbs und bestieg ihren Napier. Mit geradezu militärischer Präzision schossen die sechs Zylinder los: Nummer eins, Nummer vier, zwei, sechs, drei und fünf, als wären sie darauf bedacht, den Ruf ihrer Herrin als *chauffeur-mécanicien* zu rechtfertigen. Leo salutierte fast, als der Napier davonglitt. Bleiben nur noch zwei, dachte er erleichtert.

Als nächster tauchte Luigi im Hintereingang auf und reagierte überrascht, als er Leo sah. »Würdest du Miss Harts Auto vorfahren?«

Leo hatte keine Zeit für Luigi, und der fühlte sich nicht bemüßigt, seinen Charme auf Leute seinesgleichen zu versprühen. »Ich bewache die Dolly Dobbs – für Miss Hart.«

Da Leo keine Anstalten machte, sah sich Luigi gezwungen, sich herabzulassen und zur Tat zu schreiten. Empört kletterte er auf den Fahrersitz und mußte feststellen, daß der Motor nicht ansprang.

»Es ist ein Serpollet«, kommentierte Leo hämisch.

»Ja, und?«

»Dampfantrieb. Der Brenner braucht 'ne Weile, ehe er losgeht.«

Das Auto gehorchte und fuhr ohne weiteres Bocken an Leo vorbei. Luigi hatte die Lippen fest zusammengepreßt, aber mit seinen Gedanken war er keineswegs bei dem jungen Mechaniker.

Zwei Uhr vorbei. Leo fielen die Augen zu. Er zuckte zusammen, war wieder hellwach und sah neben sich nicht die schöne Miss Lockwood, sondern einen Herrn, der durch das Schlüsselloch der Wagenhalle spähte, in der der Dolly Dobbs stand. Es war ein Herr, den er auf Anhieb erkannte, auch wenn er jetzt im Smoking war.

»Was suchen Sie da?« brüllte er ihn an.

Rasch richtete sich der Mann auf. »Ich hole den Rover für Miss Lockwood.«

»Sie sind einer von diesen Pferdeanhängern. Haben Mr. Gale mit angegriffen. Ich hab Sie gesehen.«

»Ja. Nein. Will sagen ...« John Millward gab keinen rechten Verbrecher ab. »Mag sein, ich war mit dabei, aber heute abend war ich zum Dinner mit Miss Lockwood. Ich will jetzt nur ihren Wagen herausfahren.« Seine Frau hatte keine blasse Ahnung von seiner Verabredung und seinen Fahrkünsten.

»Und weshalb gucken Sie dann durchs Schlüsselloch, Mr. Millward?« Leo wurde kühn.

»Pure Neugierde«, entgegnete er wenig überzeugend. »Ich habe das Gefährt im Rohbau gesehen, wollte mal schauen, was daraus geworden ist.« Er versuchte es mit einem leichten Lachen. Wie er so den neuen Fiat mit den Friktionsstoßdämpfern und der Mehrstufenkupplung steuerte, sah er eher aus, als klammere er sich an ein durchgehendes Pferd. Das Auto paßte nicht zu Miss Lockwood, war viel zu schnell. Frederick meinte, sie hatte den Wagen nur genommen, weil sie dachte, die blaue Farbe passe zu ihrem blonden Haar.

Mr. Millward war kaum weg, da spürte Leo die Wirkung des Kakaos; er mußte sich erleichtern. Er war felsenfest überzeugt, daß inzwischen alle Autos fort waren, und verzog sich zum hinteren Ende der Wagenhalle. Dort mußte er jedoch feststellen, daß er sich geirrt hatte.

Ein Oldsmobile war vorgefahren, und von dem Fahrersitz hüpfte Miss Dazey – ohne Hut, mit strahlenden Augen.

»Leo, Darling.«

Er schreckte zurück. »Miss Dazey«, stotterte er, »wie ...«

»Alle anderen nennen mich Daisy, nur Sie nicht. Dabei lieben wir uns doch.«

»Tun wir nicht.«

Selbst im Dunkeln konnte er sehen, wie ihr die Tränen kamen. Ganz nahe stand sie vor ihm, viel zu nahe. »Nur weil Sie Mechaniker sind und ich was Besseres?« Sie lachte. »Seien Sie nicht töricht. Ich bin eine moderne Frau. Küssen Sie mich. Und dann können Sie mich nach Hause fahren.«

Leo war entgeistert. »Das geht nicht«, stammelte er.

»Das ist nicht gerade ritterlich. Jede Menge Unheil kann mir zustoßen, schlimmer als der Tod.«

Leo war hin- und hergerissen; er wußte nicht, wem er gehorchen sollte, seinem Herzen, seinem Körper – oder jetzt gar seinen Ohren. Er stürzte wieder in den vorderen Teil der Remise und fand noch jemand, der in die Box des Dolly Dobbs lugte.

»Sie müssen schon entschuldigen, Madam.« Seine Stimme klang piepsig heiser.

Sie schrie überrascht auf. »Ich suche meinen Mann.«

Dann erkannte er sie. »Da drin ist er nicht.«

»Stimmt. Ein Pferd würde längst wiehern oder wenigstens Wärme ausstrahlen, ein Lebewesen eben. Aber ein Automobil ist nur stummes Metall, und ihr schämt euch nicht, aus den guten alten Ställen nach Benzin stinkende Wagenhallen zu machen.«

»Hier ist er nicht.« Leo blieb dabei. Dann hatte er einen glänzenden Einfall. »Haben Sie ein Auto, Madam?«

»Was nehmen Sie sich heraus, junger Mann!« Hortensia Millward fühlte sich beleidigt.

»Wenn dem nicht so ist, könnten Sie Miss Dazey in ihrem

Wagen heimbegleiten, und ihr Chauffeur kann Sie dann von dort nach Hause fahren.«

»Aber ...«

»Ich könnte sonst Mrs. Didier berichten, daß Sie hier waren ...«

Nach all diesen Anstrengungen fühlte sich Leo total erschöpft, trotzdem machte er die ganze Nacht kein Auge mehr zu. Der Dolly Dobbs dagegen schlummerte in seinem Stall friedlich und sicher bis zum Morgen.

4. Kapitel

Gelassen pfiff Auguste die Arie aus »La Traviata« auf seine heimatliche Provence vor sich hin, eigentlich konnte er sich glücklich schätzen. Den Morgen des einem Bankett vorangehenden Tages empfand er als die schönste Zeit für Vorbereitungen. Der ganze Mittwoch lag vor ihm wie eine herrliche Leinwand, auf der er seine Meisterwerke zu malen gedachte. Er wußte nur zu gut, daß im Laufe des Tages Spannungen und vielleicht sogar leidenschaftliche Ausbrüche nicht ausblieben, als würden sie von der Hitze der Herdplatten und Backöfen zum Sieden gebracht, denn Seine Majestät pflegte zu erwarten, daß sein Bankett mindestens fünf warme Gänge bot, auch wenn es *en plain air* in den Gärten von Martyr House stattfand. Regen? Das Wetter würde es nicht wagen. Selbst am Siebenschläfertag hatte es neulich nicht geregnet, und der alten Bauernregel zufolge stand der zuständige Heilige auf Seiten Seiner Majestät und würde ein solches Desaster nicht eintreten lassen. Plumpudding allein war schon Desaster genug. Seine Majestät – und man bedenke Seiner Majestät Figur – verlangte stets, daß diese Speise auf dem Mittagsmenü für Jagdgesellschaften stand. Und Lady Tunstall hatte Auguste wissen lassen, man erwarte, daß diese seltsame Köstlichkeit ein Picknick selbst im Juli zieren werde.

Voller Sehnsucht malte sich Auguste ein Picknick nur mit Tatjana, Egbert und Edith aus, aber damit mußten sie wohl warten, bis der Club den August über geschlossen blieb. Er gestand sich mit Erschrecken ein, daß er sich vom Club im Milton House nur zu gern fortwünschte; die Anstrengung morgen würde wieder frischen Wind durch die muffige Speisekammer seines Geistes blasen. Man verblödete hier langsam, und er fühlte sich nicht mehr in der Lage, sein Bestes zu geben. Er schrieb das alles der Schmeißfliege des Unbehagens zu, die im Club herumschwirrte; besonders kam ihm das so vor, als er an die heikle Sache dachte, die Tatjana heute nachmittag noch bevorstand. Hester Hart schien entschlossen, Schwierigkeiten zu machen.

Pierre teilte sein Mißvergnügen. Daß man in der Küche pfiff, fand er überhaupt nicht gut; das hatte Auguste gleich gespürt und stellte es im Interesse des Banketts ein, wenn auch vielleicht schon zu spät.

»Was ist das?« fragte er entsetzt, als er Pierre über die Schulter blickte.

»Rindsgeschnetzeltes, Maître, für heut abend.« Pierre zog die Augenbrauen zusammen, sein Gesicht war schweißüberströmt. »Und das im Juli?«

Pierre zuckte die Achseln. »Diese englischen Aristokraten essen schweren, fetten Korinthenpudding im August und verlangen Erdbeeren in Januar. Warum soll man ihnen nicht geben, was sie wollen? Nimm ihre Schekel, mein Sohn, und preise Allah. Das ist meine Philosophie.«

»Auch die von Mr. Kipling, doch der ist kein Koch«, erwiderte Auguste. »Ich fürchte, um Rindsgeschnetzeltes zu rechtfertigen, braucht es mehr Gründe. Was steht denn heute abend sonst noch auf der Speisekarte?

Pierre sah verdrossen drein. »Hummersalat, Hammelfilet ...«

»Langweilig«, kommentierte Auguste.

»Aber wir gehen damit auf Nummer sicher, Maître. Die Damen haben morgen einen langen und beschwerlichen Tag. Die meisten werden heute abend nicht hier speisen, sondern in aller Stille zu Hause. Denjenigen, die heute zum Dinner hier sind, sollte einfache, gesunde Kost serviert werden, damit sie die Köstlichkeiten morgen würdigen können, wenn sie von dem glorreichen Büfett eines wahren Maître essen.

Auguste fühlte sich geschmeichelt. »Sie sind in der Tat ein Philosoph, Pierre. Aber warum reden Sie von einem beschwerlichen Tag? Wegen des Rennens nach Canterbury oder wegen der Begegnung mit Seiner Majestät?«

»Weder - noch. Eher wegen dieses Automobils, dem Dolly-Dobbs-Dings. Irgend etwas Unangenehmes kann damit passieren. Weshalb wird es sogar nachts bewacht?«

»Reine Vorsichtsmaßnahme, Pierre.« Und eine sehr notwendige seiner Ansicht nach. Der Dolly Dobbs hatte Leidenschaften entfacht, einige davon waren nachzuvollziehen – andere beim besten Willen nicht. Wieso hatte der Erfinder so sonderbar reagiert, als der Name Thomas Bailey fiel, und warum war die Herzogin plötzlich damit einverstanden, daß Hester den Wagen fuhr?

»Spaß macht's mir nicht gerade, hier zu arbeiten«, verkündete Pierre düster. »Könnte wetten, daß dieses Schwein von Luigi seine Finger mit drin hat.« Mit gezieltem Hieb schlug er einem Huhn den Kopf ab. »Der ist ein Spion.«

Auguste lachte. »Für wen soll er denn spionieren? Für Italien?«

»Nein, nein, ich meine das ganz ernst. Für Damen, die ihm seine Informationen bezahlen. Ist ein Kinderspiel, sich die zu beschaffen, bei seiner Position im Restaurant.«

»Was für Informationen könnten das sein?« fragte Auguste aufgeschreckt.

Pierre zuckte die Achseln. »Wessen Gatte mit wem speist, was der und der über den und den denkt. Gestern hat er damit geprahlt, daß er Lady Bullinger über den Tagesablauf von Miss Hart unterrichtet und andererseits Miss Hart von Lady Bullingers Plänen in Kenntnis gesetzt hat.«

»Haben Sie denn Beweise dafür?«

»Wozu brauch ich Beweise? Bin ich ein Polizist?«

»Nein, das nicht. Außerdem sollten wir nicht vergessen, daß wir hier in der Küche sind«, sagte Auguste mit Nachdruck. »Meine Frau möchte, daß der Nachmittagstee sowohl in der Lounge als im Restaurant serviert wird. Das hat sie Ihnen doch gewiß auch gesagt.« Er hoffte, daß Tatjana mit diplomatischem Geschick vorgeschlagen hatte, jemand anderes könnte heute die Konditorarbeiten übernehmen. Fettiges und honigsüßes Gebäck waren nicht das Rechte vor so einer Auseinandersetzung.

Pierre seufzte tief. »Ja, ich weiß. Gurken-Sandwiches und Teekuchen werden gerade gemacht, auch Eiskrem wird bereitet. Obwohl das mit dem Eis schwierig ist, wir brauchen es morgen ebenfalls. Aus welchem Grund wird dieser Tee eigentlich veranstaltet.?« Es war sonst nicht Pierres Art, aus Mükken, die einen Küchenchef plagten, Elefanten zu machen.

»Miss Hart gedenkt einen Vortrag über ihre Reiseerfahrungen in Syrien zu halten.«

»*Merde*.« Pierres Gesicht verfinsterte sich. »Dann brauchen wir noch mehr Sandwiches. Und ich werde mit bedienen müssen, weil Luigi, das Schwein, im Restaurant ist.«

»Die Damen werden das Gefühl der Geborgenheit und des Beistands durchaus benötigen, das Ihre Sandwiches und Ihr Tee ihnen verschaffen können, wenn man nur an die Ereignisse vom Samstag denkt«, gab Auguste ihm diplomatisch zu verstehen.

»Meine besten Pasteten sollen sie haben», verhieß Pierre. Auguste war nicht erbaut von dieser Idee.

Fasziniert beobachtete Auguste, wie Hester Hart wie Königin Zenobia von Palmyra durch die Reihen ihrer Gegner schritt und am rückwärtigen Ende des Raums Position bezog. Tatjana stand auf und ging auf sie zu. Was hatte diese Frau bloß an sich, überlegte Auguste. Obwohl sie allem Anschein nach darauf aus war, den Club gegen sich aufzubringen, setzte sie immer noch ihren Kopf durch. Selbst Tatjana, der sonst Fingerspitzengefühl und Überredungskunst zu Gebote standen, hatte es nicht vermocht, Hester von ihrem heutigen Plan abzubringen. Tatjana hatte geglaubt, daß niemand zu dem Vortrag kommen würde; er war anderer Meinung gewesen und behielt recht – der Saal war voll. Selbst Agatha saß mit all ihrer Eleganz in der ersten Reihe und Maud neben ihr. Auch Phyllis Lockwood war da. Nur ein Vorstandsmitglied fehlte.

»Wo ist denn Isabel?« hatte er Tatjana vor Hesters Eintreffen gefragt.

»Die ist auf dem Weg von Kent nach London. Sie will morgen zum Rennen hier sein.«

»Aber dann ist sie doch nicht dort, um Bertie zu empfangen!« Auguste begriff das nicht.

»Die Herzoginmutter wird den hohen Gast begrüßen. Es

wird gemunkelt, daß sie früher einmal ein Verhältnis mit ihm hatte, als er noch ein sehr junger Prince of Wales war.«

Wie würde sich Seine Majestät wohl entscheiden, wenn er vor die Wahl gestellt wäre zwischen einer Gastgeberin von fünfundsechzig – egal ob nun frühere Liebschaft oder nicht – und einer reifen Schönheit von etwa fünfunddreißig? Auguste hatte da so seine Ahnungen. Er hoffte, daß Isabels Charme hinreichte, um des Königs Mißvergnügen auszuräumen. Beim Gedanken an seine eigene Begegnung mit der Lady, deren unergründliche Augen nur allzu ergründbar wurden, sobald sie allein waren, konnte er es sich durchaus vorstellen. Ein Risiko blieb es freilich, und es verwunderte ihn sehr, warum sich Isabel darauf einließ. In seinen Augen war sie eine Dame, der nichts über ihre Stellung in der Gesellschaft ging und deren Verstand die Regungen des Herzens zu unterdrücken wußte.

Hester Hart vermochte fesselnd zu reden, wie sich Auguste eingestand. Durch ihre große, schlanke Figur, ihre dunklen Augen und ihre eindrucksvolle Körpersprache übertrug sich etwas von den Wüsten Syriens auf diese *crème* der Londoner Gesellschaft. Man mußte ihr zugestehen, sie hatte viel erreicht, was immer ihre persönlichen Schwächen auch sein mochten. Allein auf Entdeckungsreisen gehenden Frauen zollte man wenig Aufmerksamkeit, wie sie mit viel Nachdruck herausstellte. Aus ihren gesellschaftlichen Kreisen Ausgestoßene seien sie, müßten sich daher weitere Horizonte erschließen, Palmyra zum Beispiel.

»Palmyra war einst ein vorgeschobener Posten des Römischen Reiches«, wußte sie mit Begeisterung zu berichten, »und schon Jahrhunderte davor der Kreuzungspunkt der Handelskarawanen, die vom geheimnisumwobenen Osten nach dem Anti-Libanon zogen, nach Jerusalem, Dschebel Lubnan, Antiochia, Petra und dem Toten Meer. Die Ruinen seiner glänzenden, buntbewegten Vergangenheit beeindrucken den Besucher auch heute noch ... Damaskus, Hauptstadt der Wüste, ist durchweht vom Atem der Wüste. Ich habe Basare besucht und Harems, habe mit Beduinen gegessen und mit Paschas ...«

Auguste stellte, über sich selbst lächelnd, erleichtert fest, daß ihr Vortrag nichts ernstlich Polemisches enthielt. Bei den Fragen, die das Publikum im Anschluß stellte, ging es nicht um Philosophie, sondern um rein praktische Dinge.

»Wie zieht man sich an, wenn man auf einem Kamel reitet? Sind Sie wirklich immer ohne Begleitung gereist? Ich kann nicht einmal ohne Begleitung bis zur Bond Street gehen!« zwitscherte Agatha. »Hatten Sie gar keine Angst?« Sie blickte sich um, als wollte sie sich vergewissern, daß sie sich in einer reinen Damengesellschaft befand. Pierre, er selbst und drei Bedienstete, die am anderen Ende der Lounge unauffällig über die Vorbereitungen zum Tee wachten, zählten offenbar gar nicht. Auguste amüsierte sich.

»Natürlich bin ich mit einer Karawane gereist«, erklärte Hester von oben herab. »Und da sind eben Maultiertreiber, und natürlich habe ich meinen Dragoman. Aber die spielen eine untergeordnete Rolle.«

»Und wie macht man das in der Wüste?« fragte Phyllis geniert und hätte zu gern gewußt, wie die sanitären Verhältnisse dort waren.

»Man mietet sich die Arbeitskräfte, die man benötigt«, erwiderte Hester kurz. »Aber das ist völlig unwesentlich.«

»Und die Harems?« bellte Lady Bullinger. »Sie haben wohl etwas übrig dafür, wie?«

»Die Frauen dort sind höchst interessant und in manchen Dingen ungemein erfahren.« Hester blickte boshaft in die Runde. »In der Kunst des sexuellen Liebesspiels zum Beispiel.«

Betretenes Schweigen.

»Und Sie haben sich darüber unterhalten?« quiekte Phyllis. Ein lustvoller Schauer lief durch das Publikum.

»In einem Harem kann man schlecht über die Politik der britischen Regierung diskutieren.«

»Aber für eine Jungfrau und Lady wie Sie ist das wohl kein passendes Thema«, ranzte Lady Bullinger ihre zukünftige Paten-Schwiegertochter an.

»Dieses Jahrhundert wird das Jahrhundert der Frau werden. Wir mögen ja Männer gernhaben, aber brauchen tun wir sie eigentlich nicht.«

»Nicht einmal Roderick?« flötete Phyllis.

Sie ist doch nicht so ein Hasenfuß, dachte Auguste sofort, als ein weiterer lustvoller Schauer durch die Reihen der versammelten Damen lief, die schadenfroh sahen, daß Hester in der Klemme saß.

Die faßte sich sofort. »Mein Verlobter hat sich einen Beifahrer fürs Leben gewählt, nicht einen Passagier auf dem Rücksitz.«

»Sie brauchen einen Beifahrer«, fragte Agatha mit Unschuldsmiene, »wo Sie doch soviel allein gereist sind? Oder betrachten Sie Roderick als eine Art Dragoman?«

»Das ist er nicht!« rief Hester gereizt.

»Warum wird dann von dem armen Mann verlangt, den Wagen da die ganze Nacht zu bewachen? Warum tun Sie es nicht selbst? Ich könnte mir vorstellen, Königin Zenobia wäre dazu in der Lage gewesen.«

»Ich werde morgen selber fahren«, warf Hester hin. »Ich habe eine Verpflichtung dem Dolly Dobbs gegenüber, meine liebe Agatha.«

»Haben Sie in der Wüste alles auf diese Weise geregelt? Man läßt andere das tun, wozu man selber keine Lust hat. Sie werden feststellen müssen, daß man in den gesellschaftlichen Kreisen in London anders verfährt.«

»Das habe ich schon vor Jahren erfahren.« Hesters Augen funkelten. »Haben Sie das etwa alle vergessen? Wenn ja, so werden Sie nicht mehr lange warten müssen, bis Sie daran erinnert werden.« Sie lächelte, aber herzlich war das Lächeln nicht. »Und Sie werden feststellen, meine lieben Freundinnen, daß ich sehr wohl weiß, wie man in den gesellschaftlichen Kreisen Londons verfährt, denn ich habe es Tag für Tag in meinen Tagebüchern festgehalten. Ich kenne sie auswendig. Soll ich einige Stellen daraus zitieren, oder möchten Sie warten, bis meine Memoiren erscheinen?«

»Wollen wir jetzt nicht unseren Tee nehmen, meine Damen?« Tatjana erhob sich rasch, um die Situation zu retten. Sie vergaß, der Vortragenden für die Ausführungen zu danken, aber niemand bemerkte das in dem plötzlichen Bestreben, nach Gurkensandwiches zu greifen.

Tee? Eiswasser wäre wohl geeigneter, dachte Auguste, bei den gestiegenen Temperaturen. Das waren also die Wurfpfeile der Picadors, um den Stier rasend zu machen. Die Ladys hatten Hester bis aufs Blut gereizt. Würde ein Matador erscheinen, um ihr den Todesstoß zu versetzen?

Statt dessen erschien nur Luigi. Er hatte offenbar festgestellt, daß man im Restaurant ohne ihn auskam und daß Pierre, der ja unfähig war, seiner Anleitung bedürfe. Und tatsächlich, als er mit gewissermaßen magischer Hand den Damen den Earl-Grey-Tee einschenkte, fanden gerötete Wangen und ärgerliche Stimmen wenigstens zu äußerer Normalität zurück.»

Mir wäre lieb, wenn du mit mir im Bollée fahren würdest, Auguste.« Tatjana im schimmernden cremefarbenen Seidengewand tat die letzten Handgriffe, um sich für das Dinner im Club zurechtzumachen.

»Das Menü dort ist heute abend recht langweilig. Mrs. Jolly könnte uns ein ganz köstliches ...«, versuchte er rasch das Thema zu wechseln.

»Nein, Auguste, wir müssen heute im Club speisen.«

»Aber was soll denn heute abend passieren? Nicht einmal Hester wird dort sein. Sie hat gesagt, sie würde zu Hause essen, um sich auf morgen vorzubereiten.«

»Ich möchte trotzdem dort sein.«

Auguste fügte sich, hatte nun aber keine Gewissensbisse mehr, morgen mit all den Bankettzutaten mit dem Königszug zu fahren. Der Pflicht, seiner Frau beizustehen, würde er heute abend genügen. Als sie später durch die Eisengittertore von Milton House schritten, wurde ihm klar, daß die Pflicht weit belastender werden würde, als er sich vorgestellt hatte.

»Schau mal!« Tatjana packte Auguste am Arm.

Vor dem Club stand ein Fiat, und kein anderer als Roderick Smythe stieg gerade vom Fahrersitz. Das wäre noch nicht so überraschend gewesen; was sie in Erstaunen versetzte, war seine Begleiterin, die sich besonders adrett herausgeputzt hatte. Die Spitzen von Phyllis Lockwoods niedlichen Schuhen lugten unter dem Saum des hauchdünnen blauen Abendkleids hervor, von dem man ein wenig unter dem eleganten Staubmantel erblickte, als Roderick ihr sorgsam vom Rücksitz herunterhalf. Einen sehr ausladenden, mit Blumen verzierten Hut hatte sie so raffiniert aufgesetzt, daß möglichst viel von ihren goldenen Locken und ihrem hübschen Gesicht zu sehen war.

Pech für Roderick, durchfuhr es Auguste, als er sah, daß Hester ihr Vorrecht als Frau genutzt hatte, ihre Meinung zu ändern, und nicht zu Hause speiste, sondern aufgebracht aus dem Restaurantfenster blickte. Doch schon verschwand ihr Gesicht. Wortlos gingen Auguste und Tatjana den beiden hinterher, die ihre Schutzbekleidung abgelegt hatten und, ohne auf den Schicksalsschlag gefaßt zu sein, ins Clubrestaurant schritten. Tatjana konnte sie nicht mehr warnen.

Nicht Luigi begrüßte Roderick, sondern Hester. Die Federn auf ihrem Hut senkten sich – wie der den Tod bedeutende Daumen der römischen Kaiser – auf ihre Beute herab. Phyllis klammerte sich an Rodericks Arm, ob in panischem Schrecken oder um ihr Besitzrecht zu demonstrieren, blieb offen.

Rodericks Gegenzug war nicht gerade beeindruckend. »Ich dachte, du wolltest bei dir zu Hause zu Abend speisen.«

»Und du findest es richtig, dich hinter meinem Rücken hierher zu schleichen?« Hester nahm mit ihrem Stimmaufwand keine Rücksicht auf die anwesenden Gäste, denen das langweilige Menü mit einem Mal pikant gewürzt vorkam.

Phyllis wehrte die gesenkten Daumen leichthin ab. »Nicht hinter Ihrem Rücken, Miss Hart. Sie haben ihn doch gebeten, den Dolly Dobbs über Nacht zu bewachen. Sie erinnern sich gewiß?« Besorgte Anteilnahme schwang wundervoll in ihrer Stimme.

»Ja, ganz richtig«, fiel Roderick übereifrig ein.

»Das kannst du auf der Stelle vergessen. Ich brauche mein Automobil nicht von einem Wendehals bewachen zu lassen. Das kann ich auch allein.«

»Hester, laß dir doch erklären ...«

»Und was ist mit Ihnen, Miss Lockwood? Können Sie mir vielleicht sagen, warum Sie mit meinem Verlobten dinieren wollen?«

Phyllis brach in Tränen aus; sie verstand sich auf diese Technik, die sie oft wirkungsvoll einsetzte, wenn es ihr an Worten gebrach. »Er ist mein Verlobter. Mich liebt er, nicht wahr, Roderick?«

Roderick wußte offensichtlich nicht, was er darauf sagen sollte, und schwieg.

»Ach, ist dem so, Roderick?« erkundigte sich Hester mit seidenweicher Stimme. »Heut nacht im Bett hatte ich den Eindruck, daß du mich liebst.«

Vierzig Paar Messer und Gabeln, die von Maud, Agatha, Isabel und Hugh eingeschlossen, verharrten reglos, obwohl sie eben noch emsig mit dem Schmorfleischgericht beschäftigt waren. Denjenigen, die sie in Händen hielten, schwindelte es vor köstlichem Abscheu, als sie hörten, wie ihre *bête noire* das Wort »Bett« öffentlich ohne jede Rücksicht auf die Schicklichkeit in den Mund nahm.

Auguste, der hinter dieser klassischen Dreieckskonstellation stand, sah, wie Roderick unschlüssig von der einen Frau seines Lebens zur anderen schaute und, wie so mancher Mann vor ihm, keinen der Situation angemessenen Entschluß fassen konnte. Er löste Phyllis' Arm von seinem, ging, ohne eine Silbe zu sagen, brüsk an Tatjana und Auguste vorbei, griff seinen Hut und stolzierte hinaus. In seinem Ärger gab er dem Garderobier nicht mal ein Trinkgeld. Zwei Geräusche drangen noch an sein Ohr: Phyllis eilte ihm mit raschelndem Gewand hinterher, und Hester rief ihm nach: »Brauchst heut nacht nicht zu kommen, um dir deinen Ring zu holen, ich schick ihn dir morgen.«

Die drei aus ihrem Publikum, die es am meisten betraf, waren entzückt. Aber der Spaß verging ihnen, denn Hester fuhr fort: »Rächen werde ich mich an euch allen. Ich habe lange genug darauf gewartet.«

»Ich halte es nicht für ratsam, daß Sie allein die Nacht über hierbleiben«, sagte Tatjana mit fester Stimme, als sie eine Stunde später mit Hester in der Lounge Kaffee trank. Es war nicht das erste Mal, daß ihr durch den Kopf ging, daß Automobile sich beträchtlich einfacher handhaben ließen als Menschen, trotz aller Reifenpannen. Besonders schwierig war der Umgang mit Leuten wie Hester Hart, die darauf aus waren, alle anerkannten Normen der Gesellschaft zu brechen. Früher einmal hatte Tatjana diese Haltung voll unterstützt, inzwischen aber hatten sich ihre Ansichten in gewisser Weise gewandelt. Sie lehnte Normen ab, die letztlich nur Unheil stifteten, war jedoch bereit, die Regeln einzuhalten, die nicht schadeten und im täglichen Leben manches erleichterten.

Hester verkniff sich eine spitze Bemerkung. Mit Tatjana wollte sie sich nicht anlegen, und das überraschte sie eigentlich selbst. Tatjana Didier war immerhin mit dem König verwandt und würde wohl mit der Welt von Knopffabrikanten wenig im Sinn haben. »Sie brauchen sich meinetwegen keine Sorgen zu machen, Mrs. Didier. Ich bin es gewohnt, mich selbst zu beschützen und mein Eigentum.«

Tatjana sah darüber hinweg, daß der Dolly Dobbs nicht Hesters Eigentum war, sondern Harolds oder, wie sie annahm, sogar Agathas, und fügte sich in das Unvermeidliche. »Dann müssen Sie aber alle Türen verschließen und sich in der Wagenhalle aufhalten, Miss Hart.«

»Dazu ist es viel zu warm. Ich habe den Instinkt einer Katze.« Wie recht sie da hat, dachte Tatjana. »Ich bin bei einem Geräusch im Augenblick hellwach. Außerdem habe ich eine Pistole bei mir.«

»Das gefällt mir aber gar nicht.«

»Schon möglich. Immerhin bin ich mir bewußt, daß ich im Club nicht gerade populär bin.«

Darauf scheint sie sogar stolz zu sein, dachte Tatjana mit Mißfallen. »Sie nehmen wirklich kein Blatt vor den Mund. Die Londoner Gesellschaft billigt es jedoch nicht, daß Privatangelegenheiten an die große Glocke gehängt werden. Dem Club gehören zwar nur Frauen an, aber hier ist kein Harem.«

Hesters Züge verdüsterten sich. »Wenn das ein Tadel ist, Mrs. Didier, dann weise ich ihn zurück. Durch die Gesellschaft hier muß einmal ein frischer Wind aus der Wüste wehen – die braucht das.«

»Seien Sie vorsichtig, Hester.« Tatjana war aufrichtig besorgt.

»Sie hat wie die Wüste ihre eigenen Methoden, sich zu verteidigen.«

Hester lachte. »Wenn man die Gefahren im Dschebel Druse überstanden hat, kommt einem ein Londoner Motorclub für Damen nicht sehr angsteinflößend vor.«

»Ich bin sicher, daß Ihre Reisen Sie gelehrt haben, daß Gefahr auch an höchst unwahrscheinlichen Stellen lauern kann«, erwiderte Tatjana ruhig. »Ich werde Mr. Gale bitten, draußen Wache zu halten. Wenn Sie darauf bestehen, selber zu wachen, tun Sie das bitte nur drin.«

»Nein.«

»Kein Reisender kann es sich leisten, Gebote des gesunden Menschenverstandes zu mißachten.« Es sei denn, Eitelkeit treibt ihn dazu, war Tatjanas unausgesprochene Einschränkung. »Ich bin für diesen Club verantwortlich, und ich kann einem Mitglied einfach nicht erlauben, allein hier zu bleiben, wenn es bereits eine Gewaltandrohung gegeben hat.«

Hester willigte unwirsch ein. »Na gut, Fred Gale kann draußen schlafen, und ich schlafe drinnen. Schließlich bin ich, wie Maud betont hat, eine Jungfrau und Lady.«

Es war das erste Mal, daß Tatjana einen Funken Humor bei dieser gestrengen Miss Hart entdeckte.

Auguste und Pierre waren mitten in einer angeregten freundschaftlichen Diskussion; letzterer wollte zum Hummer-Mousse Cardinalsauce servieren. Auguste bestand darauf, daß die Sauce in diesem Falle einen Gegensatz zum Gericht bieten müßte, nicht die vorhandenen Geschmacksnuancen nur ergänzen oder erweitern dürfte. »Curry-Sauce«, empfahl er dringend. »Mild, aber ...« Erschrocken brach er ab, als Tatjana hereinstürzte. »Was ist denn los, *chérie*?«

»Es ist wegen Hester. Sie will partout den Dolly Dobbs allein bewachen. Jetzt, da sie Roderick erklärt hat, daß sie ihn nicht heiraten wird, will sie auch nicht, daß er oder sonst ein Mann sie beschützt – oder eigentlich den Wagen. Bitte, Auguste, komm morgen im Automobil mit mir nach Canterbury. Pierre kommt auch ohne dich zurecht, nicht wahr, Pierre?«

»*Oui, madame.*«

»Natürlich begleite ich dich.« Er mußte sich dreinschicken, es gab keine andere Wahl. Tatjana war zutiefst beunruhigt und, fürchtete er, hatte allen Grund dazu.

Tatjana ging hinaus, um Fred zu suchen, und Auguste machte sich an die letzte Runde der Vorbereitungen, nur fehlte ihm der rechte Elan. Schließlich riß er sich von Hummer-Mousse und den anderen Leckereien los und ging zur Wagenhalle hinüber, »um ein bißchen den Stallgeruch zu schnuppern«, erklärte er Leo, der ihm verdutzt hinterhersah.

Fred war gegangen, um sich noch eine Weile hinzulegen, bevor sein Wachdienst begann. Es waren nur vier Wagen da. Die einzelnen Boxen waren noch nicht abgeschlossen, und Auguste betrat eine nach der anderen. Überall war dieser Maschinengeruch. Es roch leicht nach Benzin und Metallputzmitteln, die Luft war dumpf und abgestanden. Nichts war geblieben von dem lebendigen warmen Atem der Pferde, die früher hier gestanden hatten. Für diejenigen, die Autos liebten, war dieser durchdringende Geruch wohl etwas Lebendiges und Anspornendes. Er jedenfalls zog seine Küche vor, wo jeder Brattiegel, jede Scheuerbürste, ja selbst jede Kartoffel die aufregenden Dinge ankündigte, die morgen damit geschehen würden. Er konnte sich gut vorstellen, daß für die Automobil-Enthusiasten jeder Kraftwagen seine eigene Persönlichkeit hatte, die die des Eigentümers widerspiegelte. Hier allein, spät am Abend, übertrug sich das geradezu spürbar. Lady Bullingers Napier wirkte wie ein gewaltiger Rindslendenbraten. Isabels neuer Royce kam ihm wie eine raffinierte Gewürzkomposition aus dem Orient vor, Agathas Horbick war wie auf Erbspüree *à la française* angerichtete Lammfilets. Und in dem Schuppen neben dem Dolly Dobbs stand Miss Dazeys Oldsmobile mit dem einwärts gebogenen Schutzbrett; es sah so fehl am Platze aus wie ein Karpfen inmitten von Rüben. Von Hester Harts Serpollet hingegen fehlte jede Spur.

Und dort prunkte der Grund für all die Aufregung: der Dolly Dobbs. Den offenen Gang, der mit dem hinteren Teil aller Motorboxen in Verbindung stand, hatte man behelfsmäßig mit

Türen versehen, nur die zur Werkstatt war noch offen, und an der Werkbank arbeitete Leo. Hier war er, der Dolly Dobbs, an den sich alle Hoffnungen und Träume knüpften, die morgen in Erfüllung gehen sollten. Wenn's denn dazu kam. Oder existierte das Ganze wie des Königs neue Kleider in dem Märchen von Hans Christian Andersen nur in der Phantasie? Betrachtete man sich das Ding objektiv, mochte man wohl fragen, ob denn diese fremdländischen Windmühlen in ihren gewaltigen Hauben wirklich funktionierten. In der Theorie klang es durchaus wahrscheinlich, aber wenn man die Theorie bis zum logischen Ende durchdachte, hatte Tatjana gemeint, lief es darauf hinaus, daß Harold tatsächlich das Geheimnis des Perpetuum mobile entdeckt hatte. Jahrhunderte lang hatte sich die Menschheit darum bemüht, und einem Mann wie Dobbs sollte das wirklich gelungen sein? Nun, man würde es ja sehen. Morgen.

Trotz seiner Antipathie gegen Automobile interessierte sich Auguste doch dafür, ob der Dolly Dobbs funktionierte oder nicht. Canterbury war achtundachtzig Kilometer von London Bridge entfernt, dort begann die Chaussee nach Dover, auf der alle fahren würden. Rechnete man dazu noch die paar Kilometer vom Startpunkt Hyde Park Corner plus der gut zehn Kilometer von Canterbury bis Martyr House, dann würde das Rennen über hundert Kilometer gehen, und das überstieg beträchtlich den Aktionsradius der gegenwärtig gängigen Elektromobile. Falls der Dolly erfolgreich war, würden Strahlen des Ruhms auch auf Tatjanas Club fallen, und wenn das Gegenteil eintrat, könnte ihm das abträglich sein? Er ertappte sich dabei, daß er dem Automobil ebenso eifrig Erfolg wünschte wie Harold.

Angestrengt blickte er zwischen Dollys Rädern in die Reparaturgrube und konnte unten die Wendeltreppe ausmachen, die ins Kellergeschoß führte. Dort lagerten verschiedene technische Hilfsmittel und Ersatzteile sowie etliche Eimer mit Sand. Hier neben ihm hing die massive Flaschenzug-Vorrichtung an Trägern mit H-Profil, die unter dem Garagendach befestigt waren. Als die Ställe zu Beginn des Jahres zur Kraftwagenhalle umgebaut wurden, hatte ihm Tatjana stolzgeschwellt den Zweck des Zugwerks erklärt: man hob damit die schweren Motoren aus den Automobilen. Pferde, hatte er ketzerischerweise gedacht, benötigten einen solchen Aufwand nicht. Ohne recht zu wissen, warum, stieg er die Treppe hinab und ging durch die Verbindungstür in den Keller der Werkstatt, wo Fred größere Ersatzteile und Werkzeuge aufbewahrte. Erwartete er etwa, dort Thomas Bailey oder einen anderen Spion aufzustöbern? Darin wurde er freilich enttäuscht, nicht eine lebende Seele befand sich dort. Er lief die Treppe zur Werkstatt hoch, in der Leo an etwas arbeitete, das dem ungeübten Auge Augustes wie ein Haufen Gummiabfälle vorkam.

»Wann kommt Fred zurück?«

»Gegen zwölf hat er gesagt, Mr. Didier. Ich werde erst gehen, wenn er hier ist, egal ob Miss Hart auftaucht oder nicht.«

Auguste beruhigte sich damit, daß er sich nun vergewissert hatte, und ging in die Küche zurück. Doch konnte er sich immer noch nicht völlig auf die Eiskrems, Mousses, Suppenterrinen, Blätterteigpasteten und die zig anderen Einzelheiten konzentrieren, die es zu bedenken galt, wenn man ein Bankett vorbereiten mußte, das ziemlich entfernt außer Haus stattfinden sollte.

Er hatte Mühe, seine Befürchtungen zu verdrängen und nicht etwa mit Fragen nachzuhaken, ob Pierre auch an die Meerrettichsauce gedacht hatte oder an die marinierten Oliven; noch unhöflicher wäre es gewesen, herumzuschnüffeln und alles persönlich nachzuprüfen, und das um so mehr, da Pierre seine Verantwortung durchaus ernst nahm. Derlei Kontrollaufgaben würde er erst absolvieren, wenn Pierre und das übrige Personal gegangen waren. Sie hatten sich geeinigt, daß das nicht später als halb eins sein würde, denn sie würden um fünf schon wieder hier sein müssen. Zwei Stunden blieben ihnen dann noch, um mit fliegenden Händen alles einzupakken und um letzte Verfeinerungen vorzunehmen, ehe sie auf dem Victoria-Bahnhof in den Königszug stiegen.

Auguste wunderte sich immer wieder, daß es den Dinierenden gar nicht in den Sinn kam, an die stundenlange Arbeit zu denken, die es erforderte, Köstlichkeiten herzustellen, daran, wieviel Mühe es machte, Purées durch Musselin-Tücher zu pressen, oder wieviel Zeit darauf verwendet werden mußte, um Zuckerwatte zu *pièces montées* zu formen. Und doch war das alles unumgänglich, besonders an so einem Tag wie morgen. Seine Majestät hatte die unfehlbare Gabe, auch das kleinste Detail zu bemerken, und wenn wirklich einmal etwas fehlte, wies er stets darauf hin, sehr höflich zwar, aber er vergaß es nicht.

Um zwanzig vor zwölf erschien Tatjana wieder. »Gott sei Dank sind nur noch Maud, Agatha, Isabel und Hugh in der Lounge. Es sieht so aus, als ob sie ewig bleiben wollen. Was tut sich in der Wagenhalle?«

»Leo ist dort. Weder Hester noch Fred sind bisher gekommen, aber ich werde hierbleiben und nach dem Rechten sehen. Du mußt nach Hause gehen und schlafen, damit du ausgeruht bist morgen.«

Tatjana schüttelte müde den Kopf. »Nicht ehe alles in der Garage geregelt ist. Ich bleibe hier, bis du gehst. Ich werde dir nicht im Wege sein. Ich könnte mich um den Abwasch kümmern.«

»Das wirst du nicht«, sagte Auguste ganz aufgeschreckt mit fester Stimme. »Das Personal hat sich schon einmal empört, daß Madam Präsident sich in seine Aufgaben einmischt, damals als sie dich ertappten, wie du der Küchenmagd beim Geschirrspülen halfst.«

Sie lachte. »Na gut. Vielleicht kann ich dir statt dessen helfen, irgendwas in Scheiben oder Würfel zu schneiden.«

Er blickte sie argwöhnisch an. »Auch das geht nicht.«

»Darf ich dann wenigstens Kakao machen?«

»Das darfst du.«

Hester Hart traf fünf Minuten vor zwölf ein und fuhr ihren Serpollet in die Motorwagenhalle. Sie betrachtete die drei anderen Automobile, die dort standen, und identifizierte deren Besitzer. Wie der Serpollet dampfte auch sie selbst, sie kochte geradezu wegen der Ungerechtigkeit, die ihr Roderick und

Phyllis angetan hatten. Bloß weil Phyllis Lockwood einen Baron in der viele Generationen zurückreichenden Ahnenreihe hatte, der irgendwie mitbeteiligt war, als England seine amerikanische Kolonie verlor, galt deren Abstammung mehr als ihre. Phyllis war hier persona grata, obwohl sie nichts weiter als eine Schauspielerin mit Photopostkarten-Gesicht war, sie selber aber war persona non grata, ungeachtet all der Leistungen, die sie vollbracht hatte. Es war wie damals in der Schule. Nun ja, wenn ihr Bild erst in der »Illustrated London News« erscheint, wie sie neben dem Dolly Dobbs in Positur steht, und wenn sie neben Seiner Majestät als siegreiche Fahrerin des neuen Wagens sitzt, dann dürften sich die Gesichter schon ändern. Einige sehr gute Freunde Seiner Majestät waren wie ihr Vater in Industrie und Handel zu Ansehen gekommen.

Hester warf eine der Wagendecken, die Fred für Mitreisende zurechtgelegt hatte, auf den Rücksitz des Dolly Dobbs und schritt in die Werkstatt, die Leo gerade verlassen wollte.

»Wo ist Fred?«

»Da bin ich, Miss.« Fred tauchte aus dem Dunkel der Zufahrt auf. »Du kannst gehen, Leo.«

Leo gehorchte bereitwillig.

»Ich mache jetzt die Türen zur Wagenhalle auf«, kündigte Hester, keinen Widerspruch duldend, an, »bleibe aber drin, bis alle Autos heraus sind. Sie verschwinden von der Bildfläche. Ich möchte mit meinen Konkurrenten sprechen. Dann werde ich schlafen, und Sie können die Wache übernehmen ...«

»Sie machen die Türen auf? Ich denke, das Automobil soll geheim bleiben!«

»Überlassen Sie das mir, und kümmern Sie sich um Ihre Aufgaben, bis ich hier fertig bin.«

Fred, dessen Ansichten über Weiber als Fahrer ganz und gar nicht für den Druck geeignet waren, verfügte sich in die Kellerräume, wo es ihm eine Lust war, besonders laut herumzuhämmern. Hester setzte sich auf den Rücksitz des Dolly Dobbs, denn von dort konnte sie ungehindert durch die offenen Türen der Wagenhalle sehen. Sie wartete auf ihre »Freunde«.

Lady Bullinger kam um die Ecke des Hauptgebäudes in den

Hof und sah, daß die Tür zur Dolly-Dobbs-Box offen stand. Da sie sonst niemand erblicken konnte, erlag sie der Verführung und eilte auf die offene Tür zu.

»Suchst du etwas, Maud?«

In dem Ungetüm saß »das Weibsbild« und grinste sie wie die Medusa an. Maud fuhr zwar der Schreck in die Glieder, aber sie änderte rasch ihren Plan.

»Nein«, sagte sie schroff. »Wollte mir bloß mal den Dolly Dobbs angucken. Das schadet doch wohl nichts?« Fasziniert starrte sie auf das Vehikel.

»Durchaus nicht. Ich freue mich, dich hier zu sehen. Ich fühlte mich ein bißchen verlassen nach meinem kleinen Streit mit Roderick.«

Es entstand eine Pause. Schließlich sagte Maud brummig: »Vielleicht kann ich da helfen. Wir sind doch Freunde, trotz alledem.« Es klang fast wie eine Entschuldigung, verfehlte aber völlig die Wirkung.

Die Viper biß zu. »Nach dem, was du mir angetan hast, Maud?«

Isabel kam unauffällig näher. Sie war leicht verärgert, daß Hugh nicht darauf bestanden hatte, den Royce für sie herauszufahren. Immerhin bot sich ihr so die Möglichkeit, einen Blick auf den Dolly Dobbs zu werfen. Sie zuckte zusammen, als sie gewahr wurde, daß Hester Hart sie grimmig fixierte.

»Meine Güte, Hester! Du hast mir aber einen Schreck eingejagt! Ich dachte schon, die Wagenhalle steht offen, und niemand wacht.«

»Wie freundlich von dir, liebe Isabel, so besorgt zu sein.«

»Ich wollte schon selbst Wache stehen«, erwiderte Isabel eifrig wie ein Kind, das gefallen will.

»Das glaub ich dir gern, Isabel, wo du dich doch immer so sorgst und über alles und jeden wachst.«

»Automobile finde ich einfach wundervoll.« Sarkastische Anspielungen verstand Isabel nie.

»Und die Männer hinterm Steuer bestimmt auch, wie Hugh etwa – oder findest du an Kutschern immer noch mehr Gefallen?«

Isabel erbleichte. »Ich weiß nicht, worauf du hinauswillst.«

»Ach, meine Liebe, ist dein Gedächtnis so kurz? Ich werde morgen das Vergnügen haben, mit Seiner Majestät zu plaudern.«

Agatha kam selbstsicher und erregt an die offene Tür getrippelt. Endlich erhielt sie Zutritt zu ihrem eigenen Wagen, dem Dolly Dobbs. Und dann würde sie ihre Entscheidung treffen.

»O je, Agatha, du hast ja eine Anlasserkurbel in der Hand. Das sieht richtig gefährlich aus.«

Agatha war sprachlos; erst starrte sie die Person an, die in dem Dolly Dobbs saß, und dann konnte sie den Blick nicht vom Dolly Dobbs selbst lassen.

»Sieht interessant aus, der Wagen, was?« Hester redete weiter, enttäuscht, daß niemand reagierte. »Natürlich, du hast ihn noch gar nicht sehen können. Eigentlich schade, wo Harold ihn doch mit deinem Geld gebaut hat.« Noch immer kam keine befriedigende Antwort. »Ist daran etwas verkehrt?« fragte sie mißtrauisch.

»Nichts, gar nichts«, sagte Agatha langsam. Dann begann sie zu lachen, als ob sie einen Schluckauf hätte. »Er ist schön, wunderschön, Hester. Ich wünsche dir viel Erfolg damit.«

»Das glaub ich dir aufs Wort. Hast mir ja schon früher Erfolg in allen Lebenslagen gewünscht.«

Agatha hörte auf zu lachen.

Um zwölf Uhr zwanzig hatte Hester Hart alle Türen der Wagenhalle verschlossen, auch ihre eigene, und Fred hatte vor der Werkstatt Stellung bezogen und sich in eine Decke gewickelt. Er saß noch keine fünf Minuten, als er aufschaute und feststellte, daß er nicht mehr allein war. Er hatte Mühe aufzustehen und stolperte über die Decke.

»Sie halten also Wache, Fred?«

»Ja, Sir.«

»Ich denke, Sie können jetzt gehen. Ich hab mir's überlegt und bin doch gekommen.«

»Mrs. Didier hat mir aufgetragen, mich nicht von der Stelle zu rühren.«

»Sie ist nicht mehr hier, und sie wußte ja auch nicht, daß ich wiederkommen würde. Ich bin doch Miss Harts Verlobter, und da ist es einfach meine Pflicht, hier zu sein, wie wir es abgesprochen hatten.«

Da war etwas dran. Fred verabschiedete sich dankbar, denn im Club war wohl niemand mehr, den er hätte fragen können. Mrs. Didier mußte längst fort sein zusammen mit Mr. Didier.

»Lassen Sir mir Ihre Schlüssel da«, sagte Roderick noch.

»Ersatzbund liegt in der linken Schublade, Sir.«

Roderick lächelte zum Dank, ging in die Werkstatt und durch die Verbindungstür. »Hallo, Hester.«

Tatjana, die mit dem Kakao für Fred und Hester herauskam, sah gerade noch, daß Fred im Begriff war zu gehen, und staunte nicht schlecht. »Wo wollen Sie denn hin?«

»Mr. Smythe ist doch gekommen, um Wache zu halten. Er hat gesagt, ich könnte gehen, und ich wußte ja nicht, daß Sie noch hier sind, Madam. Ich dachte, Sie würden nichts dagegen haben.«

Da sie keinen Grund sah, etwas dagegen zu haben, ließ sie ihn ziehen. Wenn Hester und Roderick sich wieder vertragen hatten, was ging sie das an.

Sie blickte auf die beiden Becher Kakao auf ihrem Tablett und war unschlüssig, sollte sie hineingehen oder nicht. Roderick müßte drin sein, aber sie wollte sicher sein, daß er wirklich da war. Die Tür zur Werkstatt stand offen. Als sie sich näherte, hörte sie Hester und Roderick in der Garage nebenan reden. Offenbar diskutierte man lebhaft, wenn nicht gar scharf über das, was am Abend vorgefallen war. Da Rücksichtnahme der bessere Teil der Tapferkeit ist, zog sie sich zurück, in der Absicht, ihre Mission zu gelegenerer Zeit zu vollenden.

Sie fand Pierre und die anderen in der Küche nicht mehr vor und suchte Auguste. Der steckte in einer der Speisekammern am Hinterausgang und inspizierte einen Kühlschrank. Betreten grinste er, hatte er ihr doch versichert, er würde mit allem fertig sein, sobald sie zurückkäme.

»Ich wollte nur noch prüfen, ob die Currysauce die richtige Konsistenz hat.«

»Und wie lange dauert es wirklich noch?«

»Fünfundzwanzig Minuten«, äußerte er mit aller Vorsicht. »Ich muß noch Kaffee mahlen und das Eiweiß für die Baisers schlagen, und das Purée ...«

»Schon gut.« Sie machte sich in der Küche zu schaffen, hob Topfdeckel an und schaute unter Abdeckungen, bis Auguste es nicht länger aushalten konnte. »Was ist mit dir, Tatjana? Du bist ungeduldig und willst weg, nicht wahr?«

»Nein, das nicht. Ich glaube, es ist wegen Hester Hart; ich bin immer noch in Sorge ihretwegen. Fred ist gegangen, und Roderick ist wiedergekommen.«

Auguste überlegte. »Sollen sie sich doch zanken und sich vertragen. Dem Dolly Dobbs werden sie nichts anhaben, und wenn beide da sind, egal ob sie nun miteinander reden oder nicht, wird niemand den Wagen antasten. Und falls jemand Hester bedrohen wollte, würde er eingreifen. Er selbst wird ihr bestimmt nichts antun.«

»Wie dem auch sei, ich bring ihnen noch den Kakao hinüber, bevor wir losgehen.«

»Ja, tu das nur. Kakao beruhigt den Magen. Beim Kakaotrinken kann man sich nicht zanken.

Es schien, daß Augustes Ansicht die Probe erst noch bestehen mußte; denn als Tatjana gegen ein Uhr über den Hof ging, merkte sie, daß die Diskussion in ein heftiges Wortgefecht ausgeartet war. Sie hörte Hester mit schriller Stimme schreien: »Heiraten – dich? Du Narr, hatte ich das je vor?« Sofort machte sie kehrt. Kakao half da wenig, und Streit zwischen einem Liebespaar hatte nichts mit dem Dolly Dobbs zu tun und ging sie daher nichts an.

Sie war froh, sich fünf Minuten später mit Auguste in die ruhige, sternenklare Nacht davonzumachen.

5. Kapitel

Heute stand Auguste vor einer schwierigen Anzugfrage. Von Gentlemen wurde nicht erwartet, daß sie sich am Morgen um sechs Uhr dreißig in der Küche blicken ließen und zudem Arbeitskleidung trugen, und Köche wiederum mußten sich nicht fünf Stunden später Seiner Majestät, König Edward VII., präsentieren. Er fand einen Kompromiß, indem er den neuen grauen Straßenanzug aus Flanell anzog und sich in das weiße Schutzkleid seines Gewerbes hüllte; die Abendgarderobe schickte er mit der Bahn voraus. Bloß nicht vergessen, schärfte er sich ein, die Kopfbedeckung zu wechseln. Die schreckliche Vorstellung, vor Seiner Majestät mit einem Frack von einem erstklassigen Schneider in der Savile Row zu erscheinen, über dem eine Kochmütze saß, trieb ihn mit einem Ruck aus dem Bett, so daß sein Hirn sich wieder praktischeren Dingen zuwenden konnte. Doch selbst beim Baden mischten sich Seife und Schwamm mit Visionen von riesigen Geleeblöcken, die zitterten und in hundert Stücke barsten, und mit Schreckensbildern von Transportkisten, in denen das als Packmaterial dienende Heu von ausgelaufenen Soßen und Bratensud durchtränkt war.

Automobile und Seine Majestät – die Kombination war alles andere als attraktiv, und angesichts der drückenden Pflichten, das Bankett auszurichten und Tatjana beizustehen, war die Versuchung stark, wieder unter die Decke zu schlüpfen und den Donnerstag überhaupt zu vergessen. Tatjana war längst auf, und dem fröhlichen Lärm nach, der aus dem Ankleidezimmer drang, war das tägliche Gerangel zwischen Eloise und Tatjana bereits im Gange. Die Kammerfrau wollte ihre Herrin aufs schönste herausputzen, die aber war bestrebt, bei der ersten sich bietenden Gelegenheit auf ein Automobil zu springen oder sich darunter zu legen. Eloise hatte darauf gedrungen, mit den Zofen der anderen Damen nach Kent zu fahren, wo jede in Martyr House alles bereithalten wollte, um die Toilette ihrer Herrschaft, die gewiß während der Fahrt im offenen Wagen gelitten hatte, zum Lunch wieder herzurichten und erst recht für den Ball am Abend.

Pierre würde schon mit seiner Mannschaft – inklusive Luigi – im Club in Milton House sein. Auguste überkam ein ungutes Gefühl, aber in einem so entscheidenden Moment würde die Fehde zwischen den beiden wohl nicht ausbrechen. Auf Pierre konnte man sich, wenn es darauf ankam, verlassen. Von Luigi hatte Auguste immer den Eindruck, daß er geschmeidig wie Marzipan sein konnte, solange eitel Sonnenschein herrschte, zog aber ein Unwetter herauf, war er verschwunden wie Austern von der Speisekarte im Juli.

Um halb sieben schritt Auguste durch das Portal von Milton House. Tatjana hatte er in ihrer Motorwagenhalle zurückgelassen, in der sie und Charlie Jolly den Bollée für die große Fahrt präparierten. Eloise hatte es durchgesetzt, daß Charlie zugegen war, vielleicht ließ sich so verhindern, daß ihre Herrin den Unterboden des Bollée-Chassis persönlich inspizierte, ohne Rücksicht auf das fliederfarbene Seidengewand und das Unterkleid aus weißem Leinen.

Was Auguste um sich herum wahrnahm, konnte ihn zufriedenstellen. Körbe, Kisten und Schachteln waren bereits in die draußen stehenden Liefermobile verstaut, und drei gemietete Motordroschken der Marke Napier standen bereit, um den gesamten Küchenstab zu transportieren. Er betrat die Küche, in der noch der Duft von Wildbraten hing. Sorgsam verschlossene Kasserollen wurden in Kochkisten gepackt. Formen mit Gelees und Eiskrems trug man so fürsorglich wie neugeborene Babies in Körben und Kühlbehältnissen zu den Lieferwagen. Inmitten der Küche überwachte Pierre mit Argusaugen das Geschehen.

»Gibt es Probleme?« erkundigte sich Auguste besorgt.

»*Non, monsieur*.«

»Und wie steht's mit dem *salade*?« Es wäre prekär, wenn die Zutaten aus der Covent-Garden-Markthalle nicht eingetroffen waren. »Alles fertig?«

»*Oui, monsieur*«. Seine Wortkargheit und sein finsterer Blick deuteten darauf hin, daß Luigi gekommen war.

Man konnte Pierre dieses Mürrischsein schon nachsehen, denn heute ging es nicht um ein übliches Lunch für eine Jagdgesellschaft oder um ein Picknick, und von den Angestellten in Martyr House konnte man wahrscheinlich nur erwarten, daß sie hämisch grinsend zusahen, aber in einer Notsituation keinen Finger rühren würden. Um so glänzender würden sie dann nämlich dastehen beim Souper während des Balls, das sie besorgen durften. Auguste würde sich am Abend längst in einen Gentleman verwandelt haben, denn selbst Bertie, König und Kaiser, der er war, hatte widerstrebend eingesehen, daß Auguste nicht beide Mahlzeiten bieten konnte, wollte man die Gastgeber nicht beleidigen. Heute morgen jedenfalls war er der Koch. Seine Stellung zwischen den beiden Welten gefiel ihm; mitunter wurde er sich freilich dessen bewußt, daß man ihn in keiner von beiden so ganz akzeptierte; doch zu beiden eine gewisse Distanz zu wahren, hatte auch seine Reize.

Luigi, Pierre, Monsieur Bernard und das übrige Personal würden in den Gepäckwagen des Königszugs um acht von Victoria Station abfahren. Die Kavalkade der Liefermobile sollte sich vom Club um halb acht in Bewegung setzen, damit genügend Zeit zum Auspacken unter den wachsamen Blicken der Sicherheitskräfte des Königs blieb – es könnte sich ja in den Kisten eine hochexplosive Erdbeer-Eisbombe befinden. Auguste selbst plante, gegen acht Uhr allein zur Hyde Park Corner zu spazieren, denn der Motorclub für Damen wollte von dort um halb neun aufbrechen. Zum Glück nahm Tatjana schon seinen weiten Übermantel, Autofahrerkappe, Schutzbrille und Staubmaske mit, denn ihm lag durchaus nicht daran, ausstaffiert wie Graf Dracula durch die Straßen zu gehen.

Um sieben Uhr zwanzig schlenderte Luigi in die Küche. »Bist du etwa noch nicht fertig?« fragte er Pierre teilnahmsvoll. »Mein Teil der Arbeit ist getan, auch der von Monsieur Bernard, die Lieferwagen können abfahren.«

Luigi war ein hervorragender Weinkenner, wie Auguste einräumen mußte, nur bevormundete er den älteren Bernard ständig. Wenigstens neigte er nicht im mindesten dazu, italienische Weine den französischen vorzuziehen. Heute sollten er und sein Stab die Tafel dekorieren und bei Tisch bedienen, das war keine leichte Aufgabe. Um sicher zu gehen, hatte Auguste die endgültige Auswahl an Weinen sorgsam überprüft.

»Natürlich bin ich fertig, blöder Hund«, teilte Pierre seinem geschworenen Feind kurz und bündig mit.

Augustes Bedenken wuchsen. »Heute, meine Herren, müssen wir zusammenarbeiten, morgen dürfen Sie sich gegenseitig umbringen.«

»Nichts tät ich lieber, Monsieur.« Luigi zuckte nur amüsiert die Achseln, als Pierre verbissen mit einem Deckelkorb und den Saucen vorbeischoß.

Kaum waren alle draußen, entspannte sich Auguste. Ihm blieb noch eine halbe Stunde, um mit Hilfe von zwei Küchenmädchen und einem untergeordneten Fleischkoch sicherzustellen, daß die Damen, die nicht am Rennen teilnahmen, ihr Dinner im Club einnehmen konnten; allerdings würde es nur Rinderbraten geben mit – Meerrettich. O je, dort drüben auf der Anrichte stand die Meerrettich-Sauce, die für das heutige festliche Mittagsmahl gedacht war. Pierre hatte sie vergessen.

Auguste stürzte die Stufen zum Hof hinauf und sah, wie der letzte der Motorwagen weit hinten um die Ecke bog. Diese Nachlässigkeit würde ihm der König nie verzeihen. Das war beinahe Landesverrat, hatte doch Seine Majestät ausdrücklich verlangt, daß Rindslende zum Menü gehörte. Was sollte er tun? Zum Victoria-Bahnhof rennen? Tatjana würde sich Sorgen machen, wenn er sich verspätete. Er mußte die Sauce mit in den Léon Bollée nehmen. Selbst ist der Mann, und der läßt einen nie im Stich, sagte sich Auguste verärgert.

Um acht Uhr hatte er die notwendigen Anordnungen für das Abendessen im Club getroffen und eilte im Hinblick auf die bevorstehende Reise zum WC und Waschraum. Er ging an Speisekammern und Spülküche vorbei und widerstand der Versuchung zu prüfen, ob dort noch andere vergessene Schätze lagen. Einen Schinken wollte er nun doch nicht während der ganzen Fahrt nach Martyr House liebevoll im Arm halten. Er hatte kaum seine menschlichen Bedürfnisse befriedigt, da fiel ihm auf, daß ringsum alles völlig still war. Der Club war jetzt noch nicht offen, aber von den Wagenhallen jenseits des Hofes hätte man Geräusche hören müssen, auch wenn Fred und Leo mit dem ganzen Pulk fuhren für den Fall einer Panne oder sonstigen Mißgeschicks. Der Dolly Dobbs war wahrscheinlich schon losgesaust, während er in der Küche war, und der rollte ja lautlos. Stimmen auf dem Hinterhof würde man in der Küche nicht hören bei dem Krach hier. Aber sollte wirklich niemand dort sein?

Eigentlich ohne es recht zu wollen, lief Auguste die Stufen zum Hinterhof hinauf, nur um sich zu vergewissern. Die Kraftwagenschuppen waren verschlossen, und weit und breit war keine Menschenseele zu sehen. Der Dolly hatte bestimmt seine Jungfernfahrt angetreten. Trotzdem ging er rasch zur Wagenhalle hinüber, und gerade in dem Moment stürzte Harold Dobbs in den Hof und fluchte dabei über die Unfähigkeit der südenglischen Eisenbahn.

»Wo ist er?« jammerte er und hörte mit dem Geschimpfe auf.

»Wer?« fragte Auguste sinnloserweise. Wen hätte Harold Dobbs schon suchen können?

»Der Dolly Dobbs. Ist er etwa weg? Ohne mich? Hat das Weib vor, allein damit zu fahren? Will sie mich um mein Debüt bringen?«

»Ich weiß es nicht.« Die eine Antwort genügte auf all diese Fragen.

Harold warf sich gegen die Tür und rüttelte vergeblich daran.

»Die ist mit dem Vorhängeschloß gesichert«, stellte Auguste sachlich fest. »Die anderen wahrscheinlich auch«, rief er Harold hinterher, der erfolglos alle anderen Türen abklapperte.

»Wo ist denn der Schlüssel?« greinte Harold.

»Ich hab keinen.« Auguste mochte Koch und Gentleman in einer Person sein, aber Kraftwagenschlosser beim besten Willen nicht auch noch.

»Bitte, Sie müssen einen haben! In zwanzig Minuten fängt das Motor-Club-Rennen an.« Harold war weiß wie ein gemehltes Kuchenbrett. Erneut stürzte er an die Dolly-Dobbs-Tür, beugte sich vor und linste durchs Schlüsselloch. Auguste betrachtete das plumpe Hinterteil mit Widerwillen. Autoerfinder boten einen schlimmeren Anblick als ihre Motorwagen. Zitternd richtete sich Harold auf.

»Er ist drin«, flüsterte er.

»Wer?« Angst überfiel Auguste, daß ihm geradezu übel wurde.

»Der Dolly Dobbs natürlich«, stöhnte Harold. »Aber irgendwas stimmt nicht mit ihm. Miss Hart und Thomas Bailey – planen die ein Komplott gegen mich?«

Da waren sie wieder die unklaren Vorahnungen, die Auguste des Banketts wegen verdrängt hatte. »Warum sollte Miss Hart ...«

»Jetzt wird mir alles klar«, unterbrach ihn Harold, der eigenen Gedanken nachhing. »Deshalb hat sie ...« Er hielt inne.

»Sie – was?« drängte Auguste.

»Hat sie den Wagen fahren wollen«, beendete Harold seinen Satz wenig überzeugend.

»Bloß, wo ist sie dann?« Vermutlich hatten sie und Roderick sich beim Wachehalten abwechseln müssen, um sich zu Hause noch umziehen zu können; nun waren sie reichlich spät dran, wollten sie an dem Rennen teilnehmen. Auguste wußte aus bitterer Erfahrung, wie lange es dauerte, ein Automobil vor jeder Fahrt durchzusehen. Selbst wenn die Batterie schon heute früh gewechselt wurde, würden zwanzig Minuten nicht reichen, um alle Funktionen nochmals zu überprüfen. Alle Gedanken an Hyde Park Corner und das Rennen schwanden; Auguste befahl Harold zu bleiben, wo er war, und eilte, nach einem Schraubenzieher rufend, in die Küche. Die beiden Küchenmädchen und der Unterkoch schauten ihn verständnislos an und wunderten sich, welches neue Gericht mit einem Schraubenzieher abgerundet werden sollte. Zum Glück trottete Charlie Jolly in aller Seelenruhe gerade in die Küche, wo er diesmal so willkommen war wie sonst seine Mutter. »Das Vorhängeschloß«, rief Auguste hastig, »ich brauche einen Schraubenzieher.«

Charlies Hirn arbeitete sehr viel schneller als sein Körper; so bewegte er sich zwar, aber mit quälender Langsamkeit.

»Schnell doch, Charlie, schnell!«

Das war ein Wort, das Charlie haßte; trotzdem schwenkte er in wenigen Augenblicken einen Schraubenzieher und folgte Auguste zur Wagenhalle.

»Dort«, Auguste wies auf die Riegel, »schraub sie ab.«

Charlie hatte Füße und Hände eines Künstlers. Er arbeitete geschickt und flink, und einer seiner großen Vorzüge war, daß er nie fragte, weshalb er etwas tun sollte. Auch Mrs. Jolly verschwendete nie Zeit, um nach dem Grund zu fragen, wieso im Juli Steak- und Nieren-Pastete verlangt wurde, sie bereitete wortlos das Gewünschte zu. Und in der Hinsicht kam Charlie nach ihr. Dennoch trat Auguste vor Ungeduld von einem Fuß auf den anderen, während Harold, dem Zusammenbruch nahe, leise vor sich hin stöhnte und immer wieder seine Taschenuhr hervorzog. Endlich ging das Garagentor auf, und Auguste schoß an Charlie vorbei. »Halt Mr. Dobbs zurück«, instruierte er ihn.

»Warum denn?« schrie Harold und warf sich gegen Charlie. Der aber war stärker, nur war Harold größer als er und konnte über ihn hinweg auf seinen teuren Dolly Dobbs blicken. »Was ist das?«

Auguste sah zunächst nur, daß etwas Großes und Schweres auf dem Steuer- und Armaturenbereich des Dolly lastete. Doch schon nach wenigen Schritten war deutlich, daß der Dolly heute nirgendwo hinfahren würde und wahrscheinlich überhaupt nie mehr. Der riesige Eisenblock des Flaschenzugs war mit vernichtender Wucht gegen das Fahrzeug geschwenkt worden, hatte Lenkrad und -säule, Schalthebel und Voltmeter zerschmettert und die Haubenaufbauten mit den Windmühlen und dem Dynamo zerschlagen. Jetzt ruhte der Metallblock inmitten der Trümmer. Charlie, der auf mehr als den Dolly Dobbs zu achten hatte, hielt Harold fest umklammert, der wie ein Berserker versuchte, sich loszureißen und sich auf Dollys Leichnam zu stürzen.

Auguste hatte nicht den Nerv, dem Automobil auch nur eine Minute Mitgefühl zu schenken, denn hinter dem Wagen lag etwas, das ihn ganz in Anspruch nahm. Übelkeit stieg in ihm auf, als er mit rasender Angst erkannte, daß seine bösen Ahnungen wahr wurden. Am Boden lag unbeweglich eine Gestalt, eine Frau.

»*Silence, s'il vous plaît*«, brüllte Auguste so laut, daß selbst Harold verstummte. Ob noch Leben in dem reglosen Körper war? War er so zerschmettert worden wie das Auto? Das Herz schlug ihm bis zum Hals. Auguste ging näher heran und versuchte, sich unter Kontrolle zu bekommen, um registrieren zu können, was nötig war. Er war schon froh, kein verspritztes Gehirn oder zerquetschtes Fleisch zu sehen, nur eine Blutlache um den Körper herum. Auch bemerkte er Spuren getrockneten Bluts auf dem Fußboden neben der Tür und an den Wänden. Ob sie noch lebte? Aber war das überhaupt möglich? Eine letzte Hoffnung hegend, kniete er nieder und berührte ganz sacht den Körper. Er war schon abgekühlt, noch nicht völlig kalt, und so weit er von den Gesichtszügen und der Stellung des Unterkiefers ablesen konnte, setzte die Leichenstarre gerade ein.

Hester Hart war nicht nach Hause gegangen, um sich umzuziehen. Sie lag tot da, mit dem Gesicht nach unten, hatte noch den warmen Wollrock an, in dem sie wohl ihre Nachtwache halten wollte.

Da seine Alpträume nun schreckliche Wirklichkeit waren, bemühte sich Auguste verzweifelt, all seine Instinkte als Detektiv zu mobilisieren und die rein menschlichen Gefühle zu verdrängen. War Hester von der Wucht des Flaschenzugblocks erschlagen worden? Unwahrscheinlich, nach der Lage der Leiche zu urteilen. Er wagte nicht, die Tote umzudrehen, um nach einer anderen Todesursache zu suchen. Egbert würde das nicht gutheißen. Dann durchfuhr ihn ein weiterer Schreck: Egbert saß ja nicht in seiner Amtsstube in Scotland Yard, sondern mit Tatjana im Bollée am Hyde Park und wartete in aller Ruhe auf Auguste. Jetzt noch Hyde Park Corner rechtzeitig zu erreichen, war unmöglich. Mit zitternden Händen holte Auguste seine Taschenuhr hervor, es war schon fünfundzwanzig Minuten nach acht. In wildem Chaos rasten ihm die Gedanken durch den Kopf.

»Charlie, geh in den Club und telephoniere mit Inspektor Stitch von Scotland Yard, er soll sofort hierherkommen. Sag ihm, daß ich versuche, Inspektor Rose zu erreichen.« Egbert würde sich auf einer für ihn inzwischen sinnlos gewordenen Fahrt in Richtung Dover befinden, denn der Dolly Dobbs und Hester Hart, die es zu beschützen galt, waren nicht mehr.

Was war mit Harold Dobbs? Ihn konnte man nicht mit der Leiche allein lassen, solange Charlie weg war. Trotz seiner Ungeduld war Auguste klar, daß er bleiben mußte. Dann nahte Rettung, als der Bratenkoch sich unvorsichtigerweise auf dem Hof sehen ließ. Auguste winkte ihn sofort heran und trug ihm auf, Harold solange zu bewachen, bis Charlie wiederkam. Eigentlich war das völlig unnötig, denn Harold saß, von Weinkrämpfen geschüttelt, am Boden und sah ähnlich bewegungsunfähig aus wie sein Dolly.

Am Hyde Park versammelten sich die Automobile zu einer Stunde, die Damen der Gesellschaft sonst nicht goutierten. Lediglich die Gegenwart Seiner Majestät in Martyr House hatte sie veranlaßt, sich so zeitig zu erheben, daß manche sogar meinten, es sei mitten in der Nacht. So vieles hatte man bedenken müssen. Nicht nur die Garderobe für den Ball, auch die Kleidung für die Rückfahrt morgen wollte eingepackt werden. Auch mußte man entscheiden, ob man Trauerkleidung mitnahm für den unwahrscheinlichen Fall, daß ein Mitglied der königlichen Familie während des Tages dahinschied, ein Umstand, der die gesamte Gesellschaft in tiefstes Schwarz zwingen würde. Außerdem war es unumgänglich gewesen, die Zofen mit dem Zug nach Kent vorauszuschicken, damit sie ihren Damen bei deren Ankunft dort zu Diensten sein konnten. Das wiederum hatte unseligerweise zur Folge, daß sie ihren Herrinnen in der entscheidenden Stunde vor deren Abfahrt nicht hatten zur Hand gehen können. Als die Automobile nach und nach in Zweierreihe am Constitution Hill Aufstellung nahmen, war folglich die Atmosphäre nicht ganz so entspannt und clubwürdig, wie Tatjana es sich gewünscht hätte, wenngleich sie es bei ihrer eigenen Besorgnis kaum bemerkte.

»Wo Auguste nur bleibt?« Sie wandte sich an Egbert, der neben ihr in einer Ausstaffierung saß, die Ediths Vorstellungen von den Gesundheitsrisiken einer Fahrt im Juli entsprach: langer Winter-Regenmantel, Jagdhut von Großonkel William, Wollschal, der sonst nur im Winter hervorgeholt wurde, wenn die durchs Schiebefenster eindringende Zugluft abgehalten werden mußte, sowie eine Schutzbrille, deren Gläser über einer Kerze sorgsam berußt worden waren, damit seine Augen bei Sonnenschein nicht Schaden nähmen. Er hatte auch eine Wärmeflasche mit heißem Wasser bei sich, trotz aller Beteuerungen, daß Automobile heutzutage mit Fußwärmern ausgestattet seien.

»Er wird es doch nicht vergessen haben und mit dem Zug gefahren sein«, überlegte sie weiter.

»Wäre leicht möglich. Schließlich denkt er eher an Schnitzel als an Scheibenbremsen.« Egbert machte die ganze Sache trotz seines Aufzugs Spaß. Er konnte sich nicht vorstellen, daß bei diesem Korso der Londoner Gesellschaft irgend etwas Schreckliches passieren würde, und betrachtete das ganze Unterfangen als eine Landpartie, selbst wenn der König sie am anderen Ende erwartete; auch würde er sich wieder einmal an einem von Auguste Didier bereiteten Bankett gütlich tun. Und Edith könnte er am Wochenende mit Beschreibungen der fremdländischen Kostüme erheitern, mit denen sich diese Weiber verkleidet hatten, und die sein eigenes bei weitem übertrafen. Er hörte sie schon fragen: »Und was hatten die für Hüte auf? Erzähl mal, Egbert.«

»Guten Morgen, Tatjana.«

Maud Bullinger tauchte plötzlich neben Egbert auf, der vor Schreck zusammenzuckte. Sie sah wie die Nahaufnahme von einem Käferkopf in dem Naturkundebuch aus, das er seiner Nichte zu Weihnachten geschenkt hatte: Vor den Augen die runden Gläser ihrer enormen Schutzbrille, und den Hut hielt ein schwarzer Chiffonschleier, den sie jetzt zurückgeworfen hatte.

»Guten Morgen, Maud.« Tatjana stieg aus und ging um ihr Fahrzeug herum, sie zu begrüßen. Sie freute sich, daß wenigstens eine der Teilnehmerinnen guter Laune zu sein schien.

»Sind die Schiedsrichter vom Automobil-Club schon da?«

»Ja. Dort drüben sind welche.« Tatjana zeigte auf die gegenüberliegende Seite der Straße. »Die werden die Zeit für die erste Meile nehmen. Zwei weitere sind kurz vor Chatham stationiert, um die Zeiten für die Meile am Gad's Hill zu notieren, und die letzte Meßstrecke liegt auf den Barham Downs.«

»Ha!« kommentierte Maud zusammenhanglos. »Die Madame ist noch nicht hier, soviel ich sehe.«

»Nein. Ich mache mir schon Sorgen.« Tatjana legte die Stirn in Falten. »Wir müssen in fünf Minuten starten.«

Lady Bullinger lachte belustigt kurz auf. »Man kennt doch Miss Hart, die wird bis zum letzten Moment warten, will einen effektvollen Auftritt haben.«

Tatjana blickte die Reihe der Wagen entlang, die alle zu ihrem Club gehörten, der erst vor wenigen Monaten mit viel Enthusiasmus gegründet worden war. Warum hatte sie Frieden und Harmonie dort vermutet, wo alle sich ganz und gar ihren Automobilen widmeten? Die Reihe der Limousinen, Tourer, Zweisitzer, Voiturettes, Landaulets und Broughams zog sich hin. Ganz unterschiedlich wurden sie angetrieben – mit Benzin, Dampf oder Batteriekraft – und am Steuerrad jedes Gefährts saß eines ihrer Clubmitglieder. Tatjana sah die Wagenräder glänzen, die Staubmäntel aus Satin schimmern, Autos wie Damen erstrahlten in frischem Glanz. Ihr schien die Sonne wieder. »Sehen die nicht alle herrlich aus?« sagte sie mit verhaltenem Atem.

Das hatte sich also gelohnt, ob nun mit Hester Hart oder ohne sie, ob mit dem Dolly Dobbs oder ohne ... Doch wo war Hester? Und wo blieb bloß Auguste? Erneut ergriff sie die Unruhe. Da traf ein Nachzügler ein, aber das war Isabel, und Hugh saß neben ihr. Fehlten nur noch drei: Phyllis, die Gräfin – und Hester. Die erste fuhr vorbei, um sich einzureihen, und ließ ihre Hupe fröhlich quieken.

»Kein Wunder, daß sie so ausgelassen ist,« bemerkte Tatjana. »Sieh mal, Egbert, wen sie da bei sich hat.«

»Wen denn?«

»Ach ja, du kennst ihn nicht. Das ist Roderick Smythe.«

»Der Rennfahrer etwa?« Selbst Egbert hatte von ihm schon gehört.

»Ja, genau. Ich weiß nicht, was inzwischen passiert ist, aber Hester wird das durchaus nicht recht sein. Er sollte mit seinem neuen Crossley am Ende des Korsos fahren, und nun sitzt er mit Phyllis in ihrem Fiat.«

»Die junge Dame ist bildschön. Geradezu eine Augenweide.«

»Ja, das ist sie. Da gibt's nur ein kleines Problem.«

»Und das wäre?«

»Der Mann an ihrer Seite ist mit Hester Hart verlobt.«

Als die Prinzessin die Reihe entlanglief, um Phyllis zu begrüßen, sah Egbert ihr nach und bewunderte ihre Tatkraft und Begeisterung. Ganz privat gesehen, teilte er Augustes Ansicht über Automobile, aber er mußte auch zugeben, daß sie nützlich waren. Wenn man in eine Droschke sprang, ging es nicht mit Tempo los, und schon gar nicht, wenn man erst mit dem Kutscher um den Fahrpreis feilschen mußte, weil die zu fahrende Strecke gerade nicht in seiner Entfernungstabelle stand. Könnte sein, er würde sich auch ein Automobil anschaffen, wenn die mal billiger wurden. Zur Zeit waren sie die Spielzeuge der Reichen. Er versuchte, sich Edith vorzustellen, wie sie auf einem dieser blitzenden Ungetüme thronte, in Chiffontücher gehüllt wie ein Fastnachtsphantom. Bisher hatte sie sich für die Motorwagen nicht erwärmen können. Staubaufwirbelnde, dreckige Vehikel, war ihr vernichtendes Urteil nach einer kurzen Fahrt in dem Dion, der dem Bruder ihres Schwagers gehörte. Daher auch ihre Sorge, daß er heute in so einem Gefährt unterwegs war. Noch war er der Ansicht, daß man als Fußgänger oder Reisender im Pferdeomnibus oder Eisenbahnwagen mehr sah und erlebte als in so einer Kiste auf vier Rädern. Man stand mitten im Leben und war nicht abgekapselt davon. Aber die Zeiten ändern sich. Es war schon fast vierzig Jahre her, daß er als »Bulle« Streifendienst auf dem Ratcliffe Highway hatte. Mittlerweile hatte sich viel verändert, die Art der Übeltäter, die Verkehrsmittel, auch das Jahrhundert, und er war nun Hauptinspektor, hatte aber noch immer Twitch, seine Privatbenennung für Inspektor Stitch, an den

Fersen, den er trotz ständiger Bemühungen, ihn abzuschütteln, nicht los wurde.

»Von Auguste immer noch nichts zu sehen?« fragte er, als Tatjana rasch zurückkam. Es war inzwischen acht Uhr dreißig.

»Nein, und von der Gräfin und von Hester auch nicht. Aber wir müssen los.« Sie bückte sich nach der Anlasserkurbel, reichte sie Egbert und blickte noch einmal die Wagenreihe entlang.

»Oh, da hinten kommt ja Hester«, rief sie erleichtert aus und gab den Offiziellen vom Automobil-Club das Startsignal. Der Autoschlange schloß sich der Dolly Dobbs an, der in seiner seltsamen Gestalt und dem leuchtenden Rot unverkennbar war. »Gott sei Dank, dann fehlen jetzt nur Agatha und Auguste, was leider ...« – keuchend und stotternd sprang der Motor an – »... schlimm genug ist.«

Egbert Rose hüpfte auf den Beifahrersitz und war froh, daß sein rechter Arm noch dran war. Er hatte keine Übung im Anwerfen von Automotoren – und Edith hatte ihm in Unheil verkündendem Ton einen Artikel aus ihrem Magazin über die Gefahren vorgelesen, die dem Ehegatten drohten, falls man ihn solche Dienste verrichten ließ; wie leicht könnte es ihm den Arm brechen, wenn die Kurbel zurückschlug. Die erste Feuerprobe hatte er heil überstanden, und der Bollée fuhr an und bog mit triumphierendem Hupen um Hyde Park Corner. Als der Wind ihm ins Gesicht blies, war er plötzlich froh, den Jägerhut aufzuhaben; irgendwie fühlte er sich wie ein gestrandeter Fisch. Sogar Auguste Didiers Bankett war nicht mehr so verlockend bei der Vorstellung, daß noch hundert Kilometer auf windgepeitschter Strecke in Kalkstaubwolken vor ihnen lagen. Hätte er doch bloß Twitch geschickt.

»Didier hat sich wohl verpißt, was?«

Inspektor Stitch war das ganz recht. Er konnte Auguste nicht ausstehen, und da er ihn am Tatort nicht antraf, schloß Stitch messerscharf, daß der Franzose tief in das Verbrechen verstrickt war, oder er wollte nicht Stitch heißen. Es paßte allerdings nicht in sein Bild, daß der vermeintliche Mörder

Auguste mit der königlichen Familie verschwägert war, die in dem Ehepaar Alfred und Martha Stitch unerschütterliche Bewunderer hatte. Er konnte nur hoffen, daß da ein fürchterlicher Fehler geschehen war, demzufolge die Ehe zwischen Auguste und Tatjana für null und nichtig erklärt werden würde und somit Stitchs Welt wieder in Ordnung käme.

»Er wollte Inspektor Rose noch vor Canterbury abfangen, hat er jedenfalls gesagt«, erläuterte Charlie.

»Wieso das?« In Twitch regte sich Argwohn.

»Vielleicht, damit er Seine Majestät persönlich informieren kann«, suchte Charlie zu erklären.

Das gefiel Stitch nun ganz und gar nicht. Sein Name hatte bei Seiner Majestät längst nicht das Gewicht, das er sich gewünscht hätte, doch falls der Fall auch Seine Majestät berührte, wollte Stitch sich soweit irgend möglich heraushalten, so sehr er den König auch sonst bewunderte.

»Sind jetzt alle auf der Chaussee nach Dover, wie?«

»Stimmt haargenau.«

»Dann lasse ich sie aufhalten und hol den Chef zurück.«

»Aber ...«

»Überlassen Sie das man der Polizei, mein Lieber.« Stitch schritt gewichtig in die Wagenhalle, wo der Polizeiarzt die Leiche untersuchte, und waltete seines Amtes mit der Umsicht und Gründlichkeit, die ihm als langgedientem Polizisten eigen war.

Auguste suchte das Durcheinander seiner Gedanken und Gefühle zu ordnen, während er in einem Zug saß, der in einem Dorf halten sollte, das er gar nicht kannte. Er hoffte, die Kavalkade dort bei der Durchfahrt abzupassen. In Charing Cross hatte er ungeduldig auf die Abfahrt des Zuges gewartet und derweil die Heerschar der Gentlemen mit Melone betrachtet, die am Samstagmorgen von Bahnsteig 1 ihren Büros zustrebte. Er hoffte, daß ihn sein Gedächtnis nicht trog, denn als er mit Tatjana über der Straßenkarte von Kent brütete, um sich die Route einzuprägen, war ihm aufgefallen, daß die Bahnstation Welling fast genau an der Straße nach Dover lag.

Als die Schilder mit den Bahnhofsnamen New Cross, Blackheath, Well Hall vorüberrauschten, spürte er beruhigt, daß er wieder folgerichtig denken konnte. Zuerst mußte er sich klarmachen, wie der Metallblock des Flaschenzugs mit so verheerender Wucht gegen die wichtigsten Innereien des Dolly Dobbs prallen konnte. Durch bloßen Zufall? Hatte Hester das getan? War es jemand anders? Lag sie deshalb tot da? Automobile riefen gefährliche Leidenschaften hervor - man sah es ja an Harold Dobbs. Wie hatte er dagesessen, kaum Notiz davon genommen, daß ein Mensch gestorben war, nur um sein geliebtes, nun zerstörtes Mobil gejammert. Ein Automobil ließ sich wieder bauen, ein Menschenleben war für immer verloren.

Auf welche Weise Hester zu Tode gekommen war, würde erst bei der gerichtsmedizinischen Untersuchung geklärt werden. Dennoch hatte Auguste da so seine Vorstellungen. Sie lag mit dem Gesicht nach unten, der Rücken war offensichtlich unverletzt, trotz des getrockneten Bluts, das er auf ihrer Kleidung und dem Fußboden bemerkt hatte. Ein Revolver? Hatte Tatjana ihm nicht erzählt, daß Hester einen bei sich trug? Erstochen? Das würde er bald erfahren. Aber warum? Offensichtlich hatten mehr Leute Grund, Hester nicht zu mögen, als Auguste für möglich gehalten hatte, aber wie viele von denen sie so haßten, daß sie einen Mord begehen würden, war eine andere Frage. Vielleicht war es ein Unfall, dachte er dann, ohne recht daran zu glauben. Er versuchte, einen klaren Kopf zu behalten, denn weitere Schlüsse ließen sich erst ziehen, wenn er mehr Tatsachen kannte. Trotzdem konnte er Erinnerungen nicht wegschieben, die sich, ohne daß er es wollte, kunterbunt einstellten. Einige hatten mit Hester Hart zu tun, andere nicht, unangenehm waren sie ihm aber allesamt.

Schließlich wurden sie von einem noch unangenehmeren Gedanken verdrängt. Seine Majestät würde in zwei Stunden bereitstehen, um die ersten erfolgreichen Wettfahrer zu begrüßen. Falls es ein Mord und kein Unfall war, müßten alle Teilnehmer, die jetzt mit ihren Wagen unterwegs waren, verhört werden, und zwar schnell. Das Gesicht, das Seine Majestät machen würde, konnte er sich nur allzu deutlich vorstellen. Er würde den Mord als einen persönlichen Affront auffassen, den Auguste Didier sich ausgedacht hatte. Auguste rang mit seinem Gewissen. Konnte er - welch schrecklicher Gedanke - das Bankett Pierre überlassen und mit Egbert nach London zurückkehren? Nein, das würde man auch als persönliche Beleidigung auffassen. Die Ungeheuerlichkeit seiner Situation übermannte ihn geradezu. Und noch ein Schrecken blieb ihm nicht erspart. Als er auf dem Bahnhof Welling aus dem Eisenbahnwagen kletterte, fiel ihm ein, auch er hatte die Meerrettichsauce vergessen.

»Da lang, Kumpel.« Der Kontrolleur, der die Fahrkarten einzog, unterstrich seine Auskunft mit einer vielsagenden Bewegung des Daumens. »Links unter der Brücke durch, so wahr ich Bob heiße.«

Ob er nun Bob hieß oder nicht, war Auguste egal, aber die Richtung stimmte; denn als er rasch den Hang hinunterging und auf einem Schotterweg unter der Eisenbahnbrücke hindurch, sah er, daß die alte Römerstraße, die jetzt als Landstraße nach Dover diente, zum Greifen nahe war. Er stellte sich an eine Straßenecke und schaute nach links und rechts. Oberhalb lag der Bahnhof, umgeben von einem Staketenzaun in einem Gewirr von Sandsteinblöcken. In beiden Richtungen erstreckte sich schnurgerade die Doverstraße, die, abgesehen von ein paar Pferdefuhrwerken, fast verödet war. Zu seiner Rechten unterhalb einer weiteren Bahnbrücke standen einfache Häuser mit Putzfassaden, zur Linken etwas weiter weg lagen verschiedene Villen und wohl das eigentliche Dorf. Direkt gegenüber gab es nur Felder und Wiesen. Nichts deutete darauf hin, daß hier ein Pulk von fünfzig Autos vor kurzem durchgefahren war. Er schaute wieder nach Westen in Richtung London. In der Ferne sah er bewaldete Hügel, die sich im Dunst verloren, auch ein Turm ließ sich noch erkennen; das konnte Shooter's Hill sein, der früher bei Straßenräubern beliebt war. Vielleicht war ihm das Glück hold, und einige Automobile hatten Probleme, über den Hügel zu kommen, so daß die ganze Karawane aufgehalten wurde. Neun Uhr dreißig war es eben, also brauchten sie ziemlich lange für die zwanzig Kilometer vom Zentrum bis hierher, allerdings, sagte er sich, waren zu dieser Tageszeit die Ausfallstraßen aus der Stadt einigermaßen belebt. Dann bemerkte er mit Freude, daß der Dunst eine Riesenstaubwolke war, die zusehends größer wurde. Er war also nicht zu spät gekommen. Noch nie hatte er sich so gefreut, den Bollée zu sehen, der auf ihn zukam. Er sprang auf die Straße und winkte mit beiden Armen.

»Auguste!« War es Tatjana, die da aufkreischte, oder der Wagen? Sie hatte so einen Schreck bekommen, daß sie fast vergaß, auf die Bremse zu treten, und als sie es denn tat, bockte ihr Automobil und geriet ins Schleudern. Auguste rettete sich mit einem Satz zur Seite. Hinter dem Bollée kamen achtundvierzig Automobile mehr oder weniger prompt zum Stehen, was die dampfbetriebenen besonders ärgerlich fanden.

»Hast du dir all die Mühe gemacht, um mich einzuholen, *mon amour*?« Tatjana war entzückt.

»Nein, oder doch, ja. Ich fürchte, Egbert ...« Egbert war bereits vom Bollée gesprungen, als er Augustes gequältes Gesicht sah. »... was wir befürchtet haben, ist wirklich eingetroffen. Hester Hart ist tot, und der Dolly Dobbs ist zerschmettert.«

»Ein Verkehrsunfall?«

»Nein. Sie haben den Club überhaupt nicht verlassen.«

»Das kann nicht sein, du irrst«, unterbrach ihn Tatjana. »Der Dolly Dobbs ist hier am Ende des Korso, ich hab ihn doch kommen sehen, und Hester Hart muß ihn fahren.«

»Meine Liebe, ich irre mich leider nicht«, erwiderte er in vollem Ernst.

»Aber ich habe ihn selbst gesehen.« Sie stieg ab und rannte bis zum Ende des Wagenzugs, ohne auf die Fragen zu reagieren, die man ihr hinterherrief.

So allein gelassen, fragte Egbert: »Etwa Mord?«

»Ich weiß es nicht. Twitch wird schon dort sein. Die Leiche lag mit dem Gesicht nach unten; ich konnte sie nicht herumdrehen, aber sie war bereits am Erkalten. Die Frau war zweifelsohne schon tot. Der Flaschenzug ist ins Schwingen geraten und hat die Lenkeinrichtung des Fahrzeugs zertrümmert, aber ich glaube nicht, daß sie dabei getroffen wurde.« Er erklärte, warum er das vermutete.

Egbert überlegte. »Ich werde zurückfahren. Wo sind wir hier?«

»Das Dorf da ist Welling, und der Bahnhof ist gleich hinter mir. Du wirst Fred Gale mitnehmen müssen, dem untersteht die Wagenhalle.«

»Ja, richtig. Und wenn's ein Mord ist, dürfte die Hälfte aller Verdächtigen hier herumkutschieren.«

»Stimmt.«

Egbert Rose überdachte die Lage. Unter normalen Umständen hätte er die ganze Sippschaft, Herzöge, Gräfinnen und sonstigen Adel, umkehren lassen, doch er machte sich klar, daß die Umstände keineswegs normal waren. Der König erwartete sie bei ihrer Ankunft, und folglich mußten sie ankommen.

Tatjana kam zurückgehastet, bleich vor Entsetzen. »Auguste, Egbert. Ich habe mich geirrt. Das war nicht der Dolly Dobbs. Es war Agatha mit Thomas Bailey.«

»Das macht doch nichts weiter«, meinte Auguste. Wenn sie sich an Dobbs rächen wollte, indem sie mit Bailey fuhr, dann hatten die Ereignisse sie bereits überrollt.

»Das macht sehr wohl was. Nimm mal an, das hat etwas mit Hesters schrecklichem Tod zu tun?« Tatjana konnte nicht mehr an sich halten. »Der Wagen, den Agatha fährt, ist eine genaue Kopie vom Dolly Dobbs.«

Selbst Auguste begriff sofort die Ungeheuerlichkeit und was sich daraus ergab. »Tatjana hat recht, Egbert. Das kann ganz wesentlich sein.«

»Ganz und gar schrecklich ist das.« Tatjana wußte sich kaum zu fassen. »Thomas behauptet, er habe seit Jahren an diesem Wagen gearbeitet, und weil Agatha darauf verzichten mußte, ihren Dolly Dobbs zu fahren, hat er ihr gestattet, sein Automobil zu lenken. Ich hatte es ja heut früh nur flüchtig gesehen und es für den Dolly Dobbs gehalten. Aber das ist es nicht. Es ist das Brighton Baby. Was mache ich jetzt mit meiner

Wettfahrt des Motorclubs? Weder Agatha noch Thomas haben den Offiziellen gemeldet, daß sie nicht den Dolly Dobbs fahren.«

»Laß das jetzt mal beiseite«, riet Egbert sofort, »das läßt sich später klären. Jetzt müssen wir uns um wichtigere Dinge kümmern.«

»Du hast recht, Egbert«, sagte Tatjana dankbar. »Ich kann es noch gar nicht richtig einordnen. Der Morgen fing schon schlimm an, erst meine Unruhe wegen Auguste, dann das Unbehagen, daß Phyllis plötzlich mit Roderick erschien ...«

»Wie bitte?« entfuhr es Auguste.

»Ja, ich war genauso überrascht. Da er doch vergangene Nacht den Dolly Dobbs bewacht hat, nahm ich an, er hätte sich heut früh mit Hester zerstritten ...« Sie brach ab, als sie sah, wie sich die Mienen der beiden Männer veränderten. »O Gott.«

»Bleib hier, *ma mie*.« Und damit eilte Auguste Egbert nach, der bereits zielgerichtet die Wagenkolonne abschritt.

»Zeig ihn mir«, war alles, was Egbert sagte, als er ihn einholte. Schutzbrille und Regenmantel hatte er abgelegt, nur den Jägerhut aufbehalten.

Roderick saß auf dem Beifahrersitz neben Phyllis. Seine Autofahrerkappe und die Schutzbrille ließen seine Gesichtszüge kaum erkennen, aber dem Betrachter war klar, daß Phyllis die Unterhaltung bestritt.

»Mr. Smythe?«

»Ja, bitte«, sagte er zurückhaltend und ohne jede Spur seines sonst so herablassenden Tons.

»Hauptinspektor Rose von Scotland Yard.«

»Scotland Yard?« rief Phyllis entzückt aus. »Nein, wie aufregend.«

Roderick schien keinesfalls entzückt, denn er äußerte sich überhaupt nicht.

»Ich habe leider eine schlechte Nachricht für Sie, es betrifft ihre Verlobte.«

»Aber das bin ich doch«, zwitscherte Phyllis.

»Miss Hester Hart ist tot aufgefunden worden.«

»Tot?« Roderick brachte nur ein Qieken hervor, und Phyllis jaulte auf, wie sie es sich auf den Brettern ihres Operettentheaters niemals hätte leisten können.

»Mir ist bekannt, daß Sie gestern abend mit ihr zusammen waren, um den Dolly Dobbs zu bewachen.«

Roderick blickte hilflos von Egbert zu Auguste. »Nein – ja. Aber nein.«

»Ich schlage vor, Sie kommen am besten gleich mit nach London und überlegen sich unterwegs, was nun stimmt und was nicht.«

Ohne ein Wort stieg Roderick ab, während Phyllis allmählich begriff, was vor sich ging. Sie sprang aus dem Wagen, eine Wolke von Röcken, Spitzen und Schleiern, vergaß vollends ihren Sonnenschirm, trippelte um das Gefährt herum und warf sich Roderick in die Arme. »Du hast das doch nicht meinetwegen gemacht, nicht wahr, Darling?«

»Nein«, rief Roderick energisch und ohne jede Galanterie. »Damit habe ich überhaupt nichts zu tun. Wie dem auch sei«, sagte er dann, »bin ich etwa verhaftet?« Er wollte es leichthin weglachen, doch das mißlang ihm. Egbert verneinte die Frage zwar, aber seine Hand auf Rodericks Arm ließ eher das Gegenteil vermuten und blieb nicht ohne Wirkung auf die Wagenkolonne, als sie in Richtung Bahnhof zurückgingen. Die Neuigkeit wanderte rasch von Automobil zu Automobil, und als sie Tatjana erreichte, hieß es schon, Hester sei in einem Eifersuchtsanfall erwürgt worden, und Phyllis und Roderick stünden unter Arrest wegen verbrecherischer Mittäterschaft.

»Ich werde Tatjana klarmachen, daß ich heute nachmittag mit der Bahn nach Martyr House nachkomme«, sagte Auguste zu Egbert und legte sich zurecht, wie er sich verabschieden wollte.

»Kommt nicht in Frage, Auguste. Du fährst mit dorthin und zwar sofort.«

»Jetzt, sofort?«

»Ganz recht.« In Egberts Augen blitzte es. »Einer muß schließlich Seine Majestät informieren.«

Er fuhr nicht nur ohne die Meerrettichsauce, Auguste hatte auch vergessen, seine Schutzbrille in den Bollée zu legen, als er heute früh zum Club hinüberging. Also mußte er sich Tatjanas Ersatzbrille ausborgen, die aber ein ausgesprochenes Damenmodell war, wie er zu seinem Elend feststellte. In dieser Aufmachung in Martyr House zu erscheinen, hatte er sich nicht ausgemalt, und es war ihm ausgesprochen peinlich, als Dorfkinder mit offenem Mund die Automobile anstaunten, die über die Straßenbahnschienen holperten. Zum lauten Gespött der Kinder blieben zwei Wagen in den Schienen stecken und mußten von Leo und, da Fred nicht da war, von zwei männlichen Beifahrern herausgeschoben werden.

An die kleinen Läden in Welling reihten sich großartige Landhäuser, in deren Vorgärten Geranien üppig blühten. Dann zogen sich zwei bis drei Kilometer Gemüsefelder und Obstgärten hin, ehe Bexley Heath in Sicht kam, das heißt, sofern man durch die Staubwolken und die Schutzbrillen überhaupt etwas sehen konnte. Hier wollte Auguste wenigstens eines seiner Probleme lösen. Er überredete Tatjana vor der vielversprechenden Gemischtwarenhandlung Penney Son and Parker, Ltd. anzuhalten, die sich mit dem Reklameschild brüstete: »Der Londoner Kolonialwaren- und Feinkosthändler – Haushaltungen werden täglich beliefert.« Ohne übertriebene Hoffnungen zu hegen, dort frischen Sahnemeerrettich zu finden, schritt er hinein und kam mit drei Flaschen der üblichen Marke »Mrs. Marshall« heraus, was seine Stimmung keineswegs hob.

»Die arme Hester«, sagte Tatjana, nachdem sie lange geschwiegen hatten, während sie in einer Wolke aus Kreidestaub über den Fluß Cray fuhren. »Ich hab sie ja nicht gemocht, doch ich finde es schrecklich, daß sie so gewaltsam zu Tode gekommen ist.«

»Es könnte auch ein Unfall gewesen sein oder sogar Selbstmord.« Überzeugt war Auguste von dieser Auffassung nicht und seine Frau erst recht nicht.

»Daran glaubst du doch selbst nicht.«

»Ich fürchte, ein Mord ist am allerwahrscheinlichsten.«

»Auf Unannehmlichkeiten waren wir ja gefaßt, aber ich hätte nie gedacht, daß es so schlimm kommen würde. Ich weiß, ich dürfte nicht daran denken, aber ich kann mir nicht helfen, ich grübele immer, was jetzt aus dem Club wird.«

»Vermutlich wird sich die Mitgliedschaft verdoppeln.«

»Auguste! Du bist doch sonst nicht so herzlos.«

An Herz fehlte es seiner Frau gewiß nicht und ihm eigentlich auch nicht, sagte er sich zu seiner Selbstverteidigung. Hester Harts Tod hatte auch ihn betroffen gemacht, und die Trauer über ein sinnlos zerstörtes Leben berührte ihn tief. Gewiß, sie war eine verbitterte, herbe Frau gewesen, die rücksichtslos andere niedertrampelte, um ihr Ziel zu erreichen. Vielleicht kam ihre Verbitterung nicht von ungefähr, und vielleicht waren diejenigen heute mit von der Partie, die ein gerüttelt Maß an Schuld daran trugen.

Überall in dem langen Zug der Wagen war der Tod von Hester Hart das Gesprächsthema. Selbst Seine Majestät und so interessante Fragen wie die Vorzüge von Luftbereifung oder die Kraftübertragung mittels Keilriemen mußten hintanstehen. Mit gedämpften Stimmen erwies man der Toten den schuldigen Respekt, doch die Erregung, die man so überspielte, hatte ihren Grund in anderen Gefühlen.

»Du hast sie doch schon von früher gekannt«, grummelte Sir Algernon und schloß die Augen, als Maud in die weiße Kalkwolke raste, welche die vor ihr fahrenden Wagen aufwirbelten.

»Ja.« Mauds Bleifuß trat auf die Bremse.

»Gab's da nicht mal irgendein Theater ihretwegen?«

Maud überhörte die Frage, als sie wie ein gewiefter Fahrer wieder beschleunigte, um die Steigung hinter Dartford schneidig zu nehmen.

Er versuchte es noch einmal: »Ich wußte gar nicht, daß sie Mitglied in deinem Club war.«

»Hab geglaubt, so was interessiert dich nicht, Algy. Die hat sich inzwischen auch so verändert, weißt du. Ist eine ganz nette Person geworden. Vielmehr war sie's.« Befriedigt dachte Maud an das Internationale Automobilrennen der Damen und die herrliche Fahrt, die ihr im Oktober bevorstand. Doch das Schicksal rächte sich an der Gabelung, an der sich die Straßen nach Watling und Dover trennen. Sie hatte eine Reifenpanne. Ihren technisch völlig unbedarften Mann streifte sie mit einem strafenden Blick und stieg aus. Da Leo sich schon weiter hinten auf der Strecke mit einem Reifen abplagte, mußte sie das Rad selber wechseln. Im großen und ganzen war der Preis gering, den ihr das Schicksal da abverlangte.

Phyllis, die in ihrem Fiat vorbeigondelte, gestattete sich ein paar Tränen Selbstmitleid, die ihr hinter dem Schleier über die Wangen liefen. Sie war nun allein in einem Automobil. Wenn Roderick heute morgen nicht so unerwartet aufgekreuzt wäre und darauf bestanden hätte, mit ihr zu fahren anstatt in seinem Crossley, dann hätte sie ja ihren Automechaniker mitgenommen. Jetzt hatte sie niemand bei sich. Was sollte sie bloß machen, wenn sie eine Panne hatte? Es wäre so entwürdigend, Leo um Hilfe zu bitten, aber auch der schien verschwunden zu sein. Wie fürchterlich ihre Lage war, ging ihr auf, als sie merkte, daß sie gefährlich dicht hinter dem Wagen vor ihr fuhr; sie umklammerte ihr Steuerrad, als ob es eine Leine wäre, an der sie eine wütende Bulldogge hielt. Doch heulen durfte sie jetzt nicht, wie könnte sie sonst mit reizendem Lächeln vor dem König knicksen. Warum weinte sie überhaupt, fragte sie sich plötzlich. Hester war ja nun tot, also war sie aller Sorgen ledig. Bis auf Reifenpannen. Es sei denn, man würde Roderick unter Mordverdacht verhaften.

»Wer stoppt uns denn da«, rief Tatjana verwundert und bremste sacht. »Ausgerechnet auf der Kuppe von Gad's Hill. Wir werden alle rückwärtsrollen, wenn wir nicht aufpassen.«

»Ist das etwa Mrs. Millward?« Angestrengt blickte Auguste durch die staubbedeckten Gläser seiner Schutzbrille; durch Herrenbrillen ohne den albernen mit Spitze besetzten Seitenschutz konnte man, weiß Gott, besser sehen.

»Nein, das nicht, oder sie hat sich als Wachtmeister verkleidet.«

»Wachtmeister?« fragte er überrascht zurück. Hatte Egbert

sich eine Rettung für ihn einfallen lassen? Wäre allerdings reichlich spät, ihn jetzt nach London zurückzubeordern.

Der Konstabler war in mittleren Jahren, schlank und etwas aufgeregt, denn er hatte in seinem Revier mehr mit Landstreichern zu tun als dringende Mitteilungen von Scotland Yard zu überbringen. Er grüßte Auguste korrekt. »Hauptinspektor Rose?«

»Nein.« Auguste begriff die Situation sofort. Twitch war am Werke.

»Wo ist er denn?« Schon war der Polizist weniger höflich, und seine Erregung wich dem Mißtrauen.

»Er ist schon wieder in London.«

»Woher wußte er, daß man ihn dort braucht?«

»Ich hab's ihm gesagt.« Auguste verfluchte alle Wachtmeister, die sich als Detektive aufspielen wollten.

Das Mißtrauen wuchs. »Was haben Sie denn damit zu tun?«

»Ich habe die Leiche gefunden.«

Der Konstabler wurde prinzipiell. »Warum sind Sie dann nicht auch zurückgefahren. Wollen Sie sich etwa dem Arm der Justiz entziehen.?«

»Weil ...«

Tatjana entschied sich, einzuschreiten und auf ihren Rang zu pochen, was sie nur selten tat. Auguste konnte mitunter unsinnig aufbrausen. »Ich bin Prinzessin Tatjana Didier, und das ist mein Gemahl. Wir sind auf dem Wege zu einem Empfang, den Seine Majestät gibt. Majestät dürfte nicht erfreut sein, wenn wir uns verspäten.«

Eine Prinzessin? Das Selbstbewußtsein des Polizisten schwand. Trotzdem, er mußte seine Pflicht tun.

»Dann werde ich am besten mit Ihnen mitkommen, um mich selbst zu überzeugen.«

Das hat mir noch gefehlt, dachte Auguste. Nun würde er in Martyr House mit einem hinter ihm sitzenden Polizisten eintreffen, der darauf aus war, ihn zu verhaften, weil er im Verdacht stand, Egbert ermordet zu haben.

Doch Tatjana rettete die Situation. Sie hatte schon den beiden Offiziellen vom Automobil-Club Großbritanniens verzweifelte Blicke zugeworfen. Die warteten nur darauf, die Zeit zu nehmen, die der Wagen, den sie für den Dolly Dobbs hielten, auf der abgesteckten Meile benötigte.

»Wie wäre es, Sergeant, wenn Sie mit Miss Lockwood fahren würden, dem Star der Operette. Sie haben gewiß schon von ihr gehört. Sie ist eine reizende junge Dame und etwas nervös, weil sie heute allein fahren muß.«

Der Polizist wurde ganz rot. Er hatte absolut nichts dagegen, mit Miss Lockwood zu fahren. In »Pink for Miss Pamela« hatte er sie doch gesehen, da saß er allerdings auf der Galerie, und nun würde er direkt neben ihr sitzen. Behende nahm er seinen Platz in dem Fiat ein – und das zur rechten Zeit, denn bald hatte Phyllis ihre erste Panne auf der Tour. Sie wendete sich ihm zu, nahm die Schutzbrille ab und ließ Tränen aus ihren bezaubernden Augen fallen. »Ob Sie mir vielleicht ...«

»Ich frage mich, warum Phyllis jetzt einen Schutzmann neben sich braucht.« Isabel brach das unerklärliche Schweigen, das sich zwischen ihr und Hugh ausgebreitet hatte, seit sie von Hesters Tod erfahren hatten. »Meinst du, sie hat der armen Hester vor lauter Eifersucht den Schädel eingeschlagen? Oder hat sie das mit Roderick als Mittäter bewerkstelligt?«

»Sehr nahe scheint dir Hesters Tod nicht zu gehen«, bemerkte Hugh und sah sie prüfend an – freilich war ihr Gesichtsausdruck unter dem Schleier kaum auszumachen.

»Nein.« Isabel tat ganz überrascht. »Warum sollte ich heucheln? Ich hatte nie etwas für sie übrig.« Und das war reichlich untertrieben. Isabel fühlte sich so erlöst, daß ihr fast die Knie zitterten.

»Mein erster Mordfall hat sich hier ereignet«, bemerkte Auguste mit einem Mal, als sie zwischen Hopfenfeldern und Kirschgärten weiter auf der Doverstraße Faversham entgegenpreschten.

»Bloß gut, daß dich der Polizist nicht hört«, versuchte Tatjana zu scherzen.

»Egbert kenne ich schon fast dreizehn Jahre. Ich bin ihm zum ersten Mal 1891 auf Stockbery Towers begegnet.«

»Und mittlerweile bist du ein erfahrener Detektiv.«

»Na ja, in gewisser Hinsicht schon.« So recht wohl fühlte er sich in dieser Rolle nie, zu der er ganz ohne sein Zutun gekommen war.

»Wird Egbert dich zu diesem Fall heranziehen?«

Er überlegte. »Ich kann es kaum ablehnen, wenn er mich dazu auffordert.« Er würde das auch nicht einmal wollen, sagte er sich. Er sammelte ja bereits Zutaten für dieses Mordsgericht; außerdem erboste es ihn, daß es in Tatjanas geliebtem Club zu solchen Haßausbrüchen und Gewaltaten gekommen war. Sie fuhren über den Höhenzug von Harbledon und blickten von dort auf das großartige Panorama von Canterbury, das sich vor ihnen ausbreitete. Dabei kam ihm in den Sinn, welche Freude an diesem Punkt ihrer Reise die Pilger empfunden haben müßten, die zum Schrein in der Kathedrale zogen. Über ihrer eigenen Reise lag leider ein düsterer Schatten. »Ich hoffe sehr, daß er mich braucht. Ich möchte die ganze Sache rasch hinter uns bringen. Ob das sehr egoistisch ist?«

Im Hinterkopf aber steckte der Gedanke: was wird mit Eastbourne? Würde ihr Urlaub, auf den sich alle vier so freuten, überhaupt möglich sein? Wenn Egbert der Fall übertragen wurde, dann mußte er ihn lösen, ehe ihr Aufenthalt an der See in knapp zwei Wochen begann.

Die Fahrt verlangsamte sich, als auch der technisch perfekte Léon Bollée dic Hügel hinter Canterbury nur mühsam erklimmen konnte, dann waren sie auf der so gut wie baumlosen Hochebene der Barham Downs, auf der ihnen der Wind nur so entgegenpfiff. Endlich erreichten sie den verbogenen Wegweiser mit der Aufschrift Barham. Martyr House konnte nicht mehr weit sein.

»Wenigstens haben uns die CAPPS in Ruhe gelassen«, kommentierte Tatjana schon etwas fröhlicher, als sie das Lenkrad in Richtung Barham drehte.

Einem der Automobile war dieses Glück allerdings nicht beschieden.

»Ihr Automobil fährt ja wirklich fabelhaft, Thomas«, äußerte sich Agatha anerkennend. Er war still und in sich gekehrt, seit er gehört hatte, was mit Hester und dem Dolly Dobbs passiert war, und auch dieses Lob munterte ihn kaum auf. »Wir sind schon über neunzig Kilometer gefahren«, redete sie weiter, »heißt das nicht, daß wir die Leistungsgrenze der Akkumulatoren überschritten haben?«

»Ja, gewiß doch, Euer Gnaden.«

»Großartig, denn gleich sind wir auf den Barham Downs, auf der letzten Teststrecke des Automobil-Clubs. Wenn sie am Ende der abgesteckten Meile unsere Zeit gestoppt haben, werden wir sie informieren, daß unser Wagen nicht der Dolly Dobbs ist. Und daß Sie sich diesen Burschen gegenüber nicht noch groß entschuldigen, Thomas.« Sie drohte ihm mit einem behandschuhten Finger, zog dann den Handschuh aus, um den Hebel zu verstellen, mit dem die Hauben in die Windrichtung gedreht wurden. Sie wollte den Wind voll von vorn bekommen, gegen den sie jetzt auf den Downs fuhren.

Eine halbe Meile weiter aber blieb das Brighton Baby stehen, gerade unter den Augen von zwei Schiedsrichtern des Automobil-Clubs.

Es entstand eine Pause. »Nun, was ist mit dem Gefährt los, Thomas?«, erkundigte sich die Herzogin in gefährlich ruhigem Ton, während er noch ganz bestürzt nach einer Antwort suchte. Er war hinuntergesprungen und lief wie wild um sein liebes Baby herum. »Ist ein Kabel gebrochen?«

»Nein.«

»Hat der Motor oder der Dynamo einen Schaden?«

»Ich glaube nicht.«

»Kann es vielleicht an der Batterie liegen?«

»Das wird es wohl sein.«

»Aber warum?«

»Da das Voltmeter – die Spannung ist unter fünfundsiebzig Volt gefallen!«

»Erklären Sie sich bitte deutlicher, mein Lieber.«

»Es muß am Wind liegen«, japste er verstört.

»Wind gibt's ja wohl genug auf der Heide hier, der reicht

doch hin, einen ganzen Eisenbahnzug anzutreiben«, entgegnete Agatha spitz.

»Aber nicht die richtige Art Wind.« Thomas starrte gebannt auf die Schiedsrichter, die näherkamen.

»Die richtige Art?« gurrte sie.

»Er weht aus der falschen Richtung, er muß zu stark sein.«

»Entschuldigen Sie, wenn ich das falsch sehe, aber der Witz der Hebel hier besteht doch darin, die Windmühlenhauben so zu drehen, daß sie soviel Wind wie möglich abbekommen.«

Er sah sie an, bleich im Gesicht. »Ich habe wahrscheinlich den Druckfaktor des Winds nicht einkalkuliert.«

»Mir scheint, der Wind hat genug Druck«, fauchte sie und wandte sich dann mit einem gewinnenden Lächeln den Offiziellen vom Automobil-Club zu. Die ließen sich aber nicht bezirzen, schon nach wenigen Minuten war das Schicksal des Brighton Baby offiziell besiegelt. Danach blickte Agatha den sich duckenden Erfinder groß an.

»Und wie, meinen Sie«, fragte sie honigsüß, »kommen wir von hier noch rechtzeitig zur Begegnung mit Seiner Majestät?«

Angeführt von Hortensia Millward, stürmte in dem Augenblick der Ortsverein der CAPPS hervor, der schon lange hinter dem Buschwerk, das am Straßenrand wuchs, auf der Lauer gelegen hatte, und beantwortete triumphierend ihre Frage.

König Edward VII. schritt mit herzlichem Lächeln auf den Bollée zu, als seine Insassen ausstiegen. Er hatte sich entschieden, bei diesem angenehmen, zwanglosen gesellschaftlichen Ereignis zugegen zu sein. Was hätte auch netter sein können, als einen ganzen Korso von Automobilen willkommen zu heißen, die von Damen gefahren wurden, darunter etlichen recht hübschen, und sich dann an einem herrlichen Julitag über ein von Auguste Didier bereitetes Bankett herzumachen? Dazu noch, wenn Tatjana das alles organisierte.

»Guten Morgen, Bertie.«

Wie brachte sie es nur fertig, sich so gelassen zu geben, fragte sich Auguste sie bewundernd, als Bertie sie küßte und ihr Komplimente machte, wie gut sie aussah, wie sehr ihm ihr Kleid gefiel und ihr Bollée. Fast hätte er sie noch zu ihrem Mann beglückwünscht, so guter Laune war er.

»Darf ich Sie einmal kurz sprechen, Majestät?« murmelte Auguste, während er sich aus seiner Verbeugung aufrichtete und mit dem Mut der Verzweiflung hinzufügte: »Natürlich erst, nachdem Sie alle Fahrerinnen begrüßt haben.«

»Gewiß, gewiß. Ich hoffe, nichts Schlimmes. Der Meerrettich ist doch nicht etwa zu Hause geblieben?« Bertie lachte auf.

Während er seiner Hinrichtung wegen Unfähigkeit entgegensah, schlüpfte Auguste in das riesige Empfangszelt. Seinen besorgten Blicken erschien alles großartig. Grünzeug und Rosen, zu eleganten Girlanden gewunden, schmückten die Tafeln. Silber glänzte, Gläser funkelten. Wichtiger war noch, daß die Speisen herrlich frisch aussahen. Warme Gerichte waren an der Rückwand des Zelts aufgereiht; an der einen Längswand stand das kalte Büfett, an der anderen befanden sich die Weine, Desserts, Käse und Obst. Beruhigend war ferner, daß Luigi und Bernard auf der einen Seite des Zelts standen und Pierre auf der anderen. Die Luft zwischen ihnen schien nicht so dick zu sein, daß man ein besonders scharfes Messer gebraucht hätte, um sie zu schneiden. Auguste rang mit sich, ob er ihnen etwas über die Tragödie jetzt oder erst nach dem Bankett sagen sollte, entschloß sich dann, es jetzt zu tun, denn während des Lunchs würden sie gewiß Gerüchte darüber aufschnappen. Er rief sie zusammen und teilte ihnen mit, daß man Hester Hart tot aufgefunden habe und daß der Dolly Dobbs zertrümmert sei. Alle schwiegen sofort; von dem Ärger mit Hester Hart hatte jeder gehört.

»Wie sie gestorben ist, wissen wir noch nicht, aber der Dolly Dobbs wurde im Motorschuppen fahruntauglich gemacht, und Miss Hart lag tot daneben.«

»Ist die Polizei verständigt worden?« bellte Luigi scharf.

»Ja. Kriminalbeamte kommen heute noch hierher. Sie werden uns alle befragen wollen, aber im Augenblick ist das Bankett die Hauptsache. Geben wir uns alle Mühe, daß es mit der Perfektion abläuft, die es verdient.«

Noch erfüllt und getröstet von dem Anblick der Mousses, Wachteln in Aspik, *filets de sôle* und der hundert sonstigen Gerichte, die zu einem erregenden Panorama gastronomischer Genüsse verschmolzen, mußte sich Auguste zehn Minuten später der weniger angenehmen Aufgabe stellen, Seiner Majestät das Geschehene mitzuteilen. Er trat gerade ins Freie, um die Ankunft des Brighton Baby mit anzusehen. Es traf mit viel weniger Pferdestärken ein als die anderen Wagen, aber bei den paar, die es hatte, handelte es sich um richtige Pferde.

Mit stolz geschwellter Brust marschierte Hortensia Millward vor den vier Rossen einher, die man vor das funktionsuntüchtige Elektromobil gespannt hatte. Ein verzweifelter Erfinder saß darin und eine erzürnte, um ihren Sieg über Hester Hart gebrachte Herzogin.

»Und weswegen kommt er?« fragte der König überrascht, als er hörte, daß Egbert Rose im Laufe des Nachmittags eintreffen würde. Rasch besann er sich, daß das nicht eben gastfreundlich klang, und sagte mit der ihm zur Gewohnheit gewordenen Verbindlichkeit (aber mit einer Miene, bei der Auguste am liebsten schneller als ein Zeltpflock im Boden versunken wäre): »Ich freue mich natürlich. Aber hoffentlich plant niemand, mich gerade heute zu ermorden.« Ein gewisser Verdacht schwang da mit, denn Versuche dieser Art hatte es in der Vergangenheit gegeben, und das Auftauchen von Egbert Rose und mit ihm zusammen von Auguste ließ nichts Gutes ahnen.

»Keinesfalls, Sir.«

»Es geht um einen plötzlichen Todesfall.« Tatjana suchte es ihm schonend beizubringen.

»Hier etwa?« Der König schien beunruhigt.

»In London.«

Bertie strahlte erleichtert. »Schon besser.«

»Aber es betrifft den Motorclub für Damen. Hester Hart war Mitglied.«

»Hester Hart?« Der König runzelte die Stirn. Das war doch

die Frau, von der soviel in den Zeitungen stand, die losgezogen war und Wüsten durchstreift hatte. Und irgend etwas hatte es wegen ihr vor Jahren gegeben, als er noch Prince of Wales war. Er versuchte, sich daran zu erinnern, doch es fiel ihm nicht ein. Ihm waren so viele Frauen begegnet. »Wie ist sie zu Tode gekommen? Abgesehen davon, daß es plötzlich geschehen ist?« Er sah Auguste mit dem Blick aus Adleraugen an, den der schon kannte. Die erspähten ihr wehrloses Opfer auch aus tausend Meter Höhe.

»Es dürfte sich um einen Mord handeln, Sir.«

Während Seine Majestät noch an dem Wort kaute, das ihm immer begegnete, so oft er Auguste traf, entstand eine Pause. Doch er wollte sich großherzig zeigen. Die Leiche war schließlich nicht hier, soweit er begriffen hatte, nur die ganze Meute, die unter Verdacht stand. »Wieder ein Fall für Inspektor Didier, wie?«

Das Bankett lief ohne jeden Mißklang ab, es gab sogar ein königliches Kompliment für die Meerrettichsauce. Um vier Uhr folgten problemlos Eclairs, Gelees, Eiskrem und runde Appetithäppchen. Champagnerpunsch floß in Strömen. Über Hester Hart hatte man mindestens schon eine halbe Stunde nicht mehr gesprochen, als Egbert eintraf.

»War es Mord, Egbert?« erkundigte sich Auguste tonlos.

»O ja. Eine verdammt gewaltige Stichwunde in der Brust.«

6. Kapitel

Martyr House, ein majestätisches und in Augustes Augen eher langweiliges Herrenhaus aus dem siebzehnten Jahrhundert, war groß und geräumig, und doch herrschte dichtes Gedränge. Die meisten Gäste waren in benachbarten Landsitzen untergebracht, aber man hatte etliche Zimmer zu Séparées und Umkleideräumen für den Ball heute abend umfunktioniert. An dem Gewimmel hätte ein Maler wie Breughel seine Freude gehabt. Vielleicht hätte das Drum und Dran sogar einem Lewis Carroll noch dankbareren Stoff geboten, ging es Auguste durch den Kopf, als er Egbert zu dem Kabuff geleitete, das ihm Isabel einigermaßen ungnädig für seine Arbeit vor Ort zur Verfügung gestellt hatte. Die einzelnen Szenen waren gewissermaßen auf Spielkarten gemalt, die ein Kartenhaus bildeten, und Egbert mittendrin, womöglich brachte er es zum Einsturz. Blieb nur zu hoffen, daß Seine Majestät nicht wie in »Alice im Wunderland« befahl: »Runter mit ihren Köpfen!«

Es war ein eigenartiges Bild, Egbert in seinem üblichen Scotland-Yard-Aufzug, Melone mit dunklem Anzug, wie er unerschütterlich an den bunten Paradiesvögeln vorbeistapfte. Sie würdigten ihn kaum eines Blickes, waren viel zu sehr in anregende Gespräche vertieft, in denen es um so lebenswichtige Dinge wie den Ball von vergangener Woche oder die nächstfällige Soirée ging, um Durchschnittsgeschwindigkeiten, Benzinverbrauch oder die hohen Löhne von fast hundert Pfund im Jahr, die heutzutage Chauffeure verlangten. Der Name Hester Hart fiel so gut wie gar nicht, obwohl man annehmen konnte, daß der Dolly Dobbs – vielleicht besser Thomas Baileys Zweitausgabe – im Laufe des Nachmittags bestimmt Gesprächsthema gewesen war. Oder war der Dolly die Imitation gewesen? Unterschwellig munkelte man etwas. Auguste und Egbert waren noch nicht dahintergestiegen; es bedurfte noch etlicher Nachforschungen, um zur Wahrheit vorzustoßen.

Die lächelnden Damen in ihren Musselinkleidern und hauchdünnen Schleiern machten den Eindruck, als hätten sie Mühe, mit ihren in Spitzenhandschuhen steckenden Händen die zarten Porzellantassen zu halten, dabei war jede von ihnen eine wackere Automobilistin, ob nun Hasenfuß oder Raser. Selbst der Ruf als Hasenfuß setzte größere Abenteuerlust voraus, als die meisten Frauen aufbrachten.

Egbert nahm flüchtig den kargen Raum zur Kenntnis, den man ihm in dem Flügel, in dem auch die Küche lag, zugewiesen hatte. »Jedem, was ihm gebührt«, kommentierte er heiter und wendete sich gleich wieder zum Gehen. »Wo finden wir die Gräfin?«

Auguste vergewisserte sich auf seiner Taschenuhr. »Es ist sechs Uhr. Sie wird sich zum Ball umkleiden.«

»Dann eben zum Grafen, selbst wenn er in Hemd und Unterhosen ist.«

Zwanzig Minuten später saß Egbert in der Bibliothek, die selten genug von den Eigentümern des Hauses aufgesucht wurde, und blickte zufrieden auf ein Tablett mit Tee. Es war nach sechs, das heißt, selbst diese Geste zeigte, wie tief unten Scotland Yard auf der gesellschaftlichen Sprossenleiter in Martyr House angesiedelt war, dachte Auguste, ohne Egbert darauf zu stoßen.

»Auguste, wir müssen die Angelegenheit so rasch wie möglich klären«, meinte der und stellte die Teetasse ab.

»Wir, Egbert?«

»Tatjana zuliebe. Du kennst dich im Club aus, kennst die Leute.«

»Selbstmord war es doch wohl nicht?«

»Zumindest muß dann jemand dagewesen und den Leichnam bewegt haben. Die Waffe auch. Es war Mord. Die Frage ist nur, warum. War das Motiv allein Hester Hart? Dann bleibt die Frage, warum das Auto fahruntüchtig gemacht wurde. Oder ging es vorrangig um das Automobil, und Hester Hart kam dem Täter nur in die Quere?«

»Wenn nicht beides«, sann Auguste. »Nur, wieso konnte jemand Interesse daran haben, den Dolly Dobbs zu zerstören, wenn man doch am nächsten Tag ein neues Mobil hätte bauen können? Es muß etwas mit dem heutigen Tag zu tun gehabt haben.«

»Fällt dir noch mehr ein zu dem, was du mir am Sonntag erzählt hast?« Egbert blätterte in seinem Notizbuch. »Die Herzogin hatte einen Nasenstüber bekommen.«

»Sie hat zurückgeboxt. Der Rivale von Dobbs hat heute sein eigenes Automobil gebracht, und die Herzogin ist damit gefahren.«

»Trotzdem hatte sie ein Motiv – nämlich Rache an Hester Hart.«

»Ihre Rache war das Auto von Bailey. Das Brighton Baby ist mit dem Dolly Dobbs identisch, und als die Herzogin es die Leute vom Automobil-Club hat testen lassen, waren die im guten Glauben, es handele sich um den Dolly Dobbs.«

»Grund genug für beide Parteien, den Dolly Dobbs aus dem Rennen zu ziehen.«

»Sowohl Harold als auch Hester haben diese Woche Briefe erhalten, in denen sie davor gewarnt wurden, den Dolly Dobbs zu fahren.«

»Zu blöd.« Egbert machte sich eine Notiz. »Kann noch jemand anders Beweggründe gehabt haben, das Auto zu zerdreschen? Dobbs können wir ja wohl zunächst mal ausschließen.«

»Vielleicht.« Auguste dachte nach.

Egbert beobachtete ihn argwöhnisch. »Du scheinst dir nicht ganz schlüssig.«

»Eine Prise Salz oder Pfeffer kann ein Gericht total verändern, und du sagst immer, ich soll keine Nuance außer Acht lassen. Was ist, wenn Dobbs davon gewußt hat, daß das Brighton Baby mit seinem eigenen Auto identisch ist?«

»Er hätte allen Grund gehabt, als erster durchs Ziel zu gehen.«

»Richtig. Und trotzdem hat er vergangenen Sonnabend sehr eigenartig reagiert, als er erfuhr, daß Bailey auf dem Gelände herumgeschnüffelt hatte. Er hat unterbunden, daß der Dolly Dobbs aus dem Schuppen geholt wurde. Selbst Hester konnte ihn nicht dazu bewegen.«

»Scheint mir als Reaktion in der Hitze des Gefechts plausibel.« Egbert überlegte.

»Aber war es in der Hitze des Gefechts?« fragte Auguste zurück. »Der Mörder hatte den Mord längst im Sinn.« Ein plötzlicher Gedanke durchzuckte ihn. »Oder stammte die Tatwaffe aus der Reparaturwerkstatt?«

Egbert bedachte ihn mit einem anerkennenden Blick. »Twitch hat veranlaßt, daß Fred Gale und Leo die Werkstatt nach allen Regeln der Kunst durchsucht haben. Wenn irgendwas fehlt, hätte man uns informiert. Es war alles an Ort und Stelle.«

»Es mußte ja nicht unbedingt etwas fehlen.«

»Twitch hat auch daran gedacht. Er hat die Wunde genau vermessen, eine Skizze davon gemacht und hat jeden Gegenstand in der Werkstatt, der in Frage kommen könnte, aufreihen lassen. Meißel, Messer, alles. Keine Blutspuren. Jedenfalls keine sichtbaren. Wir lassen einige Gegenstände noch genauer unter die Lupe nehmen. Eine Kamera sieht die Dinge ja präziser. Aber Twitch meint, es wird nichts bringen. Und er ist ein guter Mann. In bestimmten Grenzen jedenfalls.« Die Grenzen von Twitch allerdings konnten Egbert zur Raserei bringen.

»Hester hat Tatjana erzählt, sie hätte immer eine Pistole bei sich. Hat man nichts dergleichen gefunden?«

»Nein. Ein interessanter Fakt. Vielleicht hatte sie auch nur vergessen, sie einzustecken.«

»Ausgerechnet dann , wenn sie weiß, daß sie sie würde brauchen können? Sehr unwahrscheinlich, Egbert. Und der Dolly Dobbs? Glaubst du, der Flaschenzug könnte rein zufällig niedergesaust sein?«

»Beim besten Willen nicht. Erst nach mehrfachem Schwungholen konnte das Ding eine solche Stoßkraft bekommen, um die Steuerungsvorrichtungen derart kurz und klein zu schlagen.«

»Das gilt aber auch, wenn es von Menschenhand verursacht wurde. Eine Frau hat unmöglich so viel Kraft.«

»Da irrst du, Auguste. Ich habe es Fred Gale versuchen lassen. Eine solche Kraftanstrengung verlangt es gar nicht, und immerhin sind alle Frauen stark genug, das rüttelnde Steuerrad zu halten.«

Auguste schwieg; er mußte an vorhin denken, an die kraftvollen Hände in den zarten Handschuhen.

»An den Türen hingen doch aber die Vorhängeschlösser heute morgen. Wie soll der Mörder da hineingekommen sein?«

»Ja, das bringt uns zu unserem Mr. Roderick Smythe.« Egbert glich einer zufriedenen Katze, die die Maus schon fast in den Fängen hatte. »Fred Gale hat sich keinen Kopf weiter gemacht mit dem Abschließen, weil beide, Miss Hart und Smythe, drin waren. Und als Smythe ging – wenn er denn gegangen ist –, hat er's genauso gehalten, sagt er jedenfalls, weil Hester gemeint hatte, sie würde abschließen.«

»Wie will sie denn das gemacht haben, mit einem Vorhängeschloß, und von innen abschließen?«

Egbert überlegte einen Moment. »Sie hätte ja nur die Dolly-Dobbs-Garage abschließen müssen, durch die Werkstatt wieder hineingehen, die Tür zumachen und dann die Zwischentür zur Dolly-Box von innen verriegeln.«

»Und wie soll dann der Mörder reingekommen sein?«

»Denk doch mal mit, Auguste. Dir tut 'ne Tasse Tee not. Sie hat ihn natürlich reingelassen.«

In seinem Kopf schwirrte es; Auguste versuchte, sich zu konzentrieren. »Aber die Tür zum Reparaturschuppen war heute früh mit einem Vorhängeschloß verschlossen und nicht von innen verriegelt. War Fred dort gewesen?«

»Nein. Als er gestern abend ging, war das Auto voll aufgeladen. Der Mörder hat das Vorhängeschloß ohne Schlüssel eingeklickt, und Hester konnte nichts abriegeln, weil sie schon tot war.«

»So könnte es gewesen sein.« Auguste fühlte sich total erschöpft. Es war ein langer Tag gewesen.

Egbert goß Tee ein und schob ihm die Tasse hin. »Trink 'nen Schluck.«

Er nippte. Es schmeckte greulich, tat aber gut. Er nahm noch einen Schluck; der war schon besser. »Wir wissen einfach zu wenig über Hester, da sind zu viele Ungereimtheiten. Weshalb tritt sie erst dem Club bei und reizt dann die Damen mit den Memoiren? Oder noch verrückter, mit den Tagebüchern?«

Das war das Stichwort für Egbert. »Ich brauche selbst noch mehr von dem Tee, der macht munter. Die waren mir ganz entfallen. Twitch wird sie finden. Er ist in ihrer Wohnung.«

»Vielleicht kann man denen mehr entnehmen, der Dolly Dobbs muß ja nicht das einzige Motiv sein.«

»Schon möglich, aber wenn du mich fragst, Roderick wird noch einiges zu sagen haben.«

»Ist der noch in Scotland Yard?«

»Nein. Er ist schon zurück. Zieht sich oben um zum Dinner.«

»Hier?«

»Ich habe bislang keine Handhabe gegen ihn«, erwiderte Egbert gereizt und verstand Augustes Reaktion nur zu gut. »Besser, er ist hier als auf einem Dampfer über den Kanal und davon. Verdammt arroganter Bursche, hat ganz Scotland Yard zusammengeschrien, der König wollte ihn empfangen. Und Phyllis Lockwood erst!«

Auguste war der Auffassung, Phyllis brauchte niemanden, der sich um sie kümmerte. Daß sie in Begleitung eines Polizisten eingetroffen war, war Seiner Majestät nicht entgangen. Der Konstabler hatte einen Reifen gewechselt, ihren kochenden Kühler aufgefüllt und eine Herde Schafe weggescheucht, die Miss Lockwood hirnlos den Weg versperrten, als sie unterwegs eine falsche Abbiegung genommen hatte. Sowie sie in Martyr House ankamen, hatte ihn sich die Sicherheitstruppe Seiner Majestät gegriffen, um sich zu vergewissern, ob er auch wirklich ein Polizist war, und ohne ihm auch nur ein Kaviar-Kanapee zu gönnen, hatte man ihn zur nächsten Busstation gefahren und ihn wieder Richtung Strood befördert, wo er herkam.

»Welche Version hat Smythe denn aufgetischt von dem, was gestern abend lief?«

»Frederick Gale sagt, Tatjana hätte ihn gebeten, bei Hester zu bleiben, weil Smythe nicht kommen würde. Stimmt das?« Auguste nickte. »Er sei um zwölf gekommen, nachdem er zu Hause sein Nickerchen gemacht hatte, und da wäre Hester Hart in der Dolly-Dobbs-Garage gewesen.«

»Tot oder lebendig?«

»Lebendig, sagt er.«

»Klar, sie muß da noch am Leben gewesen sein«, erinnerte sich Auguste. »Tatjana hat sie ja mit Smythe reden hören.«

»Tatsächlich? Dann muß ich noch mal mit ihr sprechen. Smythe behauptet nämlich, er sei kurz vor halb eins vorbeigekommen, weil er den Streit mit seiner Verlobten beilegen wollte; er hätte dableiben und selbst Wache halten wollen und Fred gesagt, er könne gehen. Fred wollte erst nicht, aber da er nichts von einem Streit zwischen den beiden wußte und ursprünglich ja eigentlich Smythe hatte wachen wollen, hatte er keinen Grund gesehen dazubleiben. Er sei also gegangen, froh, daß er vor dem anstrengenden Tag noch würde richtig schlafen können. Heute früh waren dann er und Leo mit ihren Lieferwagen direkt zu dem Autokorso gefahren.«

»Und wieso hat Smythe seine Meinung geändert und ist doch nicht geblieben?«

»Er behauptet, Hester hätte ihm in aller Freundlichkeit gesagt, daß sie absolut in der Lage sei, den Dolly Dobbs selbst zu bewachen, daß ihr Streit vergessen wäre und ihr Verlöbnis weiter bestünde.«

»Das stimmt nicht recht mit dem überein, was Tatjana gehört hat.«

»Das wundert mich nicht. Nach dem, was du mir von ihr erzählt hast, kann ich mir nicht vorstellen, daß Hester so friedfertig gewesen sein soll. Smythe erklärt, er hätte eine gute Nacht gehabt, und mit Miss Lockwood sei er lediglich zusammen gefahren, weil sein eigenes Automobil nicht anspringen wollte. Er hätte vorgehabt, mit Fred und Leo dem Autotroß als Nachhut zu folgen.«

»Seltsam, daß ein Rennfahrer mit dem eigenen Auto nicht zu Rande kommt. Gibt es Zeugen dafür, wann er zu Hause gewesen ist?«

»Sein Hausdiener sagt, kurz vor zwei. Er selbst behauptet, um eins, aber er hätte noch einige Zeit im Motorschuppen allein zugebracht und versucht, den Crossley in Gang zu kriegen.«

»Allein?« fragte Auguste.

»Ganz allein. Und es gibt auch keinen Beweis, daß dem nicht so war«, grummelte Egbert, »außer, daß er als letzter am Tatort war.«

»Fingerabdrücke?« fragte Auguste hoffnungsvoll. Er wußte, daß die Spezialabteilung für Fingerabdrücke von Scotland Yard, die es seit drei Jahren gab, sich langsam bewährte, und daß man berechtigte Hoffnung hegte, daß die Gerichtshöfe von dieser Art Beweisführung Notiz nehmen würden.

»Twitch arbeitet daran.«

Auguste überließ Egbert den Qualen, sich in seinen Frack zu zwängen, den er mit einigem Widerstreben zu Ehren des Königs mitgebracht hatte, und gab der Versuchung nach, noch mal in der Küche vorbeizuschauen, ehe er sich selbst zum Dinner umzog. Er gab vor, er wolle nur nachsehen, daß die Reste seines Mittagimbisses und Tees dem hiesigen Küchenchef bei seiner Vorbereitung des Essens zum Ball nicht irgendwo in die Quere kamen oder daß Porzellan, Gläser und Tischschmuck aus dem Club nicht versehentlich in den Bestand von Martyr House gerieten. Er gestand sich freilich ein, daß er einer Berufsneugierde erlegen war und gern einmal sehen wollte, wie es in so kritischen Augenblicken der Vorbereitung eines Essens, an dem Seine Majestät teilnahm, in anderen Küchen aussah. In weiser Voraussicht entsandte Seine Majestät auch immer einen seiner eigenen Küchenchefs, um die Speisen, die auf den Tisch kamen, zu inspizieren, gegebenenfalls auch zuzubereiten. In den ersten Jahren seiner Ehe hatte Auguste mit diesen sonst sehr ehrenwerten Herren etliche Zusammenstöße gehabt, um klarzustellen, wessen Autorität mehr galt. Der Sieg, den er davontrug, war ein Vorgeschmack dessen, was Status und gesellschaftliche Stellung vermochten, und als er später begriff, aus welchen Gründen der königliche Küchenchef sich so rasch geschlagen gegeben hatte, war er sehr darauf bedacht gewesen, Trostpflästerchen aus Zuckerwatte anzubringen, um verletzte Gefühle zu heilen – eingedenk zukünftiger Situationen.

Von der Küche kann man auf das ganze Haus schließen. Den Geruch dieser hier mochte er nicht. Wohlstand ohne Geschmack; statt daß schöne Gegenstände Herz und Auge wärmten, lagen und hingen sie lieblos herum, tot wie in einem Haus, in dem man keine Liebe kannte. Wollte man den Gerüchten um Isabel Glauben schenken, war es ja wohl auch an dem, und was er vom Grafen gesehen hatte, so war er ein umgänglicher Gentleman, der sich ziellos treiben ließ und dem Haus keine persönliche Note zu geben vermochte. Das einzige Familienmitglied, das so etwas wie Gefühle und Kontakte zu Mitmenschen hatte, war die Mutter des Grafen; sie hatte Auguste die Teezeit mit einer lebhaften Schilderung ihrer engen Freundschaft mit Seiner Majestät aus früheren Zeiten verkürzt. Die Küchenräume hier hatten aber nicht einmal diese Spur von Wärme. Das Personal bewegte sich wie Bauern auf einem sterilen Schachbrett, der Geruch von Speisen hing wenig einladend in der Luft, regte nicht an. Auguste konnte sich genau vorstellen, was für ein Abendessen aus dieser Küche kommen würde: von Kennern sachkundig zubereitet, teuer, aber langweilig: Hummersalat, zum Beispiel, die Zutaten akkurat nach Vorschrift zusammengerührt, aber ohne die schöpferische Hand, die daraus eine Gaumenfreude für sich macht; oder *oeufs à la neige*, bloß pappige Baisers, die in schaler Vanillesoße schwimmen. Doch da gab es noch einen anderen Grund, weshalb er hier war, und einen wichtigen dazu, einen, den er nicht hätte definieren können; mit dem Gang der Ereignisse des Tages hatte er sich herauskristallisiert und blieb als Frage im Raum stehen.

Von seinen Leuten war niemand hier zu sehen, und als er sich nach Pierre erkundigte, verwies man ihn zu den weiter hinten gelegenen Speise- und Vorratskammern. Die meisten seiner Leute waren mit Aus- und Umpacken von Schachteln und Körben beschäftigt, aber aus dem Kabuff, das Egbert abgelehnt hatte, hörte er bekannte Töne – Pierre und Luigi stritten sich mal wieder. Das war zuviel des Guten, und er stürzte in den Raum.

»Und worum geht es jetzt schon wieder? Das Bankett ist doch blendend gelaufen. Ihr habt großartig zusammengearbeitet. Können wir in so einer schwierigen Situation wie jetzt nicht einmal allen Streit beiseite lassen?«

»Ich versuche diesem dämlichen Hund ja nur klarzumachen, was für eine großartige Frau Miss Hart war. Und daß keiner ein Interesse daran haben konnte, sie umzubringen. Es muß jemand gewesen sein, der das Automobil vernichten wollte.«

»Und ich hab ihm gesagt ...« – Luigi grinste mit aufreizender Selbstgefälligkeit –, »... daß es genügend Leute gab, die Miss Hart hätten umbringen mögen. Wenn man in einem Restaurant arbeitet, hört man eine ganze Menge, was denen, die aus der Küche nicht herauskommen, entgeht. Soll doch dieser Hornochse glauben, was er will. Wenn ich etwas sage, kontert der ja sowieso nur. Der hat keinen Grips im Kopf.«

»Dafür aber ein Herz, im Gegensatz zu dir, du Trottel.«

»Vielleicht rufen wir uns lieber alle in Erinnerung, daß Miss Hart tot ist«, sagte Auguste ruhig, »und daß Streitereien um sie uns nicht weiterbringen. Sich aber zu überlegen, ob es etwas gibt, das für die Polizei von Interesse wäre, könnte unter Umständen weiterhelfen.«

»Da ist etwas dran«, stimmte Luigi zu. »Mir könnten da manche sehr interessanten Dinge einfallen.«

Egbert Rose fühlte sich in weißem Hemd und Frackweste nicht wohl; es saß ihm alles zu eng, obwohl er im Gegensatz zu Seiner Majestät den untersten Knopf nicht offen lassen mußte. Er hatte eine weiße Hemdbrust mitnehmen wollen, aber Edith war dazwischengegangen, hatte das gute Stück wieder aus dem Koffer genommen und statt dessen das beste Frackhemd ihres Vaters eingepackt, das jetzt an Egbert übergegangen war. Nicht ganz zu Unrecht hatte sie ihm ausgemalt, was für ein unglückliches Bild er abgeben würde, wenn die Ränder der Hemdbrust bei der Verbeugung vor Seiner Majestät hervorrutschen würden. Da er Streit vermeiden wollte, hatte er nachgegeben; jetzt aber, so ausstaffiert, war ihm unbehaglich zumute. Er stand an der Tür des Ballsaals, wo inzwischen alle Gäste versammelt waren und auf die Ankunft Seiner Majestät warteten.

Er mußte daran denken, wie er Auguste zum ersten Mal begegnet war. Damals hatte er mit einem Mordfall in Adelskreisen zu tun gehabt, und das auch zum ersten Mal. 1891 war das gewesen, auf Stockbery Towers. Was da bei der Untersuchung zutage kam, hatte ihn seinerzeit überrascht, ja mehr noch, schockiert. Aber inzwischen hatte er gelernt, daß Aristokraten Menschen wie Edith und er und jeder andere waren. Es gab Schurken unter ihnen und gutherzige Leute wie überall sonst auch. Was sie von den anderen unterschied, ging ihm durch den Kopf, während er die glitzernde Abendgarderobe und die Juwelen betrachtete, war, daß sie Vorschriften einer künstlichen Norm befolgten, hinter deren Regeln man erst einmal kommen mußte. Das heißt, waren sie wirklich so künstlich? Alle Schichten der Gesellschaft sprachen ihre eigene Sprache, vom Straßenhändler angefangen über den Rattenfänger bis hin zur hauptstädtischen Polizei. Über eins aber verfügte die Aristokratie in Sonderheit, was Rattenfängern und Schornsteinfegern vorenthalten blieb. Sie hatte Macht, und Egbert wußte, daß er das nicht unterschätzen durfte.

Er hörte, wie der Graf um Ruhe bat, und da man allgemein glaubte, die Aufmerksamkeit galt Seiner Majestät, nicht Egbert Rose, leistete man dem Aufruf Folge.

Der Graf bedeutete Egbert, er könne sprechen. »Hester Hart wurde ermordet«, ergriff er das Wort. »Die meisten von Ihnen kannten sie. Sie war Mitglied des Motorclubs für Damen, und umgebracht wurde sie von jemandem, der entweder Mitglied des Clubs oder zumindest mit den Gegebenheiten im Club vertraut war. Besagter Jemand muß entweder gewußt haben, daß sie an jenem Abend dort sein würde, oder hatte es auf das Dolly-Dobbs-Mobil abgesehen und scherte sich nicht darum, wen er dort noch antreffen würde.«

Unbehagen griff spürbar um sich, nicht weniger und nicht anders als in der Kneipe »Zur Seemansruh« am Hafen, wenn ein Ordnungshüter den Raum betrat. Egbert registrierte das blanke Entsetzen um sich herum, und das wollte er erreichen, er wollte sie aufrütteln.

»Eine Reihe von Ihnen hat gestern abend im Restaurant gespeist, die meisten von Ihnen haben von dem Dolly Dobbs gewußt; ich habe also guten Grund anzunehmen, daß es unter Ihnen einige gibt, die mir etwas zu sagen haben. Ich halte mich heute abend während des Balls in der Bibliothek auf und stehe Ihnen dort zur Verfügung. Andernfalls werde ich mir erlauben, Sie in London aufzusuchen.«

Nach dieser kurzen Erklärung wanderte sein Blick durch die Menge, und er versuchte, die Gäste einzuordnen. Wer von diesen Frauen mochte Anlaß gehabt haben, gegen Hester Hart Groll zu hegen? Dann sah er eine Dame mittleren Alters mit hagerem Gesicht und kantigem Kiefer. Sie stand neben einem friedfertigen, wie ein Gelehrter aussehenden Mann. Jetzt erkannte er sie. Wie, um Himmels willen, kamen Hortensia Millward und ihr Gatte zu einer Einladung zum Ball des Motorclubs für Damen?

»Guten Abend, Tati. Und Auguste.« Die zweite Begrüßung kam mit leichter Verzögerung.

Auguste wurde rot; es war das erste Mal, daß er mit Auguste und nicht mit Didier angesprochen wurde. Leider wurde nur allzu rasch klar, daß Seine Majestät mit den Gedanken woanders gewesen und es ihm nur aus Versehen herausgerutscht war.

»Dieser Mord«, fing Seine Majestät verdrossen an.

»Ja, was, Bertie?« Tatjana blickte nervös zu Auguste.

»Dieser Rose sagt, er würde sich heute abend in die Bibliothek zurückziehen, und Leute befragen. Befremdliche Sache bei einem Ball. Aber Mord ist Mord, fürchte ich.« Er starrte Auguste an, als wollte er ihn zum Widerspruch herausfordern.

»Du beweist immer Verständnis für schwierige Situationen, Bertie«, suchte Tatjana ihn zu beschwichtigen.

»Zumindest versuche ich's.« Das war Auguste neu. »Ist das so zu interpretieren, daß Rose vermutet, der Mörder sei tatsächlich hier unter uns?«

Auguste zögerte. »Der Mörder oder die Mörderin könnte hier sein, Sir, einfach deshalb, weil es wahrscheinlich ist, daß er oder sie etwas mit dem Club zu tun hat, vielleicht sogar Mitglied ist. Niemand außerhalb dieses Kreises würde einbrechen, ohne nicht wenigstens irgendeine Verbindung zum Club zu haben.«

»Und was ist mit der Pferdefanatikerin?«

»Mrs. Millward?« fragte Tatjana erstaunt. »Woher sollte die überhaupt wissen, in welcher Abteilung der Wagenhalle der Dolly Dobbs stand?«

Auguste hielt es für klüger, den Namen Thomas Bailey unerwähnt zu lassen und die Sache nicht unnötig zu komplizieren. Fakt war, daß der auf Anhieb den Standort des Dolly Dobbs ausgemacht hatte.

»Gut.« Der König räusperte sich. »Mir war es einfach so eingefallen; ich habe sie eingeladen.«

Auguste war perplex.

Seine Majestät erläuterte seinen Einfall. »John Millward ist für eine Auszeichnung bei Hofe vorgesehen; ich habe ihm in letzter Minute noch eine Einladung für heute abend geschickt. Aber als ich mich vorhin umzog, schoß es mir durch den Kopf, ob die womöglich die Mörder sind.«

Wieder blickte Tatjana zu Auguste. Seine Majestät mußte beruhigt, mußte abgelenkt werden. »Für dieses Haus wäre das nichts Neues«, sagte sie leichthin.

»Was?« Nervös schaute sich Seine Majestät um, suchte John Sweeney, seinen Privatdetektiv.

»Dieses Haus oder besser sein mittelalterlicher Kern, um den herum es gebaut wurde, gehörte einem der Mörder von Thomas à Becket. Jedenfalls hat es Isabel Tunstall mir so erzählt.«

»Der wird doch nicht etwa hier herumgeistern, wie?« Der König lachte herzhaft.

Beim Tanz mit Isabel tauschte Auguste harmlose Liebenswürdigkeiten aus (es wäre kaum angebracht gewesen, die Gastgeberin zu fragen, wo sie sich zur Zeit des Mordes aufgehalten hatte, während er sie im Arm hielt). Mit ihr schwebte er nur so über das Parkett. Holpriger hatte sich der Tanz mit Maud Bullinger angelassen, aber der Walzer mit Agatha war reine Sahne gewesen. Sich dann wieder von Miss Dazey trennen zu dürfen war ihm wie eine Erlösung vorgekommen. Danach hatte er Isabel zum Tanz gebeten und war dabei, wie er nervös bemerkte, nicht etwa vom Grafen, sondern von Hugh Francis argwöhnisch beobachtet worden, der sich offenbar unwiderstehlich zu Isabel hingezogen fühlte. Er war erleichtert, daß die nächste Partnerin seine Frau war.

»Allzu beunruhigt scheint Bertie nicht zu sein«, flüsterte Auguste ihr zu.

»Es ist ja auch nicht sein Club, der Schaden genommen hat.«

»Der Club ist nur der Ort, nicht die Ursache des Verbrechens«, tröstete er sie. »Der Club wird überleben.«

»Und wo siehst du die Ursachen?«

»Bei den Menschen, wie immer.«

»Und die Täter sind heute hier unter uns«, kommentierte sie nüchtern. »Du wirst doch herauskriegen, wer die schreckliche Tat begangen hat, Auguste?«

»Das werd ich, *chérie*.«

Er meinte es ehrlich, aber leicht würde es nicht werden. Als erstes mußte er den Ungereimtheiten in der eigenen Küche auf die Spur kommen; in den letzten beiden Wochen stimmte da etwas mit den Gerüchen nicht. Und die kamen nicht von Hester Hart, stammten vielmehr von ihm selbst, kamen aus seinem eigenen Suppentopf, von dort, wo er sich sicher geglaubt hatte. Es war an der Zeit, sich davonzustehlen, während das Abendessen serviert wurde. In den Küchenräumen würde es ruhiger sein.

Er fand Pierre im Raum fürs Personal, wo er sich einen Teller Roastbeef einverleibte. Für die Dienerschaft im Martyr House gab es nicht so etwas Simples wie Hummersalat; man schmorte hier, selbst an warmen Julitagen, Fleisch für die eigene Mahlzeit.

»Unser Wildbretbraten, von dem noch eine Menge übrig ist, interessiert Sie wohl nicht?« fragte Auguste ohne jeden Anflug von Kritik.

Pierre ließ sich durch Augustes plötzliches Auftauchen nicht aus der Fassung bringen. »Ein Koch kann auch mal seiner eigenen Gerichte müde werden«, konterte er.

»Aber nicht meiner«, setzte sich Auguste leicht pikiert zur Wehr. »Pierre, ich muß Sie etwas fragen. Vielleicht können wir uns irgendwohin zurückziehen, wenn Sie fertig sind.«

Nachdenklich betrachtete Pierre die restlichen Pastinakwurzeln auf dem Teller und schob ihn dann beiseite. »Gehen wir lieber gleich, Monsieur Didier. Was immer Sie auch fragen wollen, ich möchte Ihnen auch etwas sagen. Es dürfte Sie beide interessieren, Sie und diesen Inspektor von Scotland Yard. Ich möchte es Ihnen aber erst allein erklären.«

Auguste war geradezu erschrocken, daß sein Verdacht nicht aus der Luft gegriffen war. Sie gingen ein zweites Mal in den kleinen Nebenraum. Pierre ließ ihm keine Chance, als erster zu sprechen.

»Ich kannte Miss Hart schon, ehe ich in den Club kam. Das wollten Sie mich doch fragen, nicht wahr? Ich habe sie sogar sehr gut gekannt, habe sie gerade deshalb sehr bewundert und bedaure ihren Tod zutiefst.«

»Demnach gehe ich richtig in der Annahme, daß Sie Ihre Lehre als Koch nicht im Hôtel Grande in Marseille absolviert haben?«

»Ja, Monsieur. Mein Vater hat dort eine Zeitlang in der Küche gearbeitet. Als Kind habe ich als Tellerwäscher ausgeholfen, gelegentlich auch Gemüse geputzt. Aber meine Ausbildung, wenn man es denn so nennen will, habe ich im Restaurant meines Vaters in Marseille genossen und unterwegs auf Reisen.«

»Und das Restaurant Ihres Vaters, vermute ich mal, hat sich nicht auf französische Gäste spezialisiert, hat nicht ausgesprochen französische Küche geboten?«

»Nur in dem Sinne, daß Algerien als der Republik Frankreich zugehörig betrachtet wird.«

»Ihr Vater ist wohl Araber, nicht wahr?«

»Stimmt. Und meine Mutter ist Türkin. Ich wurde in einem Land mit christlichen Auffassungen geboren, wuchs aber als Mohamedaner auf. Unser Familienname ist Khalil mit K. Mein Vater hat dann die französische Schreibung übernommen.« Er zögerte. »Darf ich fragen, wie Sie darauf gekommen sind?«

»Durch Ihre Art zu kochen. Sie sind in der Küche vieler Länder firm, aber letztendlich verrät einen die eigene Herkunft.«

»*Asl*«, kommentierte Pierre wenig erfreut. »Das heißt soviel wie ›Herkunft des Menschen‹, und wir Araber glauben daran, daß man sich diesem Einfluß ein Leben lang nicht entziehen kann.«

»Ihre Vorliebe für Pfefferminz verrät Sie zum Beispiel; die Art, wie Sie mit süß und sauer in faszinierenden Kombinationen umgehen, Ihr Verwenden von Honig, Ihr Herangehen allgemein, in dem sich beide Seiten finden, einfache Herbheit und meisterhafte Raffinesse. Und außerdem«, Auguste erwähnte es nur ungern, »ging Ihnen mein Pfeifen gegen den Strich. Und ich weiß, daß Araber strikt dagegen sind.« Er hatte es auch als befremdlich empfunden, daß Miss Hart am vergangenen Sonnabend Pierre reichlich grob angefahren hatte. Er hatte da noch bei sich gedacht, daß sie sich schlecht darüber beschweren könnte, wie andere, die sich in einer günstigeren Position dünkten, sie behandelten, wenn sie selbst einen solchen Umgangston mit Angestellten hatte. »Und wie haben Sie Miss Hart kennengelernt? Erzählen Sie bitte. Ich kann nicht glauben, daß das in einem Kuskus-Restaurant in Marseille geschah.«

»Wo ich sie kennengelernt habe, spielt eigentlich keine Rolle. Was ich Ihnen aber offenbaren muß, ist, was sie für mich bedeutete – es dürfte Ihnen helfen, den Mörder rascher zu finden.« Er wurde heftig.

»Waren Sie ihr Koch?«

»Ihr Dragoman. Kochen gehörte auch dazu. Über sechs Jahre lang habe ich sie auf ihren Reisen begleitet; zuerst in Algerien und sonstwo in Afrika, dann weiter östlich durch Indien, Syrien, Persien, den Jordan. Ich kenne die Haltung der Mohammedaner zu Frauen und Freunden, zu Geld und Essen, zum

Leben schlechthin. Und für Miss Hart war von unschätzbarem Wert, daß ich wiederum ihre Lebensauffassungen kannte und verstand. Die Mohammedaner verehren die Frauen durchaus, Monsieur, auch wenn sie die eigenen im Hause halten. Einer fremdländischen Frau auf Reisen, die einer anderen Religion angehört, darf nichts geschehen, aber sie muß einen Dragoman um sich haben, weil nicht alle Araber sich an diese Vorschrift ihres Glaubens halten. Es sind durchaus Banditen unterwegs, die mehr von Mord und Totschlag halten als von mühevollem Tauschhandel.« Dann fügte er lachend hinzu: »Außerdem konnte Miss Hart nicht gut kochen.«

»Und wie sind Sie hier im Club gelandet?« fragte Auguste scharf. Er ärgerte sich, daß er seinen Zweifeln nicht schon vorher auf den Grund gegangen war.

»Miss Hart hatte mich darum gebeten«, erklärte Pierre ohne Umschweife.

»Weshalb? Einen Dragoman hatte sie hier doch nicht nötig.«

»Genau das hatte ich sie auch gefragt. Mich hätte es nicht weiter verwundert, wenn sie mich bei sich zu Hause als Koch eingestellt hätte, aber in einem Motorclub für Damen, das war seltsam. Ich sollte aber hier im Club in gewissem Sinne auch ihr Dragoman sein. Sie wollte, daß ich sie beschützte und verteidigte. Und dabei habe ich nun kläglich versagt.« Das Gesicht verzerrte sich vor Seelenpein.

»Beschützen? Weswegen?« fragte Auguste sacht. »Ahnte sie, daß ihr Leben bedroht war.?«

»Das vielleicht nicht. Aber ganz ungefährlich war es für sie nicht, sie wagte sich gewissermaßen in unbekanntes Territorium vor, wie sie sagte, und sie wollte auf mich zurückgreifen können, falls sie Hilfe brauchte.«

»Und haben Sie ihr geholfen?«

»Ich habe das getan, worum sie mich bat. Alles, was ich über sie hörte, ob Gutes oder Schlechtes, habe ich ihr zugetragen.«

»Und wie?«

»Ich habe ihr Briefe geschickt, manchmal haben wir uns auch außerhalb des Clubs getroffen. Ich bin gut im Schreiben«, meinte er nicht ohne Stolz.

»Aber wie konnte sie wissen, daß ein Motorclub für Damen ein gefährliches Terrain für sie werden könnte, bevor sie dort Mitglied wurde und Ärger verursachte?«

»Sie war darauf aus, sich in Gefahr zu begeben. Sie suchte die Gefahr, ähnlich wie in der Wüste, wo sie das Abenteuer suchte. Und sie wollte Rache, hatte alles lange geplant und durchdacht. Rache war ihr Motiv, nach England zurückzukehren.«

»Woher wollen Sie das wissen?«

»Sie hat es mir erzählt.«

»Wann, wo und was?« Auguste wurde wieder schärfer, als er wollte. Das hier konnte der Schlüssel zum Geheimnis um Hester Hart sein.

»Immer und überall, Monsieur. In der Wüste, in den Ruinen von Palmyra, in Petra, in Ägypten, im alten Babylon. Ein Dragoman ist mehr als nur ein Butler oder Koch, die für getane Arbeit bezahlt werden, er ist Partner im Abenteuer. In der Wüste braucht man jemand neben sich, der Zauber der Natur ist zu gewaltig, um allein mit ihm zu sein. Die Unendlichkeit erstreckt sich ins Unermeßliche, da fließen Worte leichter als hier in England. In der Wüste herrscht Stille, das Auge ruht auf den Schönheiten; hier dagegen nehmen einen tausenderlei Ablenkungen gefangen. Hast entstammt der Hölle, heißt es beim Araber. Für die englische Gesellschaft ist Hast der Honigpfad zum Himmel.

Auguste wagte kaum, die entscheidende Frage zu stellen. »Als Miss Hart Ihnen von diesem großen Abenteuer, ihrer Rache sprach, hat sie da auch Namen genannt?«

»O ja, Monsieur. Genau deshalb mußte ich gleich mit Ihnen sprechen, um meinet- und um ihretwillen.«

»Um ihretwillen?«

»Weil sie tot ist, Monsieur, und weil auch mir mein Leben lieb und teuer ist.«

Hauptinspektor Egbert Rose wartete ungeduldig darauf, daß jemand den Weg zu ihm fand. Bisher hatte lediglich ein im Haus noch unerfahrener Diener die Tür vorsichtig geöffnet und ihm ein Tablett mit lauwarmem Roastbeef hingestellt. Er war enttäuscht gewesen; es hatte wie Beef von Mr. Pimpole geschmeckt. Er hatte seinen Fleischer immer verdächtigt, der annonciere in Smithfield, um das zäheste Rindfleisch aus England heranzuschaffen und es Edith zu verkaufen; aber nun wußte er, daß Pimpole nicht allein war. Vielleicht war sein Bruder Viehzüchter hier. Aus dem Ballsaal hatte sich bisher niemand hierher verirrt; da jagte ein Tanz den anderen, und keiner hatte Lust, sich mit ihm zu unterhalten. Sollte sein Besuch hier reinste Zeitvergeudung sein? Nicht ganz, sagte er sich; er konnte dem hier eine ganze Menge entnehmen. Tatjana hatte ihm die Liste mit den Teilnehmern am Rennen und deren Beifahrer gegeben, dazu die Notizen, die Auguste neben manchen Namen gemacht hatte. Nach seiner Auffassung gehörte Roderick Smythe zu denen, die man besonders genau unter die Lupe nehmen sollte. Er hatte am Abend zuvor mit der Verstorbenen eine Auseinandersetzung gehabt, war zur Wagenhalle gekommen, um das Mobil zu bewachen, obwohl sie ihm bedeutet hatte, daß er nicht mehr gebraucht wurde, und er hatte Fred Gale gesagt, er solle nach Hause gehen. An sich tendierte Rose dazu, wo immer er konnte, einfachen Antworten Glauben zu schenken - zumindest, bis sie nicht mehr haltbar waren. Er kannte Auguste lange genug und wußte, daß manche Fälle alles andere als einfach zu lösen waren, aber er blieb seinem Grundsatz treu.

Hoffnungsvoll blickte er auf, als es klopfte und die Tür aufging. Es war keine Herzogin, auch keine Gräfin, nur wieder mal Auguste und noch ein Bursche, Koch vermutlich, der langen Schürze nach zu urteilen.

»Wollen sich wohl für das Roastbeef entschuldigen?« grunzte er.

Im ersten Augenblick war Auguste abgelenkt, als er die Reste der Mahlzeit sah, und rechtfertigte sich sofort. Sodann stellte er Pierre vor. Egberts Miene veränderte sich, nahm den Ausdruck des Diensthabenden an, Scotland Yard eben, wie Auguste fand.

»Sie haben bisher die Sache für sich behalten?«

»Miss Hart hatte mich darum gebeten, Monsieur, und als ich heute mittag von den gräßlichen Ereignissen erfuhr, konnte ich auch nicht gleich anders. Ich mußte mich um das Essen für den König kümmern, konnte nicht einfach alles stehen und liegen lassen, um Mr. Didier zu informieren.«

Das verstand Egbert nur allzu gut; er hatte auch seine Probleme mit Seiner Majestät. »Wie sind Sie zu dem Job im Club gekommen?«

»Miss Hart hatte mich darum gebeten.«

»Ja, ja«, reagierte Egbert ungeduldig, »aber wie? Mrs. Didier würde niemanden ohne ein Empfehlungsschreiben einstellen.«

»Wie bitte?«

»Eine Beurteilung von Ihren früheren Arbeitgebern«, erläuterte Auguste.

»Ach so. Miss Hart war mir behilflich.«

»Nicht, daß Sie Papiere gefälscht haben«, sagte Egbert bissig.

Pierre wurde puterrot. »Ich bin ein guter Koch, Monsieur, und ein ehrlicher Mensch. Miss Hart könnte beides bezeugen.«

»Das eine muß nicht unbedingt mit dem anderen einhergehen. Sie brauchen bloß an Sweeney Todd zu denken.«

»An wen?« Pierre blickte hilfesuchend zu Auguste.

»Einen gewissen Herrn, der es mit der Füllung seiner Pasteten nicht allzu genau nahm«, klärte er ihn auf. »Egbert, für Pierres Pasteten kann ich mich verbürgen.« Auguste fragte sich plötzlich, ob Seine Majestät je gemerkt hatte, daß einen Mann mit Namen Sweeney als Privatdetektiv anzustellen, nicht der glücklichste Griff war. Mit derlei Gedanken beschäftigt, entgingen ihm etliche Fragen, die Egbert Pierre stellte. Als er wieder bei der Sache war, hörte er, daß Pierre bereits Personen nannte, die Miss Hart aufgebracht hatten.

»Da wäre zuerst Miss Lockwood. Als wir im vergangenen Jahr unterwegs auf Reisen waren, erhielt Miss Hart die Kopie eines Zeitschriftenartikels, der sie ungemein ärgerte. Miss Lockwood hatte ihn geschrieben, und er löste bei ihr den Entschluß aus, nach Hause zurückzukehren, um ...«

»Nicht, um deren Liebsten zu sehen?«

»Davon weiß ich nichts«, war alles, was Pierre erwiderte.

»Und wer spielte noch eine Rolle?«

»Viele, aber dreien hat sie niemals verziehen. Immer wieder sprach sie von ihnen. Sie war mit ihnen zusammen auf der Schule gewesen, hatte gemeinsam mit ihnen Umgang in den gleichen Kreisen gepflegt wie alle anderen jungen Damen. Trotzdem hätte man sie als nicht ebenbürtig behandelt, über sie gelacht und sie verspottet; dabei war ihr Vater von der großen Herrscherin Queen Victoria geadelt worden und ein sehr reicher Mann dazu.

»In der englischen Gesellschaft geht es hart zu«, bestätigte Auguste. »Meine Frau sagt manchmal, ehe man akzeptiert wird, kann man längst tot sein.«

Egbert sah ihn an. »Miss Hart ist tot.«

»Entschuldige, Egbert.« Auguste war betreten.

»Im Islam glaubt man, daß einer von ganz unten zum höchsten streben kann«, sagte Pierre.

»Nicht in England.«

»Wer noch?« fragte Egbert ungeduldig und blickte unwillig zu Auguste hinüber.

»Lady Tunstall zum Beispiel.«

»Ist die nicht eine Freundin von dir, Auguste?«

»Nicht unbedingt.« Mehr sagte er nicht, gab aber Egbert zu verstehen, daß er sich weiter darüber auslassen würde, wenn sie später unter sich waren.

»Wenn Miss Hart eine Reihe von Jahren auf Reisen gewesen war«, fuhr Pierre fort, »zog es sie immer zeitweise nach London zurück. Sie hoffte stets, wie sie mir erzählte, die Erinnerung an ein schreckliches Vorkommnis auszulöschen und von der Gesellschaft wieder akzeptiert zu werden. Mit ihren Reisen in Ägypten hatte sie viel von sich reden gemacht, und sie dachte, das wäre ihre Chance. Sie setzte darauf, vom Prince und der Princess of Wales empfangen zu werden. Es bot sich eine ideale Gelegenheit; die Prinzessin zeigte großes Interesse für ägyptische Grabmäler, und als eine der Feierlichkeiten anläßlich des goldenen Regierungsjubiläums von Queen

Victoria gab sie ein Dinner eigens für Forschungsreisende, und Miss Hart sollte zu den Gästen gehören.«

»Und was geschah?«

»Sie wurde im letzten Moment von der Einladungsliste gestrichen. Lady Tunstall, die bekanntlich eine schöne Frau ist, war eng mit dem Prince of Wales befreundet und überredete ihn, daß Miss Hart nicht die rechte Persönlichkeit wäre, um geladen zu werden.«

»Wenn das ein offizielles Dinner war, würde Seine Majestät dem nie zugestimmt haben. Er ist ein Mann mit Grundsätzen.«

»Sie machte ihm weis – wie Miss Hart später erfuhr –, daß Miss Hart nicht ganz richtig im Kopf sei und so viel im Ausland herumreise wegen ihres – verzeihen Sie mir – notorischen Sexuallebens hierzulande. Schlimmer noch, sie hätte einen Hang, Geschichten über amouröse Affären mit in der Gesellschaft angesehenen Herren zu erdichten. Dabei fiel der Name Harriet Mordaunt. Ich wußte damit nichts anzufangen.«

Egbert und Auguste sahen sich an. Sie wußten nur allzu gut damit etwas anzufangen. Zu den weniger angenehmen Erlebnissen in der Karriere des Prince of Wales hatte der Tag gehört, als er bei einem peinlichen Scheidungsfall hatte im Zeugenstand erscheinen müssen; zur Verhandlung hatte Harriet Mordaunts Behauptung gestanden, der Prince of Wales sei ihr Liebhaber gewesen. Die Sache hatte viel Staub aufgewirbelt damals, und natürlich wollte er nicht erneut in einen Skandal dieser Art verwickelt werden, um so mehr, da es keinerlei Anlaß gab.

»Miss Hart wollte sich an Lady Tunstall rächen und den unerhörten Tatbestand in ihren Memoiren zum besten geben zusammen mit der anderen Geschichte, wie diese Lady mit siebzehn mit dem Kutscher der Familie durchgebrannt war.«

»Hat sie das gemacht?« Wieder ließ sich Auguste ablenken und handelte sich erneut einen mißbilligenden Blick von Egbert ein. »Woher will Miss Hart das gewußt haben?«

»Keine Ahnung.«

»Hatte sie keine Angst vor möglichen Verleumdungsklagen?«

»Nein. Sie war eine reiche Frau, hätte jederzeit wieder auf Reisen gehen und ihr Geld mitnehmen können. Aber niemand würde es wagen, sie zu verklagen, meinte sie; ihre Behauptungen beruhten auf Tatsachen, und sie hätte Beweise.«

»Und Lady Tunstalls Behauptungen über sie gegenüber dem Prince of Wales? Bestanden die zu Recht?«

»Ja und nein. Es muß wohl Skandalgeschichten gegeben haben, aber Miss Hart war unschuldig.«

»Oder hat es zumindest gesagt.«

»Sie war es aber auch«, ereiferte sich Pierre. »Deshalb war sie ja so erbittert gegenüber Lady Bullinger und der Herzogin von Dewbury.«

»Was wissen Sie noch darüber? Erzählen Sie«, forderte ihn Egbert auf.

»Miss Hart hat oft von den Damen gesprochen. Es erleichtere sie, sagte sie jedesmal.« Pierre erwähnte das nicht ohne Stolz. »Als sie die Schule beendet hatte, wollte ihr Vater, daß sie sich in den besseren Kreisen Londons zeigte, und ihm zum Gefallen tat sie es. Sie war attraktiv, fand sie, aber sie verschreckte die Männerwelt mit ihrem Interesse für Reisen. Engländer, meinte sie, suchten nur eine Mutter für Kinder, eine Gastgeberin am Tisch und eine Frau im Bett.«

Egbert mußte an Edith denken und deren ergebene Treue zu ihm und fragte sich, warum die Menschen so einen Hang zur Verallgemeinerung hatten.

»Sie sprach natürlich von der besseren Gesellschaft«, betonte Pierre, »und von der Sorte Herren, mit der ihr Vater sie so gern verheiratet gesehen hätte. Am liebsten hätte er es gehabt, wenn sie einen Titel heimbrächte, das hätte seinen Reichtum gemehrt gewissermaßen. Dabei gab es aber einen Herrn, der sich in sie verliebte, und sie erwiderte seine Liebe.«

»Einer mit Titel?«

»O ja. Der Erbe eines Herzogtums.«

Natürlich, dachte Auguste. Natürlich, ja.

»Und was geschah?« wollte Egbert wissen.

»Seine Schwester, zwei Jahre jünger zwar, aber der stärkere

Charakter, war vehement dagegen, daß Hester ihren Bruder heiratete.«

»Und weshalb?«

»Wegen ihrer Herkunft. Tochter eines Geschäftsmannes. Miss Hart sprach mit großer Verbitterung darüber.«

»Mindestens die Hälfte aller Adligen waren selbst einmal Schlächter, wenn nicht im Schlachthaus, so doch auf dem Schlachtfeld«, brummte Egbert.

»Und Miss Hart war außerdem intelligent«, sagte Pierre. »Die englische Aristokratie, hat sie mir erzählt, mißtraut jedem intelligenten Menschen, egal ob Mann oder Frau.«

»Und was geschah weiter?«

»Die Schwester wählte eine ihrer Freundinnen aus, die ihrer Vorstellung nach eine zukünftige Herzogin abgeben konnte, und dann ersannen die beiden einen Plan. Sie taten alles, um ihren Bruder von seinem Vorhaben abzubringen; Miss Hart kam dahinter und lachte sie nur aus. Er ließ sich nicht gegen Miss Hart beeinflussen, und so bedienten sie sich anderer Mittel. Sie fälschten Briefe mit Miss Harts Handschrift und gaben sie einem jungen Mann, der sich in besten Kreisen bewegte. Der stellte sich betrunken und prahlte in diesem Zustand in einem der Herrenklubs mit seinem Liebesverhältnis zu Miss Hart, und als der Bruder ihn herausforderte, zeigte er ihm die Briefe.«

»Und der glaubte das einfach so?« Auguste konnte sich das nicht vorstellen. Klang wie aus einer Sherlock-Holmes-Geschichte.

»Nicht gleich. Er liebte Miss Hart wirklich. Aber der junge Mann tauchte immer wieder angeheitert in Restaurants und auf Bällen auf, in der Oper, brüstete sich sogar mit ihren Vorzügen ...«, Pierre errötete, »... im Bett, und das nicht nur mit ihm, sondern auch mit anderen Herren aus seiner Bekanntschaft. Als sie den Zeitpunkt für gekommen hielten, gab sich die Freundin, eine reizende junge Dame von fünfundzwanzig, ganz schockiert, ihr seien da Gerüchte zu Ohren gekommen, und sie fragte den zukünftigen Herzog, ob da etwas Wahres dran sei. Sie trieben es so weit, daß er sich letztendlich, um den Ruf seiner Familie nicht zu gefährden, nicht leisten konnte,

Miss Hart zu heiraten, ganz gleich, ob die unschuldig oder schuldig war. In der Öffentlichkeit glaubte man an die Wahrheit der Gerüchte, und Miss Hart war gezwungen, ins Ausland zu gehen. Die Schwester ist heute Lady Bullinger, und die junge Dame die Herzogin von Dewbury.«

»Und wer war der junge Mann?«

»Dessen Namen kenne ich nicht.«

Auguste wollte gerade nachhaken, da versuchte es Egbert von einer anderen Ecke.

»Miss Hart hatte im Club von Tagebüchern gesprochen. Haben Sie die einmal gesehen?«

»Ja, natürlich. Sie hat jeden Abend daran geschrieben. Angefangen hatte sie damit in der Schule, und sie war bestrebt, sie regelmäßig zu führen, keine Lücken entstehen zu lassen.«

»Glauben Sie, daß Miss Hart alles, was Sie uns erzählt haben, darin festgehalten hat?«

»Ganz sicher, ja.«

»Twitch dürfte sie inzwischen gefunden haben«, sagte Egbert. »Wartet hier.« Er ging hinüber zur Eingangshalle, um mit Scotland Yard zu telefonieren. Nach einigen Minuten kam er zurück.

»Es haben sich keine Tagebücher im Haus gefunden.«

Pierre reagierte erstaunt. »Sie müssen aber dort sein. In einer großen Truhe hat sie mir erzählt.«

»Vielleicht hat sie sie jemandem anders gegeben, damit sie sicher sind, ihren Eltern vielleicht.«

»Die sind beide tot. Ein Haus, das der Familie gehört, gibt es nicht. Sie wollte eines kaufen, wenn sie heiratete.«

»Käme sonst jemand in Frage, dem sie die Hefte anvertraut haben könnte?«

»Vertraut hätte sie nur einem – mir. Und ich habe sie nicht.«

»Eine Bank?«

»Vielleicht, oder ...« Pierre schrie los. »Es wäre durchaus möglich, daß Luigi, dieser Hundesohn, sie hat!«

»Wieso ausgerechnet der?« fragte Auguste verwirrt.

»Ich habe den Verdacht, daß Miss Hart ihn als Informant benutzt hat«, antwortete er düster. »Eigentlich war das mein Job, aber ich habe ihr nicht rechtzeitig genug Bescheid geben können von der Ankunft des Dolly Dobbs, mit dem sie in Erscheinung treten wollte. Vielleicht wollte sie mich damit bestrafen, daß sie Luigi bezahlte, damit er ihr auch Informationen zutrug. Ich habe ihr gesagt, daß er ein Schurke ist und daß man ihm nicht trauen kann.«

»Aber Ihnen vertraute sie?«

»Ja, ich bin ein ehrenwerter Mann. Ich konnte nicht alles gutheißen, was Miss Hart machte«, gab er zögernd zu, »aber Sie werden sich erinnern, daß ich sie stets gegenüber anderen verteidigt habe. Ich habe versucht, sie von ihren Racheplänen abzubringen, einfach wegen der Gefahr, der sie sich aussetzte. Vielleicht hat sie befürchtet, ich könnte ihre Tagebücher vernichten, wenn sie sie mir gäbe.«

»Hätten Sie es getan?«

Er überlegte. »Schon möglich.«

»Spricht sehr für Ihre Ergebenheit«, kommentierte Egbert sauer.

Pierre nahm es wörtlich und nickte zustimmend.

»Haben Sie Miss Hart an dem Abend, an dem sie dann starb, gesehen?«

»Nein, Monsieur, ich wünschte, es wäre an dem gewesen«, entgegnete er heftig. »Als ich erfuhr, daß sie bei dem Auto Wache halten wollte, wußte ich allerdings auch, daß Fred Gale mit dort sein würde. Ich hatte den ganzen Abend in der Küche zu tun – Monsieur Didier wird das bestätigen können.«

»Er ging kurz vor Tatjana und mir, ungefähr um halb eins«, bestätigte Auguste.

»Und heute früh?«

»Ich war schon zeitig da, um das Küchenpersonal hereinzulassen, und habe hintereinander weg gearbeitet, bis wir los mußten.«

»Da haben wir den Braten, hübsch auf der Platte angerichtet, gespickt mit Motiven aller Art«, kommentierte Egbert, als Pierre gegangen war. »Jedenfalls muß sie in den frühen Morgenstunden gestorben sein; du hast ja gesagt, der Leichnam war schon nicht mehr warm. Also tut es nichts zur Sache, ob Pierre heute früh allein in der Küche war oder nicht.«

»Und die Motive sind nicht wegzuwischen, Egbert. Alle fein säuberlich in den Tagebüchern. Hat Twitch überprüft, ob schon vor ihm jemand Einlaß in Miss Harts Haus begehrte?«

»Er hat nichts davon gesagt, aber ich könnte wetten, daß er danach gefragt hat.«

»Hast du 'ne Ahnung, was die Hausangestellten für Leute sind?«

»Hannah Smirch, Oberköchin, und Peters, das Faktotum; beide wurden angeheuert, als Miss Hart im April nach England zurückkehrte und das Haus mietete. So begeistert wie dein Pierre hier reden sie von ihrer Herrin, scheint's, nicht.«

»Vielleicht hat man sie gestern bestochen, keine anderen Besucher zu nennen.«

Egbert verfolgte den Gedanken. »Wäre möglich.«

»Und Pierre verdächtigt Luigi, von Clubmitgliedern bezahlter Zuträger zu sein.«

»Schwer zu fassen, aber in Tatjanas Club haben sich ein paar Schlangen eingenistet und lassen sich's wohl sein.«

Etliche dieser Schlangen drehten sich in prächtiger Garderobe auf der Tanzfläche zu den beschwingten Walzerklängen einer deutschen Kapelle aus Margate; die Musiker sonnten sich in der Ehre, für Seine Majestät spielen zu dürfen, auch wenn Seine Majestät nirgends zu sehen war. Als Auguste wieder den Ballsaal betrat, konnte er sich schwerlich vorstellen, daß diese Menschen, die sich nach der Musik von Strauß wiegten, noch gestern abend all ihren Haß auf Hester Hart konzentriert hatten, ein Abend, der mit ihrer Ermordung geendet hatte.

Isabel tanzte selbstzufrieden mit ihrem Cousin Hugh. Maud Bullinger machte mit ihrer Statur einem zarten Burschen zu schaffen, der sichtlich bemüht war, der Sache etwas abzugewinnen. Agatha hüpfte und zuckte in Roderick Smythes Armen. Phyllis tanzte mit einem zögerlichen John Millward und war glückselig, daß ihr der Geliebte wiedergeschenkt war. Miss Dazey schwatzte strahlend mit ihrem Partner, gleichzeitig aber nagte die Eifersucht, wo Leo sein mochte. Hortensia hatte Sir Algernon Bullinger am Wickel und schwärmte von den Vorzügen ihrer neuen Stute; er wiederum fand den Abend wider Erwarten höchst anregend. Thomas Bailey, der in Ungnade gefallen war, saß, mit Bleistift und Notizbuch bewaffnet, in einer Ecke des Raums fürs Personal und kritzelte fieberhaft mathematische Berechnungen, die eindeutig etwas mit dem Brighton Baby zu tun hatten. Zu Hause aber stöhnte ein aschfahler Harold Dobbs nach einem langen Tag in Scotland Yard, wie ungerecht es in der Welt zuging.

7. Kapitel

Alle Autofahrer waren verrückt,und die Frauen waren die schlimmsten, resümierte Auguste. Auf der Suche nach Leo hatte er an jenem Freitagmorgen Martyr House verlassen, kam aber gar nicht erst weit, weil ihn draußen vor den Stallungen ein seltsames Schauspiel gefangen hielt. Anders als in Milton House beherbergte das Gebäude hier Automobile und Pferde gleichermaßen in einem befremdlichen, aber verträglichen Nebeneinander. Ohne jede Spur von Ironie hatte Isabel ihm erzählt, daß man die Pferde in regelmäßigen Abständen nach Coventry schaffte, damit sie sich in der Heimstatt der Automobilproduktion an die Fahrzeuge gewöhnten. Heute aber waren die »Gäule« besonders unruhig. Der Lanchester des Grafen stand bereits vor dem Haupteingang des Hauses und wartete auf Seine Majestät (er würde wohl noch eine Weile warten müssen, denn es war erst zehn Uhr, und Auguste hatte da so seine Erfahrungen), und auf dem Hof drängten sich die Wagen von denen, die über Nacht in Martyr House geblieben waren beziehungsweise außerhalb übernachtet hatten; alle wollten sich hier treffen, um gemeinsam die Rückfahrt anzutreten. Vor ihrer Abreise sollte den Damen noch ein Mittagsimbiß gereicht werden, und fast taten sie Auguste leid. Selbst bei einer Einkommenssteuer von 5 ½ Pence pro Pfund sollte sich der Graf besseres Personal halten können.

Der Hof hatte sich in eine Werksatt verwandelt; frisch aufgeladene Batterien wurden wieder eingesetzt, man prüfte den Ölstand, füllte die Kühler und Wasserkanister; vor dem Benzinschuppen herrschte Andrang, und Leo hastete zwischen den Wagen hin und her (Miss Dazey trottete ihm treu ergeben überall nach). Die Herzogin thronte zu Augustes Mißfallen auf dem Fahrersitz des Léon Bollée in bedrohlicher Besitzerpositur. Noch am Abend zuvor waren all diese in ihrer Fahrerkluft steckenden Damen wie zarte Blumen in Satin und Seide durch den Ballsaal geschwebt. Jetzt glichen sie einer Armee von Amazonen.

Daß es erst nach Tisch zur Abfahrt kommen würde, war auf Egbert zurückzuführen und hatte Isabels Mißvergnügen heraufbeschworen. Wäre Seine Majestät auch geblieben, hätte sie nichts dagegen gehabt, aber nur so die Clubmitglieder weiter zu beköstigen, empfand sie als eine Zumutung, hatte sie Egbert wissen lassen. Egbert seinerseits hatte es nicht erheiternd gefunden, am gestrigen Abend zum Affen gemacht worden zu sein, hatte der Gesellschaft beim Frühstück verkündet, daß sich nun die Kriminalbehörde des Falles annähme und man sich für ihn zur Verfügung zu halten habe, und hatte alle Protestrufe schlechthin überhört. Auch Drohrufe, sich beim Obersten Polizeichef zu beschweren, wurden ignoriert. Je näher man der Spitze der Pyramide war, desto weniger war man dem Druck von oben ausgesetzt, sagte sich Egbert.

Tatjana frühstückte mit Seiner Majestät; das war eine seltene Ehre, aber Auguste bedauerte es keineswegs, daß er nicht mit dabei war. Er konnte sich nur zu gut Berties lautes Gelächter vorstellen, wenn sie Histörchen über die Königshäuser Europas austauschten, besonders wenn es um Rußland ging. Bertie war der Auffassung, daß die Romanows ihrem Sturz entgegengaloppierten, wenn sie nicht begriffen, daß auch das Zarenreich ins zwanzigste Jahrhundert getreten war. Auguste mochte kein lautes Gelache am Frühstückstisch und war froh, Egberts Gesellschaft in dem langweiligen Frühstückszimmer von Martyr House zu haben. Zugegeben, Egbert war nicht gerade bei bester Laune; man hatte ihn im Wäscheraum der Haushälterin untergebracht, und er war kaum zum Schlafen gekommen. Die ganze Nacht über hatten ihn Schritte auf den knarrenden Dielen im Flur gestört.

»Ich kann mich noch erinnern, daß es in den Korridoren von Stockbery Towers damals ähnlich laut war nachts«, sagte Auguste mit ernstem Gesicht.

Auch das fand Egbert nicht spaßig. Im Gegenteil, er schickte Auguste sogleich in die Spur, er sollte herausfinden, was seine eigenen Leute Mittwochnacht getrieben hatten. Als er zurückkam und Egbert informierte, daß nur zwei zwischendurch in den Vorratskammern in der Nähe des Eingangs gewesen waren und daß man insgesamt zehnmal die Toilette aufgesucht hatte, war der Kedgeree kalt und der Kaffee nur noch lauwarm.

»Twitch hat inzwischen den Bericht der Pathologie bekommen. Sie muß zwischen halb eins und halb drei ermordet worden sein, und Tatjanas Aussagen zufolge war sie noch kurz vor eins am Leben und dem Vernehmen nach im Streit mit Smythe. Er behauptet, er sei nur fünfzehn Minuten oder so dort gewesen, und die dürften - wie er sich wohl bewußt ist - nicht ausgereicht haben, um sich mit Hester zu zanken, sie umzubringen und noch dazu das Auto kurz und klein zu schlagen.« Er machte eine Pause. »Nach Lage der Dinge bist außer ihm du der letzte vor Ort gewesen, Auguste.«

Egbert sah nach gehabtem Frühstück zufrieden aus, stellte Auguste mürrisch fest. Er selbst konnte es nicht ausstehen, wenn seine Verdauung gestört wurde. Für ihn spielte sich das Leben in den drei Hauptbereichen des menschlichen Körpers ab, von denen einer im Augenblick irrelevant war, aber jeder einzelne sollte seine Funktion ungestört verrichten dürfen. Doch heute morgen kamen sich Geist und Magen immer abwechselnd ins Gehege, und das tat beiden nicht gut. Schlimmer noch, Egbert sah das wohl und genoß es sichtlich.

Auguste war nach draußen gegangen, um Gemüt und Magen gleichermaßen zu beruhigen; außerdem wollte er Leo finden, ehe er, Egberts Wunsch folgend, Luigi suchte. Er zerrte Leo von einem 8-PS-Wolseley weg, so sehr der junge Mechaniker auch jammerte, er müsse sich um ein Leck in der Zylinderdichtung kümmern. Mit brennender Kerze in der Hand gab er das Bild eines barmherzigen Samariters ab; doch Auguste konnte auf seine Mission keine Rücksicht nehmen, und blies das Licht ohne weitere Umschweife aus.

»Als du bei dem Dolly Dobbs Wache gehalten hast, Leo, ist dir da irgendwas Befremdliches aufgefallen, das du uns bisher nicht gesagt hast?« forschte Auguste.

»Nein, nichts.« Miss Dazey erwähnte Leo nicht. »Die kamen

alle nur und holten ihre Autos. Und dann tauchte noch diese Pferdedame auf und suchte ihren Mann«, fiel ihm plötzlich ein.

»Mrs. Millward? Aber weshalb hätte sie ihren Mann dort vermuten können?« Gleichzeitig hatte Auguste das Bild vom Vorabend im Ballsaal vor sich, John Millward und Phyllis Lockwood beim Tanz.

»Weiß ich nicht. Aber er ist dagewesen. Er kam, um Miss Lockwoods Wagen zu holen. Ich hab ihr nichts davon gesagt.« Leo setzte eine weltmännische Miene auf.

»Das war sehr vernünftig, Leo.« Was führte Phyllis Lockwood im Schilde? John Millward sah doch außer seiner eigenen Frau keine andere an, höchstens eine jahrhundertealte Mumie.

In einem etwas größeren Schlafzimmer als dem, das man Hauptinspektor Rose zugestanden hatte, war ein anderes gemeinsames Frühstück im Gange. Unter zierlichen Eierwärmern steckten die gekochten Eier, konnten aber Maud und Agatha wenig reizen. Letztere hatte ihre Schwägerin zu einer Kriegsberatung heranzitiert, und Maud war zu ihr in einem Tempo geeilt, als nähme sie am Paris-Bordeaux-Rennen von 1899 teil.

»Da unsere liebe Hester nun nicht mehr unter uns weilt ...« – Agatha goß Maud bedächtig eine Tasse Tee ein –, »erhebt sich die Frage, wie wir uns mit den, du weißt schon was, verhalten sollen.«

»Mit den Tagebüchern, meinst du?«

Agatha nickte. »Es ist zu befürchten, daß die Polizei nach ihnen sucht. Dieser Polizeimensch da wird keine Ruhe geben, der ist wie Edwards Bluthund, wenn der erst einmal eine Fährte aufgenommen hat.«

»Ich war ja von vornherein dafür, ihn gleich gestern abend aufzusuchen, Agatha.«

»Nimm einen Toast, Maud; Isabels Eier kann ich beim besten Willen nicht empfehlen. Ich glaube, wir hätten zu übereifrig auf ihn gewirkt. Der Mann steht im Staatsdienst; er hat uns um eine Audienz zu bitten. Zumindest wissen wir, daß

Hester mit ihren Memoiren nicht weit gekommen sein kann; aber die Tagebücher bleiben der wunde Punkt.«

Maud grübelte. »Roderick weiß bestimmt Rat.«

»Großartig. Verbrennen, vermute ich mal«, sagte Agatha und überlegte. »Nein, wirklich, diesen Pfirsich hätte Isabels Küchenpersonal weiß Gott schälen können. Was man sich heutzutage alles bieten lassen muß!»

»Dieser Mord ist eine furchtbare Geschichte«, äußerte sich Luigi scheinheilig gegenüber Egbert, als könne der Hauptinspektor anderer Auffassung sein. Daß Auguste keine Anstalten machte, das Zimmer zu verlassen, fand er wenig erbaulich. Auguste seinerseits hatte sich vorgenommen, sich nicht einzumischen und die Gesprächsführung Egbert zu überlassen.

»Wenn ich richtig unterrichtet bin, kannten Sie Miss Hart recht gut?«

»Selbstverständlich. Ich habe sie im Restaurant bei den verschiedensten Anlässen gesehen.«

»Als Oberkellner müssen Sie auch eine Menge gehört haben.«

»Ich weiß Diskretion zu wahren. Schließlich stamme ich aus einer alteingesessenen Familie der Aristokratie Mailands.«

Egbert grunzte. Mit der Ahnentafel konnte man ihm nicht kommen. »Haben Sie an dem Abend, an dem Miss Hart ermordet wurde, mit ihr im Speisesaal gesprochen?«

»Nur ein paar höfliche Worte. Monsieur Didier wird bestätigen können, daß Miss Hart nicht gerade in guter Stimmung war; sie hatte mit ihrem Verlobten in aller Öffentlichkeit eine heftige Auseinandersetzung gehabt und das Verlöbnis mit ihm gelöst.« Um Zustimmung heischend, blickte er zu Auguste, und der nickte.

»Wielange waren Sie an besagtem Abend im Club?«

»Da nur ein paar Gäste zum Essen da waren, schloß das Restaurant zeitig, schon um zwölf. Ich muß etwa um halb eins gegangen sein.«

»Durch die Küchenräume oder welchen Ausgang?«

Das letzte Fünkchen Zuneigung, das Auguste gegenüber Luigi empfand, erlosch, als er ihn sagen hörte: »Ich gehöre doch nicht zum Gesinde. Ich habe den Club durch den Haupteingang verlassen. Der Nachtwächter kann das bezeugen.« Er zögerte. »Wann bitte, wurde sie umgebracht?«

»Zwischen eins und halb drei.«

»Hm.« Er blickte Egbert an, der mit eiserner Miene dasaß. »Ich hoffe, der Nachtportier kann bestätigen, wann genau ich gegangen bin. Er ist nicht immer auf seinem Posten, und ich könnte nicht mit Gewißheit sagen, daß ich ihn gesehen habe.«

»Ihr Pech.«

»Warum hätte ich Miss Hart umbringen sollen?« schoß Luigi verletzt los. »Oder den Dolly Dobbs demolieren? Automobile interessieren mich überhaupt nicht.«

»Geld schon eher, wie wir gehört haben. Stimmt das? Wie man uns erzählt hat, haben Sie Miss Hart Informationen zugetragen, und ich wage zu behaupten, auch anderen Clubmitgliedern. Alles aus reinster Herzensgüte, wie?«

»Pierre, dieser Schuft!« Luigi lief rot an so wie sein geliebter Chianti. »Der geht zu weit. Jetzt will ich Ihnen einmal was über ihn erzählen. Haben Sie gewußt ...«

»Daß Pierre Calille auf Miss Harts Reisen ihr Dragoman war?« beendete Egbert den Satz für ihn. »Ja, er hat es uns erzählt. Hielt mit den Dingen nicht so hinterm Berg wie Sie.«

»Das hätte er Ihnen erzählt!« Luigi war sichtlich verdattert.

»Sie können also genau so offen zu uns sein. Sie möchten doch nicht, daß wir glauben, Sie hätten bei der Untersuchung eines Mordfalls etwas zu verbergen, oder?«

Er schwieg eine Weile und erklärte dann tugendhaft: »Miss Hart hatte viele Feinde im Club. Ich fühlte mich verpflichtet, sie über die Dinge, die sie angingen, auf dem laufenden zu halten.«

»Und wie bezeugte sie ihre Dankbarkeit?«

»Sie machte mir von Zeit zu Zeit Geschenke«, erwiderte er weniger eifrig.

»Von wie vielen anderen Damen haben Sie noch Geschenke erhalten?«

Stockend kam die Antwort: »Lady Tunstall, Lady Bullinger, die Herzogin von Dewbury und Miss Lockwood.«

»Wie großzügig von den Damen.«

Luigi verlor seine Sicherheit. »Ich habe nichts Strafbares getan, habe lediglich harmlose Informationen weitergegeben – wer mit wem gegessen hat und wo. Solche Dinge.« In einem plötzlichen Verlangen hilfreich zu sein, gab er weitere Beispiele.

»Hat Ihnen Miss Hart irgend etwas zum Aufbewahren gegeben?«

»An was konkret denken Sie da?«

»Ihre Tagebücher zum Beispiel. Bei ihr zu Hause sind sie nicht.«

»Tagebücher?« wiederholte er. »Nein. Vielleicht hat sie sie Pierre gegeben – nein«, widersprach er sich selbst. »Pierre ist nichts als ein gemeiner Bauer; dem würde sie nichts Wertvolles anvertrauen.«

»Eine Hausdurchsuchung bei Ihnen wird sich nicht vermeiden lassen.«

Er wurde puterrot. »Heißt das, daß Sie dem Wort eines Gentleman mißtrauen?«

»Immer«, bestätigte ihm Egbert in herzlichem Ton. »Und wenn Sie es jetzt mit Ihrem Gewissen als Gentleman vereinbaren können, dürfen Sie gehen und mir eine komplette Liste mit den Informationen aufstellen, die Sie weitergegeben haben, dazu die Namen und an wen.«

»Ein arroganter Kerl«, stellte Egbert fest, als Luigi gegangen war.

»Dabei grinste er vor Erleichterung, wenn du mich fragst.«

»Wird nicht von langer Dauer sein.«

»Miss Lockwood ist unschuldig!«

»Selbstverständlich. Treten Sie näher, Mr. Smythe.«

Bewußt gelassen, wenn auch etwas mürrisch, stand der Rennfahrer im Türrahmen. Trotz reichlich aufgetragener Pomade ließ sich das schwarze Haar nur schwer bändigen, und eine Locke hing ihm über der Stirn. Keine Spur von dem eingeschüchterten Mann, den man zur Bahnstation Welling abgeführt hatte.

»Und das gilt auch für mich«, fügte ihr Verteidiger hinzu. »Phyllis ist das liebenswerteste, süßeste Geschöpf, das es je auf Erden gegeben hat.«

Verständnislos blickte Auguste drein. Das war ja wohl arg dreist für einen Mann, der, ohne mit der Wimper zu zucken, Miss Lockwood die kalte Schulter gezeigt hatte, um sich im gleichen Atemzug Miss Hart zuzuwenden.

»Wohingegen Miss Hart nicht mehr auf Erden weilt«, fuhr ihm Egbert in die Parade. »Ich möchte Sie bitten, für Mr. Didier zu wiederholen, was Sie mir gestern in Scotland Yard erzählt haben.«

Roderick bedachte Auguste mit einem ausgesprochen unfreundlichen Blick. »Nach dem Streit mit Hester, den Sie ja mit angehört haben«, begann er bedeutungsvoll, »ging ich mit Phyllis zum Dinner ins Carlton; danach entschloß ich mich, zum Club zurückzukehren, mit Hester den Streit beizulegen und statt ihrer Wache beim Automobil zu halten.«

»Und obwohl Phyllis das liebenswerteste, süßeste Geschöpf ist, wollten Sie Hester Hart heiraten?« fragte Egbert.

»Ich habe Hester sehr verehrt«, erwiderte er ernst. »Meine Gefühle für Phyllis sind ganz anderer Natur. Ich war der Überzeugung, daß ich Hester mit meinem Verhalten Unrecht getan hatte und daß ich als Gentleman mich bei ihr entschuldigen müßte. Deshalb ging ich zurück, und wir haben den Streit auch tatsächlich begraben. Hester zeigte Verständnis dafür, daß ich immer noch Zuneigung für Phyllis empfand, und gab zu, daß es von ihr übereilt gewesen wäre, so und nicht anders mit uns gesprochen zu haben. Wir söhnten uns miteinander aus, aber sie meinte, es bestünde kein Grund, mich um meinen Schlaf zu bringen, da sie gewillt sei, selbst Wache zu halten, und es wäre nicht schicklich, wenn wir beide die Nacht dort verbrächten. Daß Fred Gale dablieb, hätte sie nur akzeptiert, weil Mrs. Didier darauf bestanden hätte. Jetzt aber beharre sie darauf, allein dort zu sein, und so bin ich dann gegangen.«

»Am nächsten Morgen haben Sie sich geradewegs zu Miss

Lockwood begeben, um sie zu fragen, ob Sie nicht mit ihr fahren könnten?« erkundigte sich Auguste.

»Nur, weil mein eigenes Automobil nicht intakt war.«

»Das Eigenartige an der Geschichte ist nur, Auguste, daß unser Sergeant, der sich vergewissern wollte, ob das Mobil wirklich nicht intakt war, ein Auto vorfand, dessen Motor geradezu traumhaft rasch ansprang. Er war mächtig stolz, daß er ein Automobil beherrschte, mit dem der berühmte Roderick Smythe nicht zurandegekommen war.«

Einen Moment war es still. Dann schrie Roderick, erleichtert, daß er eine so plausible Erklärung gefunden hatte, los: »Schmutz im Anlasser, das war's. Der hat sich von allein gelöst.«

»Nett von dem Schmutz. Sie haben gesagt, Sie hätten Miss Hart ungefähr um dreiviertel eins verlassen – lebend, versteht sich. Erzähl ihm, was du weißt, Auguste.«

»Meine Frau hat gehört, wie Sie sich mit Miss Hart gestritten haben«, berichtete Auguste in aller Ruhe, »und da erklärte sie keineswegs, Sie heiraten zu wollen, im Gegenteil, sie lehnte es ab. Und zwar war das um ein Uhr. Wenn das stimmt, was Sie gesagt haben, muß sich meine Frau geirrt haben.«

Roderick wurde rot, versuchte es mit einem leichten Lachen. »Mrs. Didier wird den Sachverhalt nicht richtig verstanden haben. Hester und ich haben am Anfang etwas heftig gesprochen, ja; aber dann wurde uns doch klar, wie sehr wir einander liebten. Vielleicht hat sie den Teil unserer Unterhaltung nicht mehr gehört.«

»Das erklärt aber trotzdem nicht die Uhrzeit. Sie wollen doch nicht jemand andern in Schutz nehmen? Sie scheinen sehr darauf aus zu sein, Miss Lockwood zu verteidigen.«

»Was für einen Grund sollte Miss Lockwood gehabt haben, Hester Hart Schaden zuzufügen?« fragte er herausfordernd.

»Möglicherweise den gleichen wie einige andere auch. Die Tagebücher. Sie kennen sie ja vermutlich.«

»Nein. Mir war bekannt, daß Hester Tagebuch führte, aber ich habe nie eins gesehen.«

»Sie hat sie Ihnen auch nicht zur Aufbewahrung gegeben?«

»Hat sie nicht.« Ihm war zunehmend unwohl zumute. Der gestrige Tag war ein Alptraum gewesen, und der heutige hatte nicht viel besser begonnen.

»Wo sind Sie Miss Hart zum ersten Mal begegnet?« Egbert hatte die Frage keineswegs scharf, mehr wie nebenbei gestellt, und trotzdem brachte sie Roderick aus der Fassung, wie Auguste überrascht feststellte.

»Im ...« Er blieb stecken. »In der Zentrale des Automobil-Clubs von Großbritannien. Im April.«

»Nicht früher?«

»Nicht, daß ich wüßte.« Wieder versuchte er, leicht zu lachen. »Oder vielleicht doch. Man begegnet ja so vielen ...«, murmelte er nur noch.

Phyllis brach in Tränen aus. Der Anfall ging rasch vorüber. »Darling Roderick würde keiner Fliege was zuleide tun. Sie glauben, er hat sie ermordet, hat er mir erzählt, bloß weil ihm klar geworden ist, daß er mich liebt, und nicht sie.«

»Er behauptet, er hätte sich mit ihr wieder ausgesöhnt.«

Erneuter Tränenschwall aus großen blauen Augen. »Womöglich habe ich mich falschen Hoffnungen hingegeben. Aber heiraten kann er ja schließlich nur eine von uns. Hat ja auch keine andere Wahl jetzt. Nur mich halt.«

»Völlig richtig, Miss Lockwood.«

Phyllis wagte ein schüchternes Lächeln. »Kann sein, Sie denken, das wäre mein Motiv gewesen. Aber ich wäre zu so etwas gar nicht imstande, wirklich nicht. Ich kann lautes Geknalle nicht ertragen. Könnte nicht einmal eine Wasserpistole betätigen.«

Argwöhnisch sah Egbert sie an. »Geknalle? Miss Hart wurde erstochen, nicht erschossen.«

»Tatsächlich? Ich war im festen Glauben, man hat sie erschossen; sie hat doch immer einen Revolver bei sich gehabt.«

»Als man den Leichnam fand, war das nicht der Fall.«

»Roderick hat gesagt, sie ging nie ohne Colt fort; da hätte man durchaus meinen können, sie wurde erschossen. Aber damit ist ja klar, daß ich es nicht gewesen sein kann.«

Egbert ging nicht darauf ein.

»Vielleicht hat sie die Schußwaffe zu Hause gelassen«, schwatzte Phyllis weiter. »Eigentlich wollte sie ja an dem Abend, wo sie so häßlich zu uns war, nur essen gehen; hatte gar nicht vorgehabt, die ganze Nacht fortzubleiben und beim Automobil Wache zu halten. Könnte sie zu Hause gelassen haben, warum nicht. Trotzdem, irgendwie verrückt. Sie hätte doch Zeit gehabt, nach Hause zu rennen, um den Revolver zu holen – naja, vielleicht nicht zu rennen, aber holen hätte sie ihn können.«

»Sie war auch noch mal zu Hause«, bestätigte Auguste. »Sie hat sich umgezogen, und irgendwo verrückt ist es in der Tat.«

Egbert nickte zustimmend. Twitch hatte nichts von einem Revolver gesagt, den man in Hester Harts Wohnung gefunden hätte. »Wo waren Sie Mittwochabend, Miss Lockwood?«

»Och, wir hatten einen hübschen Abend, obwohl Hester so ein Theater gemacht hatte, bloß weil Roderick mit mir zusammen zum Essen in den Club gegangen war. Schließlich waren wir verlobt, und sie war es, die ihn mir weggenommen hat. Aber Roderick hat mir erklärt, wie es geschehen konnte.«

»Nämlich wie?« Auguste hätte zu gern gewußt, wie sich Roderick aus seiner heiklen Lage herausgewunden hatte.

»Er hat gesagt, sie hätte ihn mehr oder weniger zum Ja-Wort gezwungen. Sie wußte etwas äußerst Peinliches über seine Patentante, zu der er ein sehr inniges Verhältnis hat, und wenn Roderick sie nicht heiraten würde – ich meine Hester, nicht die Patentante, Maud Bullinger, wie Sie wohl wissen –, würde sie die Sache an die große Glocke hängen. Mich wunderte das zwar, weil sie ja dann ohnehin damit drohte, es allen und jedem zu erzählen, aber Roderick ist ein Gentleman der alten Schule und gab sich sofort geschlagen.«

» Ihnen gegenüber hat er sich da aber nicht gerade wie ein Gentleman benommen.«

»Finden Sie?« Sie tat liebenswürdig überrascht. »Er liebt mich wirklich, hat mich immer geliebt. Es geschah nur, weil ...«

»Ja, ja, ist schon gut.« Rasch schnitt Egbert ihr das Wort ab, ehe sie die ganze Platte noch einmal herunterleierte. »Wohin gingen Sie denn, als Sie Milton House verließen?«

»Ins Carlton. Wir hatten ein köstliches kleines Soufflé ...«

»Und danach?«

»Er brachte mich nach Hause und ging dann zu sich.«

»Eben nicht. Er kehrte wieder um, zum Milton House. Ich gehe doch in der Annahme richtig, daß Sie ihn nicht begleiteten?«

»Wie sollte ich!«

»Ihm auch nicht gefolgt sind?«

Sie starrte ihn an; schon mußte man einen erneuten Tränenausbruch befürchten. »Aber nein! Weshalb hätte ich so etwas tun sollen?«

»Auch Sie hatten guten Grund, Miss Hart nicht zu mögen. Und vielleicht wollten Sie sichergehen, daß das Verlöbnis nicht wieder gekittet wurde, wie es nach Mr. Smythes Aussage geschehen ist.«

»Sie hat ihn in eine Falle gelockt.« Vorbei war es mit der Liebenswürdigkeit.

»Sie haben gestern abend mit Mr. Millward gespeist. Warum das, Miss Lockwood?«

»Er ist ein Freund von mir.«

»Aber nicht von Miss Hart.«

Wieder starrte sie ihn an. »Der arme John«, sagte sie dann zitternd, »Sie können das nicht verstehen. Er war so niedergeschlagen. Seine Frau, wissen Sie ...«

Verschämt schlug sie die Augen nieder und war nicht bereit, mehr zu sagen.

»Ich glaube nicht, daß Phyllis Lockwood sich um ihren Schönheitsschlaf bringt, nicht einmal wegen Darling Roderick, geschweige denn wegen John Millward«, faßte Egbert das Gespräch zusammen, als sie gegangen war.

»*Mon ami*, vergiß nicht, sie ist Schauspielerin.«

Im trauten Heim der Pferdeliebhaberin kreisten Hortensias Gedanken ausnahmsweise nicht um Statur und Flanken, vielmehr um ihren Gatten. Der saß lustlos vor seiner Futterkrippe, und das passierte sonst nicht. Dann fiel ihr ein, was sie ihn hatte fragen wollen. »Wo warst du Dienstagabend, John?«

Er wurde leicht rot, er war schon immer ein schlechter Lügner gewesen. »Im Club.«

»Hmhm.« Zu seiner Erleichterung verfolgte sie den Gedanken nicht weiter, und er dachte, es wäre ihr einfach nicht eingefallen zu fragen, in welchem Club. Dem war nicht so, und die Unruhe nagte in ihr.

»Mein lieber Inspektor.« Agatha schwebte in die Bibliothek und begrüßte Egbert, als wäre er ihr Gast. »Und Mr. Didier. Wie schön, Sie zu sehen. Tatjana ist wohlauf, hoffe ich doch?«

So wohlauf, wie man nach einem Mord eben sein kann, fühlte sich Auguste versucht zu erwidern, machte dann aber doch nur eine leichte Verbeugung. Mit huldvoller Geste ließ die Herzogin sie Platz nehmen.

»Die arme Hester.« Agatha seufzte. Ob sie dachte, sie sei es ihrer Stellung schuldig, als erste das Wort zu ergreifen, grübelte Auguste.

»Mochten Sie Miss Hart, Euer Gnaden?« nahm Egbert jetzt den Faden auf.

Agatha überlegte. »Die Frage habe ich mir eigentlich nie gestellt. Ihre Vorträge jedenfalls waren äußerst anregend.«

»Soweit ich weiß, kannten Sie sie seit langem. Lange genug zumindest, daß Sie sich bedroht fühlten, als sie von der Veröffentlichung ihrer Memoiren sprach.«

»Du lieber Himmel, nein.« Sie versuchte es auf die humorige Art, obwohl sie im stillen empört war. »Einer Herzogin droht man nicht. Das ist einer der Vorzüge unserer gesellschaftlichen Stellung.«

»Sie sind ihr also nicht schon früher begegnet?«

»Nicht, daß ich wüßte. Wieso? Meinen Sie, ich könnte ihr begegnet sein?«

»Sie war einmal im Begriff, den Mann zu heiraten, der jetzt Ihr Gatte ist.«

»Ach, sie war das? War mir doch so, als käme mir ihr Gesicht irgendwie bekannt vor. Sie hatte es auf meinen Mann abgesehen - oder besser, auf seinen Titel. War eine traurige Geschichte, das arme Ding. Zum Glück begriff mein Mann - damals waren wir natürlich noch nicht verheiratet -, daß nie etwas daraus werden konnte. Sie ging ins Ausland, und dann lernten wir uns kennen.«

»Kannte er sie nicht schon vorher? Hatten Sie nicht dazu beigetragen, ihn zu dieser Erkenntnis zu bringen?«

»Nein, wirklich, Inspektor, was wollen Sie damit sagen? Ich finde das reichlich unhöflich.«

»Das muß ich hin und wieder sein, Euer Gnaden. Ich kann aber gern mit Ihrem Gatten sprechen, wenn Ihnen das lieber ist.«

Sie reagierte kühl. »Das lassen Sie besser. Ich werde ihm nahelegen, Ihnen gegenüber zu schweigen, wo Sie einem auf so infame Weise das Wort im Munde herumdrehen.«

»Dann muß ich mich auf die Aussagen in Miss Harts Tagebüchern verlassen.«

Selbst darauf schien sie gefaßt, wie Auguste feststellte. »Die arme Hester. Immer ging die Phantasie mit ihr durch. Schrieb eine Menge über so viele Dinge, und nichts von alledem ist wahr. Haben Sie die Tagebücher gefunden? Die Rechtsanwälte werden zu tun bekommen; die lassen sich nicht von Märchen beeindrucken, die wollen Beweise sehen.«

Egbert ging zu einer anderen Frage über. »Wollten Sie nicht ursprünglich den Dolly Dobbs fahren?«

»Ja, doch dann setzte Hester Harold so unter Druck, er solle sie ans Steuer lassen. Ich verstand das durchaus.« Sie warf einen Blick zu Auguste; erst jetzt fiel ihr ein, daß es da eine Situation gegeben hatte, in der man keinesfalls von Verständnis füreinander sprechen konnte und die er unliebsamerweise miterlebt hatte. »Natürlich war ich zuerst enttäuscht.«

»Warum änderte er seine Meinung?«

»Wie ich jetzt sehe, muß dieses Weib ihn erpreßt haben, wird ihm gedroht haben, sein Auto Thomas Bailey zu beschreiben.«

»Hat es Sie geärgert?«

Sie lachte gewinnend. »Ein bißchen schon, bis dann Thomas Bailey kam.«

»Er kam zu Ihnen? Gingen Sie nicht zu ihm?«

»Er gehört den unteren Schichten an, Inspektor. Wie hätte ich ihn aufsuchen können? Er bat mich, sein neues Automobil, das Brighton Baby, zu fahren.«

»Und Sie haben zugesagt, obwohl Sie wußten, daß es haargenau dem Dolly Dobbs glich?«

»Das habe ich erst jetzt erfahren. Ich habe es wirklich nicht gewußt. Sie können es mir glauben. Als Hester nicht pünktlich zum Rennen erschien, habe ich Thomas lediglich vorgeschlagen, er solle den Offiziellen vom Automobil-Club gegenüber das Brighton Baby als Dolly Dobbs ausgeben, denn schließlich wußte niemand von uns, wie Harolds Auto aussah. Offensichtlich hatten beide die gleiche Idee mit den Hauben und Windmühlen. Harold hatte ja solch eine Angst davor, daß man ihm seine großartige Idee stehlen könnte, daß er selbst mir nichts verriet. Sie werden sich ja noch erinnern, Mr. Didier, daß der Dolly nicht ans Tageslicht durfte neulich, als es eigentlich vorgesehen war. Kein Wunder, wenn es eine Nachahmung war.«

»Nein. Ich habe nicht Nachahmung gesagt, Euer Gnaden. Ich habe gesagt haargenau gleich, in jedem Detail die gleiche Ausführung. Das ist ein Unterschied.«

Agatha zeigte wenig Interesse für Begriffsdefinitionen.

»Wann haben Sie Miss Hart das letzte Mal gesehen?«

Sie zog die Augenbrauen hoch. »Abends im Restaurant, als sich vor aller Augen die peinliche Szene abspielte.«

»Als Leo am besagten Abend um zwölf ging, stand Ihr Mobil in der Wagenhalle. Haben Sie es selbst geholt?«

»Ich kann nicht – oder doch, ja, ich muß es wohl getan haben.«

»Und Sie haben nicht Miss Hart gesehen?«

»Ich bin froh, daß ich die Frage mit ›nein‹ beantworten kann. Und ich bin auch ganz sicher, daß alle anderen Türen verschlossen waren.«

Lady Bullinger löste ihre Schwägerin in der Bibliothek ab und erweckte in ihrem ganzen Erscheinungsbild den Eindruck, die Überlegenere der beiden zu sein; dennoch war sich Auguste darüber im klaren, daß man Agatha nicht unterschätzen durfte.

»Ich mochte die Frau nicht«, bellte Lady Bullinger los, »aber so einen Tod hätte ich ihr nicht gewünscht. Tut mir aufrichtig leid.« Egbert bot ihr einen Stuhl an, und sie ließ sich gewichtig darauf nieder.

»Könnten Sie zu den Damen gehören, auf die Hester Hart in ihren Tagebüchern Bezug genommen hat?« fragte er.

»Wir haben uns in unterschiedlichen Kreisen bewegt, Inspektor. Ich kannte sie zwar, möchte aber bezweifeln, daß sie den Fakt überhaupt erwähnt hat.«

»Da könnten Sie und Ihre Gnaden sich irren.«

»Sie haben doch nicht etwa die Herzogin von Dewbury beschuldigt, die Frau auf dem Gewissen zu haben?«

»Zum gegenwärtigen Zeitpunkt beschuldige ich niemanden, Lady Bullinger. Ihr Patensohn war übrigens der letzte, der Hester Hart lebend gesehen hat.«

»Haben Sie deshalb den Jungen wie einen gemeinen Verbrecher nach London geschleppt? Wir alle haben Hester noch nach ihm gesehen.«

»Wie bitte?«

»Sie hatte im Restaurant einen öffentlichen Auftritt, bester Mann.«

»Roderick Smythe ist nach Mitternacht noch mal zum Motorschuppen gegangen.«

»Unsinn.«

»Man hat ihn gesehen, und er gibt es auch zu.«

»Der Junge war immer noch betört«, sagte sie schließlich, als sie die Aussage verarbeitet hatte. »Ging zu einem Gute-Nacht-Kuß, das war alles.«

»Der Junge ist fünfunddreißig«, erinnerte sie Egbert.

»Im Herzen bleibt er ein Junge«, beharrte sie. »Er hätte ihr kein Härchen gekrümmt.«

»Miss Hart wollte früher einmal Ihren Bruder heiraten, nicht wahr?«

»Er kannte sie«, gab sie ohne Zögern zur Antwort. »Ich kann mir vorstellen, daß Miss Hart das Ausmaß ihrer Beziehungen übertrieben dargestellt hat. Als er Agatha kennenlernte und ihr den Vorzug gab, ging sie ins Ausland.«

»Ohne, daß Sie da nachgeholfen hätten?«

»Ich bin Georges Schwester, nicht seine Amme. Vielleicht bin ich Miss Hart damals begegnet, entsinnen kann ich mich nicht.« Sie machte eine Pause. »Sie ist eine erstklassige Fahrerin.«

»Ach ja«, sagte Egbert sinnend. »Dieses Rennen im Oktober ...«

»Ich war richtig froh, sie in meiner Mannschaft zu haben«, betonte Lady Bullinger kühn.

»Haben Sie sich am Mittwochabend, als Sie Ihren Wagen holten, mit ihr darüber unterhalten?«

»Nein, das nicht.«

»Aber gesehen haben Sie sie?«

»Ich konnte nicht umhin. Sie saß auf dem Rücksitz in diesem albernen Vehikel. Und sie saß auch noch dort, und zwar lebend, als ich die Wagenhalle verließ.«

»Und die Tür zur Garage war offen?«

»Selbstverständlich, sonst hätte ich sie ja nicht sehen können.« Sie sagte das in einem Tonfall, der ihre Haltung zu Scotland Yard zum Ausdruck brachte; wenn die so primitive Fragen stellten, war es kein Wunder, daß es so viele Verbrechen in London gab. Im Hinausgehen beglückwünschte sie sich, wie gut sie die Sache hinter sich gebracht hatte.

»Wann wirst du wieder in der Stadt sein?« fragte Hugh so harmlos wie möglich. Isabel gab sich höchst angetan von Leos übertriebenem Eifer, den Royce mit allem Notwendigen zu versorgen. »Und«, fügte er dann plötzlich hinzu, »wofür willst du eigentlich den Royce haben?«

»Mein Mann hat gemeint, ich sollte dich zurückfahren, lieber Vetter.« Sie ging ein paar Schritte zur Seite, damit Leo sie nicht hören konnte. »Freut dich das nicht?«

»Und wie«, gab er wahrheitsgemäß zur Antwort. Er sah sie an. »Dich beunruhigt die Sache mit den Tagebüchern, stimmt's?«

»Würde es dir anders gehen?« Hugh war ihr Cousin, er mußte die alte Geschichte kennen. Er kannte ja auch die Sache mit dem Jubiläumsdinner. Sie hatte nie Geheimnisse vor ihm gehabt, auch wenn er jetzt mehr als nur ihr Verwandter, ihr Liebhaber war.

»Was glaubst du, wo die Tagebücher sind?«

»Ich habe Luigi gefragt, aber er behauptet, er weiß es nicht.«

»Vielleicht hast du ihm nicht genug Geld gegeben.« Hugh überlegte gründlich. »Wir sollten ihm mehr bieten.«

Isabel ging das Wort »wir« wie Öl herunter. Sie brauchte Hilfe. Unvoreingenommene Hilfe, ohne jeden Vorbehalt.

Als sie die Bibliothek betrat, war ihr inneres Gleichgewicht wieder hergestellt. Sie wiegte sich in einem Gang, der Eindruck erwecken, Egbert und Auguste angesichts der nahenden Schönheit erschauern lassen sollte.

»Gelte ich als Verdachtsperson?« Anmutig sank sie auf den Stuhl, wobei sie sich geschmeidiger gab, als die S-Kurve ihres Korsetts eigentlich zuließ.

»Noch nicht.« Egbert verspürte keine Lust, sich auf ein neckisches Geplänkel einzulassen.

»Wie aufregend. Vermutlich wollen Sie wissen, wo ich mich Mittwochabend aufhielt. Ich war Mittwochabend nach London gekommen, um früh zum Rennen rechtzeitig da zu sein, und habe im Club gegessen. Kann sein, ich habe dort Miss Hart gesehen, erinnern kann ich mich nicht.«

»Um halb zwölf war Ihr Auto immer noch im Motorschuppen untergestellt.«

Um die Augenlider zuckte es. »Wenn Sie es so sagen, Inspektor, war es sicher so. Ich habe spät zu Abend gegessen.«

»Und dann sind Sie hinübergegangen, um den Wagen zu holen?«

»Ich glaube, mein Partner, mit dem ich gespeist habe, hat ihn geholt. Nein, doch nicht. Ich hab's gemacht.«

»Und was dann?«

»Wir sind zu mir nach Hause gefahren, werden wohl so um dreiviertel eins dort gewesen sein.«

»Und dann?«

»Er fuhr nach Hause, Inspektor.« Es klang müde und gedehnt. »Und ich bin nicht noch einmal zurück zum Club, um die gute Hester umzubringen. Vielleicht hätte ich lieber auf den Gedanken kommen sollen, aber nein, ich wollte mir ein paar Stunden Schlaf gönnen.«

»Hatten Sie Grund, sie sich eher tot als lebendig zu wünschen?« fragte Egbert sacht.

Isabel war verärgert, daß sie mit ihrer scherzhaften Art falsch ankam. Sie schwenkte auf Ernsthaftigkeit um. »Ich habe sie nicht gemocht, aber natürlich lag es mir fern, sie aus dem Wege schaffen zu wollen.«

»Selbst dann nicht, wenn die Öffentlichkeit aus ihren Memoiren erfahren hätte, wie Sie verhindert haben, daß sie Zugang zu den Kreisen um den Prince of Wales erhielt?«

Sie blickte ihn kalt an. »Vielleicht habe ich Seiner Majestät vor einer Reihe von Jahren tatsächlich abgeraten, Miss Hart zu empfangen, sie als ungeeignete Person für sein Umfeld empfunden. Warum nicht?«

»Und wenn das zu Unrecht geschah?«

»In gehobener Gesellschaft ist das leider irrelevant. Der Ruf, den man hat, ist entscheidend.«

»Und der Ihrige könnte in Gefahr sein, hätte man die Memoiren veröffentlicht; ist immer noch in Gefahr.«

»Die Tagebücher«, sagte sie langsam. »Haben Sie sie? Die sind voller Lügen, Inspektor. Sie können mir glauben.« Und als er nicht reagierte, versuchte sie es noch einmal: »Haben Sie sie?«

Das Brighton Baby hatte den Motorschuppen ganz für sich allein. Es stand nicht in der Kolonne mit den anderen echten Automobilen, die man alle vor das Hauptgebäude gefahren hatte. Von seinem entmutigten Konstrukteur war nur das Hinterteil zu sehen; die andere Hälfte machte sich unter seinem geliebten Automobil zu schaffen, als Auguste näherkam. Erst nach einer Weile bemerkte Thomas neben sich die zwei Stiefel, die keine Anstalten machten, sich zu entfernen, und zögernd kam sein ganzer Körper zum Vorschein.

»Das Mobil wird fahren«, beteuerte er. »Nur ein paar Verbesserungen sind nötig.«

»Das ist eigentlich nicht, was mich beschäftigt.«

Betrübt setzte sich Thomas auf das Trittbrett. »Sie kommen doch wohl nicht, um sich erklären zu lassen, warum zuviel Wind zu großen Widerstand für das Automobil bedeutete, so daß es langsamer wurde, weil die Batterien überfordert waren und sich die Bleiplatten verzogen und es dadurch zu einem Spannungsabfall kam? Ich habe alles noch einmal durchgerechnet. Hier, sehen Sie.« Zuversichtlich wedelte er mit einem Blatt Papier vor Auguste.

»Nein. Uns interessiert eine andere Frage. Haben Sie den Dolly Dobbs fahruntüchtig gemacht?«

Thomas reagierte verstört. »Ganz bestimmt nicht. Zu so etwas würde ich mich nie hergeben.« Dann ging ihm der mögliche Zusammenhang auf. »Und Miss Hart habe ich auch nicht umgebracht. Würde mir nie im Traum einfallen. Meine Sache ist die Konstruktion von Automobilen.«

»Man hat uns gesagt, daß die beiden Elektromobile identisch waren.«

»Das hat mir die Herzogin auch erzählt. Wie konnte ich das wissen?« erklärte er pathetisch.

»Ich habe gesehen, wie Sie durch das Dach spähten, um etwas vom Dolly Dobbs zu Gesicht zu bekommen«, erinnerte ihn Auguste.

»Stimmt schon, aber viel konnte ich nicht erkennen. Identisch, inwiefern?« fragte er.

Auguste hatte nie damit gerechnet, in eine Situation gedrängt zu werden, wo er technische Einzelheiten von Autos würde erörtern müssen.

»Der Dolly Dobbs ist wie Ihr Brighton Baby so konstruiert, daß die Batterien während der Fahrt mit Hilfe von Windkraft aufgeladen werden. Beide Mobile haben Hauben und Windmühlen ...«

»Propeller«, unterbrach ihn Thomas heftig.

»Ist diese Übereinstimmung nicht seltsam?«

»So etwas kommt vor.«

»Mit Sicherheit spielt doch der Ehrgeiz eine Rolle, der Beste sein zu wollen.«

»Selbstverständlich«, bestätigte Thomas. »Aber ich würde doch nicht den Dolly Dobbs zerstören, bloß um keine Konkurrenten zu haben. Ich wußte nichts von alledem. Die Herzogin ist zu mir gekommen, sagte, sie hätte von meinem neuen Automobil gehört und würde es gern fahren. Und was die Übereinstimmung angeht, so würde ich meinen, große Geister haben die gleichen Ideen. Nur weiß ich nicht, ob Harold Dobbs ein großer Geist ist.«

»Es steht also außer Frage, daß Sie seine Idee gestohlen oder ihm Drohbriefe geschrieben haben?«

Thomas wirkte nervös. »Wieso sollte ich? Ich habe fünf Jahre lang an meinem Baby gearbeitet. Der Gedanke ist geradezu lächerlich. Haben Sie ihn gefragt, ob er meine Idee gestohlen hat?«

»Noch nicht, aber wir werden es tun.«

»Mr. Didier«, rief er ihm hinterher, als Auguste schon im Gehen war, »kann ich Sie vielleicht nach London zurückfahren?«

»Kaum.« Und das entbehrte wohl nicht der Realität, ging es Auguste durch den Kopf.

»Guten Tag, Mr. Didier«, rief Hortensia, als sie fröhlich vom Pferd stieg. »Wir wollen die Autokolonne mit verabschieden. Eine kleine Demonstration, wir sind nur zu zweit.«

»Großartig. Dann fangen Sie mal an, können gleich den Weg für das Auto Seiner Majestät versperren.«

Hortensia lachte. »Daß unsere Aktion, den Dolly Dobbs mit einem Pfeifkonzert zu begleiten, damit enden würde, dem König zu begegnen, hätten wir auch nicht gedacht. Das war schon spaßig.«

»Kann nur hoffen, daß der Spaß nicht meine Chancen zunichte gemacht hat, ihm auch beim Neujahrsempfang zu begegnen«, fügte ihr Mann düster hinzu.

»Wann sind Sie nach Kent aufgebrochen, Mrs. Millward?«

Hortensia lachte hell auf. »Jetzt spielen Sie den Detektiv, wie?

Ich habe von Ihren Fällen gehört. Sie verdächtigen uns wohl, den Dolly Dobbs ruiniert zu haben? Wir sind gestern morgen mit dem Frühzug hergefahren. Die CAPPS von hier haben uns mit einem tollen Zweispänner abgeholt, so daß wir rechtzeitig zum Empfang der herantuckernden Benzinmonster da waren.«

»Und wo waren Sie beide am Abend zuvor?«

»Zu Hause«, lautete Johns prompte Auskunft.

»Alle beide.« Hortensia grinste. »Tut mir leid, Auguste.«

»Und am andern Abend davor?«

Auf diese Frage schwiegen beide.

Dem Lärm nach zu urteilen war Seine Majestät im Aufbruch begriffen, und Auguste beeilte sich, rechtzeitig zur Verabschiedung zur Stelle zu sein. Bertie machte den Eindruck, als hätten ihn seine königlichen Pflichten reichlich mitgenommen, und die Vorfreude, denen sogleich entrinnen zu können, war ihm anzumerken. Er gab sich überaus herzlich gegenüber der vor Martyr House versammelten Mannschaft. Ehrerbietig stand Auguste am Auto.

»Auguste?« Ein kampfeslustiger Blick traf ihn.

»Eure Majestät?«

»Tati ist sehr mitgenommen, das mißfällt mir. Ich habe sie nach Goodwood eingeladen, um sie auf andere Gedanken zu bringen. Zusammen mit Ihnen, versteht sich«, fügte er liebenswürdig hinzu, ehe er auf sein eigentliches Anliegen zu sprechen kam. »Kriegen Sie mir heraus, wer die Frau ermordet hat, mein Bester.«

Der Beste sah dem davonrollenden Lanchester nach und war erleichtert, daß er zusammen mit Egbert mit dem Zug zurückfahren konnte. Tatjana hatte darauf bestanden. Eine Fahrt im Leon Bollée wäre für ihn kein Gewinn, hatte sie argumentiert, wenn er sich doch derweil mit Egbert beraten könnte. Auch müßte man mit Pannen unterwegs rechnen, so daß es mit dem Zug unter Umständen schneller gehen könnte als in dem Autotroß. Agatha würde mit ihr zurückfahren, hatte sie ihm, noch wenig erbaut darüber, mitgeteilt; der Herzog wäre zu einem Cricket-Spiel verabredet.

Kaum war der König fort, kletterten die Damen voller Enthusiasmus in ihre Autos. Anlasserkurbeln gerieten in Bewegung, Motoren heulten auf, Rauchschwaden erfüllten die Luft. Hortensia hielt sich mit großer Geste die Nase zu, als die Kolonne an ihr vorbeifuhr. Das Schlußlicht bildete, wenn auch deutlich Abstand haltend, ein einsames Elektrogefährt, dessen Propeller sich trotzig drehten. Es war mit nur einer Person besetzt: Thomas Bailey. Auguste und Egbert kehrten ins Haus zurück, um ihr Gepäck zu holen. Überrascht stellten sie fest, daß sie nicht die einzigen waren. John Millward holte sie raschen Schrittes ein.

»Ich wollte Ihnen sagen ...« Er war ausgesprochen nervös, schob immer wieder erregt seine Brille auf der Nase zurecht.

»Ja, Mr. Millward?« Egbert blieb stehen.

»Ich wollte Ihnen sagen, daß ich Miss Hart kannte. Meine Frau ist darüber nicht ganz im Bilde.«

»Sie haben Dienstagabend mit Miss Lockwood im Club gespeist. Hat es etwas damit zu tun?«

Millward sah aus, als könnte er auf Anhieb in einen seiner geliebten Sarkophage springen. »Sie wissen davon? Ja, es hat damit zu tun. Ich mochte Miss Hart nicht.« Verunsichert blickte er drein, als genügte Egbert allein diese Aussage, ihm Handschellen anzulegen. »Ich bin Archäologe, wie Sie wissen, und als ich in Kairo arbeitete, bat mich ein Kollege, Robert Koldewey, um meine Meinung über Miss Hart. Sie hatte sich darum beworben, ihn bei seinen Ausgrabungen in Babylon zu begleiten. Ich habe unumwunden und ohne jede Voreingenommenheit gesagt, was ich von ihr hielt.« Er sah Egbert an, ob der ihn überhaupt ernst nahm. »Natürlich verübelte mir Miss Hart das, und ehe ich mich versah, stand ich im Ruf eines Don Juan, der mit ihrer Zuneigung und, wie manche Gerüchte sogar behaupteten, mit ihrem Körper gespielt hätte. Es war äußerst peinlich. Zum Glück kam derlei Gerede nicht meiner Frau zu Ohren.«

»Und es entbehrte auch jeder Grundlage, darf ich wohl annehmen?« Auguste konnte sich die Frage nicht verkneifen.

John Millward reagierte fassungslos. »Würden Sie sich auf

eine Affäre mit Miss Hart einlassen, wenn Sie eine Frau wie Hortensia hätten?«

Auguste konnte der Betrachtung folgen, wenn auch vielleicht nicht ganz so, wie Millward es gemeint hatte.

»Hat Miss Hart das in ihren Tagebüchern festgehalten?« bohrte Egbert.

»Genau das beunruhigt mich. Wenn Hortensia das erführe ... Werden Sie mich davon in Kenntnis setzen?«

»Zum gegenwärtigen Zeitpunkt sind die Hefte unerklärlicherweise nicht auffindbar. Aber was ich von Ihnen noch wissen möchte – was für eine Veranlassung hatten Sie, mit Miss Lockwood zu Abend zu essen?«

Er zögerte. »Dazu kann ich nichts sagen. Ich bin ein Gentleman«, hoffte er sich herauszureden.

»Haben Sie mit ihr schöngetan oder sie mit Ihnen?«

»Nein!« Seine Stimme überschlug sich fast. »Sie hatte von den Lügen gehört, die Hester über unser angebliches Liebesverhältnis in Umlauf gesetzt hatte, und wollte, daß ich ...« Er konnte kaum weitersprechen, so aufgebracht war er. »Daß ich zu Mr. Smythe gehe, ihm weismache, daß sie der Wahrheit entsprächen und daß Hester demzufolge nicht die rechte Frau für eine Ehe mit ihm sei.«

»Und? Sie haben das gemacht?« wollte Auguste gespannt wissen.

»Natürlich nicht. Aber es war äußerst unangenehm. Sie drohte mir damit, Hortensia die Geschichte von Hester aufzutischen. Ich weiß weder aus noch ein«, endete er hilflos.

Kurze Zeit darauf saßen Egbert und Auguste in einem bequemen Abteil der Elham-Valley-Eisenbahn. »Gewiß ist Miss Lockwood eine skrupellose junge Dame«, meinte Egbert. »Trotzdem, ich setze meine Pfunde auf Smythe.«

»Geld?« In Augustes Hirn arbeitete es trotz des erbärmlichen Mittagsimbisses. Wieso war ihnen der Gedanke nicht schon früher gekommen? Wie konnte man eine holländische Soße machen und den Spargel vergessen? »Egbert, Hester Hart war eine reiche Frau, das einzige Kind wohlhabender Eltern.«

Auch Egbert fiel es wie Schuppen von den Augen. »Grundsatz Nummer eins, wer profitiert davon?«

»Genauer gesagt, wer ist der Erbe?«

Egbert schaute aus dem Fenster; der Zug glitt durch die Landschaft von Kent. Schafe, Hopfen, Apfelplantagen ... Wie schön könnte jetzt Highbury sein. »Ich weiß nicht, aber irgendwie freue ich mich schon auf London, möchte der Sache auf den Grund gehen.«

8. Kapitel

Auguste genoß es jedes Mal, Egbert in dessen Amtsstube in Scotland Yard zu besuchen. Sie war etwas abgelegen, hoch oben unterm Dach, und bot einen prächtigen Ausblick auf die Themse. In den Stockwerken darunter befanden sich die Fingerabdruck-Abteilung, Archive, Registraturen, die Photographiensammlung, das Schwarze Museum und zahllose andere Hilfsmittel der Riesenorganisation, deren einzige Aufgabe in der Bekämpfung von Verbrechen bestand. Das hier war ein Denkraum, unaufgeräumt, klein, doch die stille, ruhige Mitte von Egberts Spinnennetz. Er hatte Auguste einmal erzählt, daß der erste Fall, den es im Neuen Scotland Yard zu lösen galt, ein ungeklärter Mord auf dem eben erworbenen Grundstück war – man hatte bei den Ausschachtarbeiten für die Fundamente des Gebäudes eine zerstückelte Frauenleiche gefunden –, und er sollte dafür Sorge tragen, daß dieser Fall der einzige in den eigenen Mauern blieb.

Inspektor Stitch war Egberts Verbindung zur Außenwelt. Da war Stitch in seinem Element, und das ließ ihn die Aufgabe, Hauptinspektor Egbert Rose zu assistieren, täglich mit neuem Eifer angehen. Seine Nachtgebete, die er an der Seite seiner Eheliebsten Martha Stitch verrichtete, schlossen stets mit einem Dank an den lieben Gott dafür, daß er einen so verständnisvollen Vorgesetzten hatte, dem die Beförderung seines engsten Mitarbeiters am Herzen lag.

Twitch, wie Egbert oft betonte, hatte gewisse Vorzüge. Auguste kommentierte die Auffassung mit der Küchenweisheit, die Sauce, die man kannte, sei ein zuverlässiger Notbehelf. Stitch seinerseits, der Auguste lediglich duldete, weil er ihn für eine der Marotten seines Vorgesetzten hielt, war der Ansicht, daß für Menschen wie den nur der Hintereingang in Frage käme, wenn sie das Gebäude betreten wollten, am besten durch das Überwachungsdezernat für Straftäter.

Als sie am Freitag in Scotland Yard ankamen, war es schon später Nachmittag, und sofort erschien Twitch in dem kleinen Büroraum; wenn es darum ging, Egberts Gegenwart zu erschnüffeln, hatte er eine ebenso gute Nase wie Auguste.

»Ah, Stitch, Sie sind noch hier?« erkundigte sich Egbert hinterhältig. »Der Hester-Hart-Fall hält Sie wohl fest. Hat sich eine Anwaltsadresse in der Hinterlassenschaft der Dame gefunden?«

»Ja, Sir. Ich habe mir erlaubt, einen Termin für Sie zu vereinbaren, gleich morgen früh.«

»Exzellent.« Dabei wußte Egbert, daß Stitch ein Gespräch dieser Art sonst selber führen würde, aber aus Fällen, die Seine Majestät auch nur im entferntesten tangierten, hielt er sich am liebsten heraus.

Stitch quittierte das seltene Lob mit einem schwachen Lächeln der Genugtuung.

»Von einem Testament vermutlich keine Spur.«

»Nein. Da war zwar ein kleiner Safe, und ich habe ihn geöffnet; die Schlüssel waren in ihrer Handtasche. Aber nichts von Interesse.«

»Auch keine Tagebücher?«

»Nein, Sir. Keine Spur davon. Nur drei Seiten eines Schriftstücks mit der Überschrift ›Mein Leben‹. Darin ist immer nur von Knöpfen die Rede. Nach dem Telefonat mit Ihnen war ich noch mal in dem Haus, aber diese Hannah Smirch ...« – Stitch war bekümmert – »... ist nun wirklich nicht, was man eine entgegenkommende Frau nennen könnte.« In der Küche dort hatte er richtig gut aussehende Muffins und eine Kanne Tee bemerkt, doch angeboten hatte sie ihm nichts davon.

»Und was ist mit dem Revolver? Sie soll doch immer einen Colt bei sich gehabt haben.«

»Weder in ihrer Tasche noch im Haus – nichts zu finden, Sir.

»Da wird uns alles mögliche über Miss Hart aufgetischt«, sagte Egbert vergrätzt, »aber die Beweise kommen verdammt langsam zu Tage.«

»Und Schlüsselring oder Handtasche gaben nichts weiter her, woraus man schließen könnte, wo die Tagebücher sind?« fragte Auguste so ehrerbietig er nur konnte.

Ein Blick verletzter Würde war alles, womit er bedacht wurde.

»Was die Durchsuchung ergab, kann ich Ihnen zeigen, Sir.« Twitch richtete seinen Blick wieder auf den Hauptinspektor, damit der Franzmann ja nicht im Unklaren blieb, wen er so achtungsvoll anredete. Bald kam er mit der großen schwarzen Stadttasche zurück, die Hester im Club bei sich gehabt hatte, wie sich Auguste erinnerte. Twitch öffnete sie und holte einen Gegenstand nach dem anderen hervor: ein Scheckheft, eine Börse für Goldstücke, ein Portmonnaie für kleinere Münzen, ein Schlüsselbund, ein Batisttaschentuch mit Monogramm, jedoch ohne die üblichen eingestickten Rosen, ein Kamm und ein kleines Büchlein im Ledereinband. Egbert nahm es in die Hand.«

»Ein Gebetbuch?« fragte Auguste neugierig.

»Nein. Es sind die ›Rubáiyát des Omar Chayyám‹ in der Fitz-Gerald-Übersetzung.

»Das ist aber eigenartig.«

»Wieso? Man sieht sie doch heutzutage allenthalben.«

»Ich hatte nicht den Eindruck, daß Hester Hart romantisch veranlagt war, und diese persische Dichtung ist voller Poesie.« Auguste ließ sich das Buch reichen.

»Vielleicht ist ein Hinweis auf die Tagebücher drin versteckt. Jeder zweite Buchstabe unterstrichen – oder etwas in der Art.«

»Nein, *mon ami*. Nichts dergleichen. Nicht einmal ihr Name steht drin. Auguste blätterte es durch und legte das Bändchen auf den Tisch.

»Und die Schlüssel hier, Stitch? Sie haben alle durchprobiert und wissen, wozu jeder paßt?«

»Nein, Sir.«

»Nein?«

Twitch wurde rot, daß er ein für ihn ungewöhnliches Geständnis machen mußte. »Bis auf diese hier«, er zeigte auf drei kleine Messingschlüssel und einen größeren.

»Haben sich Hinweise auf nahe Verwandte gefunden?«

»Es gibt ein paar Photographien aus Kinder- und Jugendtagen, aber die Masse der persönlichen Dinge hat mit ihren Reisen zu tun.«

»Briefe?«

»Bisher nichts, das von Interesse sein könnte. Sie hatte das Haus nur gemietet. Möglicherweise hatte sie ihre Sachen woanders deponiert, oder sie zog in der Tat mit sehr leichtem Gepäck durchs Leben.« Stitch freute sich, daß es ihm gelungen war, den Sachverhalt geradezu poetisch zu formulieren.

»Dieser Mrs. Smirch möchte ich jedenfalls noch persönlich meinen Besuch abstatten.«

Auf Muffins braucht er dabei nicht zu hoffen, dachte Stitch sofort. Natürlich brachte er seine Überlegungen anders zum Ausdruck: »Die braucht eine feste Hand. Und dieser Harold Dobbs ist auch ziemlich bescheuert. Der hat bei mir im Büro gesessen und geheult.«

»Wie rührend. Wegen Miss Hart, aus Selbstmitleid oder wegen seines Automobils?«

»Das hat er mir nicht gestanden, Sir. Er behauptet steif und fest, daß er zum Zeitpunkt des Verbrechens bei sich zu Hause war.«

»Und hat Mrs. Dobbs das bestätigt?«

»Ja. Denken Sie nur, die sagt aus, daß er stundenlang in seiner Werkstatt war, vom Nachmittagstee an bis nach Mitternacht. Sie hätte ihn eigentlich erst am Morgen wieder gesehen. Ich kann mir nicht vorstellen, daß er Hals über Kopf nach London gefahren ist, Miss Hart ermordet hat und wieder zurückgereist ist. Er hätte gar nicht mehr den letzten Zug geschafft.«

»Den Nachtzug mit dem Milchtransport hätte er allemal gekriegt, trotzdem scheint es mir unwahrscheinlich, daß er sein eigenes Pferd vor dem Rennen erschlägt, selbst wenn der Dolly Dobbs eine genaue Kopie des Brighton Baby war und er herausbekommen hat, daß die Herzogin das Baby im Autokorso fahren würde. Was war zuerst da, das Hühnerfrikassee oder das Eiersoufflé«, überlegte Egbert. »Wie dem auch sei, es wird eine Weile dauern, bis wir all die Aussagen und Alibis überprüft haben und zur Wahrheit vorstoßen.« Insgeheim dachten beide an Eastbourne.

»Ich glaube, wir können es uns einfacher machen«, meinte Auguste. »Als erstes läßt sich ein Erfinder doch immer seine Erfindung patentieren.«

»Ich kann mir nicht helfen, Auguste, mitunter finde ich, daß du dein Talent sinnlos an Rindfleischpasteten verschwendest. Tatjana hat doch sicher nichts dagegen, daß du einen Samstagvormittag im Patentamt verbringst.«

Tatjana war noch im Club, als Auguste zum Dinner in Queen Anne's Gate eintraf. Edelmütig versagte er sich das Vergnügen, sich sogleich an Mrs. Jollys Karpfensalat zu delektieren, und spazierte hinüber zum Club, wo er sie gewiß finden würde. Egbert hatte ja gesagt, daß er sie dort aufsuchen wollte. Er fand sie auch in dem kleinen Zimmer im ersten Stock, das sie als Büro benutzte. »Ich hab schon gedacht, du bist noch so ein Zeitungsmensch«, atmete sie erleichtert auf, als er hereinkam, »oder Maud, die mit mir über das Autorennen im Oktober sprechen will. Die hat's mit den Hüten, wir müßten sie in Auftrag geben und endlich das Hutmodell für den Club festlegen. Die letzte verrückte Idee, die sie hatte, war ein Dreispitz mit hohem Kopf à la Romney, und oben drauf soll ein Steuerrad in Gold sitzen.«

»*Ma mie*, so wie Maud bin ich gewiß nicht, und über Hüte will ich schon gar nicht reden. Aber wie kommt sie überhaupt darauf«, stellte er verwundert fest, »ist der Mord nicht viel wichtiger?«

»Das ist ja das Seltsame, daß niemand über den Mord sprechen will - mir ist das geradezu unheimlich. Den ganzen Rückweg hat Agatha fröhlich dahergeplaudert. Man konnte meinen, in den letzten Tagen sei nichts weiter passiert, abgesehen von der Begegnung mit dem König oder dem Ball gestern abend; das Pferderennen in Goodwood nächste Woche spielte noch eine Rolle. Und natürlich ging's um den Hut. Ich hab mich so geärgert, daß ich absichtlich die Sprache auf das Brighton Baby brachte. So fassungslos habe ich Agatha noch nie gesehen. Sie hat das Versagen des Automobils praktisch als eine persönliche Beleidigung empfunden. Mir tut Thomas

Bailey fast mehr leid als Harold Dobbs; aber richtig nahe«, fügte sie der Ehrlichkeit halber hinzu, »geht mir das Mißgeschick der beiden nicht.«

»Wie deutest du das, *ma fleur*, daß die beiden Mobile sich gleichen wie ein Ei dem anderen?«

»Das begreife ich absolut nicht. Wie kann der eine Wagen haargenau die Kopie des anderen sein? Harold hat an seinem immer nur hinter verschlossenen Türen gearbeitet, und Thomas ebenfalls. Harold sagt, er habe sich fünf Jahre lang mit seinem Modell beschäftigt, genau dasselbe behauptet Thomas von sich auch. Ich fürchte, das neue Automagazin ›Car‹, das im August herauskommen soll, wird eine große Geschichte daraus machen, und der Club wird zum Gespött der Fachwelt werden, weil er verrückte Erfindungen fördert.«

»Das werden wir verhindern können. Wir werden den Mord aufklären und auch das Geheimnis um die beiden Autos lüften – das wird gar nicht lange dauern. Den August über ist der Club sowieso geschlossen, und im September beginnen wir von neuem. In den besseren Kreisen der Gesellschaft ist das Gedächtnis ziemlich kurz.«

»Du machst mir richtig Mut, Auguste«, sagte Tatjana dankbar. »Aber ich fürchte, so einfach wird es nicht werden. Sehr hilfreich bin ich nicht, ich weiß. Ich hab nicht einmal die Courage, mir das Wrack des Dolly Dobbs anzusehen, selbst wenn der Polizist, der draußen Wache steht, mich hineinlassen würde.«

»Sind andere Clubmitglieder seit der Rückkunft schon an der Remise gewesen?«

Sie schüttelte den Kopf. »Wir waren etwa um fünf zurück, haben hier Tee getrunken, und dann ist jeder nach Hause gefahren, bis auf Leo und« – sie lächelte – »Miss Dazey. Fred hatte ohnehin frei.«

»Also gehen wir und sehen uns den Wagen an.«

Widerstrebend willigte sie ein. »Der Gedanke, daß irgend jemand, den ich kenne, etwas damit zu tun haben sollte, ist furchtbar. Ich kann mir nicht vorstellen, daß jemand von uns Hester ermordet hat, und auch nicht, daß jemand ein Interesse daran hatte, das Automobil zu demolieren.«

Hinsichtlich des letzten Punkts war Auguste anderer Meinung. Sie konnten den Polizisten mit einiger Mühe überreden, malten ihm aus, daß ein Hauptinspektor von Scotland Yard keinesfalls erbaut sein würde, wenn man ihnen den Zutritt verwehrte. Schließlich durften sie dann durch die Werkstatt hineingehen; dort fanden sie einen reichlich mißmutigen Leo vor. Er hatte nichts zu tun. Clubkunden waren ferngeblieben, und an den vorhandenen Autos zu arbeiten, war ihm untersagt worden.

Tatjana wandte den Blick von den Kreidemarkierungen an der Tür und ging auf die andere Seite des Dolly Dobbs hinüber, wo die zerschmetterten Windmühlen und die zerbeulte Haube abgeknickt über den Kotflügeln hingen. Mit einiger Willensanstrengung zwang sie sich, den Schaden zu betrachten.

»Muß ja ein interessanter Fall sein, Auguste, wenn er dich von deinem Dinner abhält.« Egbert stand hinter ihnen. »Guten Abend, Tatjana.« Grüßend zog er die Melone.

»Gut, daß du gekommen bist, Egbert.« Auguste hatte sich in der Wagenremise umgesehen. »Hier etwa war die Stelle, an der wir die Leiche gefunden haben, aber ich würde sagen, der Mord ist da drüben passiert.« Er zeigte auf einen Fleck direkt neben der Tür zur Werkstatt. »Der Leichnam ist umgedreht und hergezerrt worden; wahrscheinlich dachte der Mörder, man würde ihn hier nicht gleich sehen.«

»Da kannst du recht haben.« Egbert untersuchte die Blutspuren, auf die Auguste wies. »Vielleicht hat man sie nur beiseite gezogen, damit er oder sie den Flaschenzug bewegen konnte.«

»Ich glaube immer noch, daß eine Frau dazu nicht die Kraft aufbringt«, meinte Tatjana in der Hoffnung, damit ihre Clubmitglieder zu entlasten.«

»An den Seilen zu ziehen, bis der Block in Schwingung gerät, dürfte am anstrengendsten sein, der Rest geht dann relativ leicht. Wenn ihr hier fertig seid, unterhalten wir uns lieber im Club weiter.«

Auguste begriff sofort, daß Egbert Tatjana schonen wollte,

und war ihm dankbar dafür. Man merkte ihr an, daß sie von hier fortstrebte. Im Club war die Atmosphäre wenigstens leidlich normal.

»Als du Hester Hart mit Roderick Smythe hast sprechen hören, da waren sie in der Garage, nicht wahr?«

»Ja gewiß. Fred wollte gerade fortgehen, was mich wunderte. Er sagte mir, Mr. Smythe sei gekommen. Ich wollte Kakao vorbeibringen und durch die Werkstatt gehen; da hörte ich, daß die beiden sich stritten.«

»Und du bist sicher, es war Roderick Smythe?«

»Ja, ich erkannte seine Stimme, und es war eindeutig, daß sie sich ernsthaft zankten, nicht bloß aufgeregt waren. Daher bin ich zurückgegangen und habe es eine halbe Stunde später noch einmal versucht, kurz bevor wir aufbrachen. Sie schrie ihn an, daß sie nicht daran denke, ihn zu heiraten. Mit Kakao war da nichts auszurichten, also zog ich mich zurück. Mir kam gar nicht der Gedanke, daß ihr Leben in Gefahr sein könnte.«

»Streit zwischen Menschen, die sich lieben, endet äußerst selten tödlich«, tröstete sie Auguste.

»Dieser Streit ist aber tragisch ausgegangen, und ich hätte es vielleicht verhindern können.«

»Wir wissen nicht, ob das ein Zwist zwischen Liebenden war«, sagte Auguste beschwichtigend. »Und selbst wenn, vielleicht ist er wirklich weggegangen, wie er behauptet. Ein halbes Dutzend anderer Leute kann die Tat begangen haben. Sie konnten ohne weiteres annehmen, daß Hester allein sei; war sie ja auch, nachdem sie sich mit Smythe überworfen hatte.«

»Smythe ist bis jetzt die letzte Person, die am Tatort war, und das bedeutet, daß er uns noch etliche Erklärungen schuldig ist«, beharrte Egbert starrköpfig. »Ich bin überzeugt, lange wird uns der Fall nicht mehr beschäftigen.«

»Aber bis zu den großen Rennen in Goodwood sind's bloß noch ein paar Tage«, gab Tatjana zu bedenken.

»Was haben die Pferderennen damit zu tun?«

Auguste mußte lächeln. »Das ist das letzte Ereignis der gesellschaftlichen Saison in London, Egbert. Danach entschwinden die meisten deiner Verdächtigen auf ihre Landsitze, reisen in die Seebäder oder ins Ausland.« Und wir hoffentlich auch, dachte er im stillen.

Die behaglichen Geschäftsräume der Anwaltsfirma Ferdinand und Buffer in der Londoner City machten deutlich, daß Hester Hart den Traditionen Alt-Englands keineswegs so abgeneigt war, wie ihr Auftreten vermuten ließ. Mr. Ferdinand, ein zuvorkommender Gentleman von rundlicher Gestalt und mit freundlicher Miene, empfing den Kriminalinspektor von Scotland Yard, als ob das ein tägliches Vorkommnis in diesen gesetzestreuen Räumen sei.

»Miss Hart?« Sorgsam rückte er die Schöße seines makellosen Cutaway zurecht, ehe er sich in seinem Sessel niederließ. »Eine schlimme Sache. Haben Sie den Fall schon aufklären können?«

Egbert fragte sich, wie der gute Mann reagieren würde, wenn man von ihm hätte wissen wollen, ob er einen bestimmten fatalen Vorgang bereits erfolgreich vom Tisch hätte. »Wirklich schlimm«, pflichtete er ihm bei. »Wie hat es sich ergeben, daß Sie Miss Harts Anwalt wurden?«

Mr. Ferdinand tat leicht beleidigt. »Wir sind seit langem die Anwälte der Familie. Von jeher haben Ferdinand und Buffer die Rechtsgeschäfte des leider früh verstorbenen Sir Herbert geführt.«

»Und Miss Harts Testament ist bei Ihnen hinterlegt?«

»Miss Hart hat all meine Ratschläge in den Wind geschlagen und kein Testament gemacht – jedenfalls soviel mir bekannt ist.« Ferdinand brachte es zuwege, den Eindruck zu erwecken, daß er eine so schnöde Mißachtung seiner Wünsche bedauerte, aber auch davon überzeugt war, daß seine Kenntnis der Materie allumfassend sei. Sollte jedoch, wie er einräumte, Miss Hart derart irregeleitet gewesen sein, einen anderen Notar zwecks Aufsetzung eines Testaments zu wählen, dann könne nur Unzurechnungsfähigkeit vorgelegen haben, und demzufolge wäre ein solches Testament ohnehin null und nichtig.

»In dem Haus, das sie in London gemietet hatte, hat sich nichts dergleichen gefunden; übrigens ...« – Egbert empfand

Mitleid mit Mr. Ferdinand – »... auch kein Hinweis auf einen anderen Anwalt. Das ist merkwürdig, denkt man an all die gefährlichen Reisen, die sie während der letzten fünfzehn Jahre unternommen hat.«

Ferdinand fühlte sich getadelt. »Ich habe bereits gesagt, daß ich ihr nahegelegt habe, ein Testament zu machen. Mehrfach sogar, denn als Sir Herbert vor vier Jahren starb, hielt ich das für geradezu unumgänglich. Miss Hart jedoch, die viel im Nahen Osten umherreiste, war fest davon überzeugt, daß das Schicksal eines jeden in den Händen Allahs liege; wenn es wesentlich sei, ein Testament aufzusetzen, dann würde Allah sie beschützen, bis sie jemanden gefunden hätte, mit dem sie ihre weltlichen Besitztümer zu teilen wünschte. Das schien nun in der Tat der Fall zu sein, denn als sie vor kurzem nach England zurückkehrte, dachte sie ernsthaft an eine diesbezügliche Entscheidung.«

»Und wer sollte der Begünstigte sein?«

»Das hat sie nicht gesagt. Sie informierte mich jedoch, daß sie die Absicht habe zu heiraten, und daraus schließe ich, daß es Mr. Smythe war.«

»Er ist unser Hauptverdächtigter, Mr. Ferdinand.«

Ferdinand war schockiert. »Mr. Smythe ist ein so liebenswerter junger Gentleman.«

»Sie würden sich wundern, wie viele liebenswerte junge Gentlemen ich schon hinter Gitter gebracht habe. Auf wieviel beläuft sich Miss Harts Erbgut?«

»Das ist beachtlich viel. Ein Einkommen von mindestens zehntausend Pfund im Jahr. Der Verkauf von Bromley House, der Residenz ihres Vaters, hat allein fünfzehntausend Pfund gebracht, dazu kommt der Wert der Aktienanteile an der Hartschen Knopffabrik. Miss Hart besitzt die Aktienmehrheit, und das bringt weitere fünfzigtausend Pfund.«

»Und da ist kein Testament vorhanden?« Egbert konnte es nicht fassen.

Ferdinand stieg die Röte ins Gesicht. »Ich kann ja meine Klienten nicht zwingen, meinem Rat zu folgen«, verteidigte er sich gekränkt.

»Gibt es noch weitere Einkünfte?«

»Kaum der Rede wert. Sir Herbert war der einzige Sohn eines Schornsteinfegers aus Lancashire, seine Lebensaussichten waren demzufolge nicht eben rosig. Als er jedoch eines Tages den falschen Schornstein hinunterrutschte, landete er im Schlafzimmer einer Dame. Dort fiel ihm ein zerbrochener Glasknopf auf den Dielen auf, und sofort packte ihn die Idee, daß sich hochwertige Knöpfe fertigen ließen, wenn man sie mit den Bildnissen der Kinder unserer geliebten verblichenen Königin verzierte. Er fing damit ganz klein an, und nach zwei Jahren stellte sich bescheidener Erfolg ein. Dann starb ganz unerwartet der Prinzgemahl. Sofort brachte seine neue Firma hochwertige schwarze Knöpfe auf den Markt, in die eine ovale Silhouette des Prinzen Albert in Schwarz und Weiß eingegossen war, und damit hatte er sein Glück gemacht, wie man so sagt.« Ferdinand strahlte und sah dem Mr. Pickwick aus den Geschichten von Dickens noch ähnlicher als zuvor.

»Eine höchst ergreifende Geschichte«, kommentierte Egbert ernsthaft.

»Hester, sein einziges Kind, wurde 1864 geboren, als ihr Vater bereits ein reicher Mann war. Ja, das waren noch Zeiten. Die kommen nie wieder.« Er seufzte. »Ich habe Sir Herbert sehr geschätzt, ja, ich möchte sagen, ich mochte ihn.«

»Und seine Tochter, die ebenfalls?«

»Wenn Sie so fragen, nein, das nicht. Der armen Hester fehlte das Selbstvertrauen ihres Vaters in die eigenen Fähigkeiten, und sie besaß nicht die gesellschaftliche Stellung, die ihr dieses Selbstvertrauen gegeben hätte. Nichts desto trotz war sie entschlossen, in die Welt zu gehen und sich sozusagen ihre Knöpfe zu verdienen. Und das ist ihr recht gut gelungen«, sagte Ferdinand mit anerkennender Miene, schwieg dann aber, als er sich besann, daß sie tot war.

»Wem fällt das Vermögen zu, wenn sie kein Testament hinterlassen hat?«

»Ich habe nicht die geringste Ahnung«, entgegnete Ferdinand heiter. »Verwandte von ihres Vaters Seite sind mir nicht bekannt, bis auf einen Vetter, aber der fiel im Krieg in Südafrika; und von ihrer Mutter, die vor ihrem Gatten verstarb, weiß ich eigentlich gar nichts, lediglich, daß sie seine erste Fabrikarbeiterin und sein Modell war. Wir setzen Suchanzeigen in die ›Times‹ und stellen Nachforschungen in den Personenstandsregistern in Somerset House an.«

»Solange können wir aber mit der Beerdigung nicht warten.«

Der Frohsinn verließ Mr. Ferdinand, denn von Berufs wegen waren ihm Vorgänge zuwider, die nicht warten konnten.

Die Studien, die er einen ganzen Vormittag in dem prachtvollen neuen öffentlichen Lesesaal des Patentamts betrieb, bestätigten Auguste voll und ganz die unguten Gefühle, die er schon immer gegenüber den Engländern und ihren Marotten gehegt hatte. In jedem Jahr ließen sich an die zehntausend glückliche Erfinder so wesentliche Dinge patentieren wie Einbrecherfallen, Büstenformer oder Mundgeruchsanzeiger. Auffällig viele Damen und Herren widmeten sich der technologischen Zukunft des Automobils. Die Damen neigten dazu, sich auf die Herstellung von Schutzvorrichtungen für das Gesicht und von Fußwärmern zu konzentrieren, die Herren hingegen auf Automobile, die Treppen bewältigen konnten (womöglich, damit sie sich neben dem Bett des entzückten Erfinders parken ließen), und auf Gerätschaften, die den geheiligten Motorfahrzeugen Unrat wie Mensch und Pferd aus dem Wege räumten.

Dank des unschätzbaren Nachschlagesystems des Patentamts konnte Auguste bereits zur Mittagszeit am Sonnabend (eifrig wie ein aus dem Bad entsprungener Archimedes, der seine neue Theorie über die Wasserverdrängung auf dem Markt verkünden will) nach Scotland Yard eilen. »Du solltest dir noch einmal ausführlich Mr. Dobbs vornehmen, *mon ami*.«

»Wieso, was hast du herausgefunden?« Egbert sah ihn erwartungsvoll an.

»Da gibt es eine Patenteintragung vom 10. März 1899 für Mr. Thomas Baileys Verbessertes Elektro- und Windbetriebenes Automobil mit Erneuerungsanträgen. Ich bin alles durchgegangen, aber unter dem Namen Harold Dobbs ist nichts zu finden. Übrigens war ich nicht der erste, wie man mir mitteilte, der in letzter Zeit auf Automobile ausgestellte Patente einsehen wollte. Mindestens zwei Damen hätten neulich unabhängig voneinander etliche Zeit auf ebendiese Nachforschungen verwendet.«

Upper Norwood war nun wirklich nicht der Ort, der Auguste für einen Ausflug an einem Samstagnachmittag im Juli vorschwebte. Lieber hätte er sich mit Tatjana in aller Ruhe auf ihrem Balkon unterhalten, die Aussicht auf den Park genossen, vielleicht sogar einen Erkundungsgang in seine eigenen Küchenräume unternommen. Mrs. Jolly hatte von einem neuen Rezept für Wildbret gesprochen, das vielversprechend klang. Muskatblüte wollte sie verwenden. Aber Egbert hatte darauf bestanden, daß er ihn begleiten sollte. Unter der Bedingung, daß er gegen fünf Uhr wieder im Club sein müßte, um das Sonnabend-Dinner zu überwachen - und eventuell, dachte er sehnsüchtig, ein Gericht selbst kochen zu können -, hatte er eingewilligt.

Zu Augustes Überraschung war Harold Dobbs in bester Stimmung. Im Reich des Erfinders, dem großen Schuppen, der im Garten stand, war er munter am Werkeln. Die Umgebung paßte zu Harold. Überall herrschte Unordnung, es sah schmuddlig aus, war absolut exzentrisch. Über eine Zeitungsseite mit dem Bild von General Gordon bei Khartum war die Zeichnung eines Automobils geheftet, die aussah, als ob sie Sir John Tenniel, der Illustrator von »Alice im Wunderland«, in einer schwachen Stunde entworfen hätte. Daneben hing ein ähnliches Bild seiner verewigten Monarchin, der guten Queen Victoria. Auf den Rändern des Blatts waren allerlei Beträge in Pfund, Schilling und Pennys gekritzelt - vermutlich Dobbs' Kostenkalkulation. Teile von im Bau befindlichen Automobilen lagen verstreut umher. Mitten im Raum war eine leere Stelle mit Seilen umzäunt, wofür, war nicht recht klar. Dobbs bemerkte Augustes verwunderten Blick.

»Mein neues Automobil«, sagte er frohgemut.

»Aber man sieht noch gar nichts«, äußerte Auguste vorsichtig.

»Ist dafür in meinem Kopf schon fertig.«

»Doch kein Dolly Dobbs, wie?« warf Egbert scherzend hin.

»Mein ganzes Herz hing an dem Gefährt – rettungslos hat man es zugrunde gerichtet.«

Auguste konnte sich nicht verkneifen zu fragen: »Das Gefährt oder Ihr Herz?«

»Beide. Wie soll ich es jetzt von neuem bauen?«

Auguste fühlte mit ihm. Würde eine von ihm geschaffene *pièce montée* zu Boden fallen und in tausend Stücke zerbrechen und die zarten Windungen aus Zuckerwatte nur noch ein Haufen Krümel sein, könnte er den künstlerischen Triumph auch nicht neu erschaffen. Automobile konnte er natürlich nicht ganz in diesem Licht sehen, und ob der Dolly Dobbs ein Triumph war, blieb dahingestellt, aber er wollte zugestehen, daß die Situation Ähnlichkeiten aufwies.

Egbert verhielt sich nicht so tolerant. »Gerade das wollen wir mit Ihnen erörtern.«

»Ich will sic überhaupt nicht noch mal bauen«, erwiderte Harold kläglich.

»Liegt das eventuell daran, daß der Dolly Dobbs eine Kopie von Thomas Baileys Brighton Baby ist?«

Er sah sie mit aufgerissenen Augen an. »Das kann doch gar nicht sein. Ich habe fünf Jahre lang am Dolly Dobbs gearbeitet. Woher sollte ich wissen, was Bailey inzwischen gemacht hat? Wer behauptet denn, daß sie eine Kopie ist?« fügte er hinzu – doch das kam reichlich spät und konnte wenig überzeugen.

»Alle, die beide Wagen gesehen haben. Mrs. Didier, Mr. Didier, die Herzogin, Leo, Fred Gale ...«

»Das ist purer Zufall.« Harold lief rot an.

»Warum haben Sie keine Anstalten gemacht, Ihr Modell patentieren zu lassen? Bailey hat ein Patent erhalten. Haben Sie deshalb das Mobil selbst zertrümmert, wollten es nicht in der Öffentlichkeit zeigen, als Sie erfuhren, daß die Herzogin das Brighton Baby kutschieren würde?«

»Genau deshalb wollten Sie auch nicht, daß Ihr Mobil vergangenen Sonnabend aus der Box gerollt wurde, nicht wahr?« bohrte Auguste weiter.

»Sie haben keine blasse Ahnung«, stöhnte Harold. »Ich bin Künstler. Wie könnte ich Hand an meinen geliebten Dolly legen? Der Grund, warum ich kein Patent beantragt habe, ist viel einfacher.«

»Würden Sie uns den bitte erklären?« drängte Egbert, als eine Pause entstand. Wild blickte Harold von einem zum anderen in der Hoffnung, sie würden den Künstler in ihm erkennen – freilich vergebens.

»Ich hab nicht daran gedacht.«

»Nicht daran gedacht? Mehr als fünf Jahre lang?«

»Ich bin nun mal ziemlich zerstreut.« Eine gewisse Selbstgefälligkeit war in Harolds Stimme zu spüren. »Ich war mit soviel Begeisterung dabei, meinen Dolly zu bauen, daß mir nie in den Sinn kam, irgendwer sonst könnte ebenso klug und geschickt sein wie ich.«

»Sonderlich überrascht wirkten Sie nicht, als Sie eben hörten, daß das Brighton Baby patentiert worden ist. Sie müssen das gewußt haben.« Egbert ließ sich nie von den Seelenqualen eines Künstlers erweichen.

Harold schluckte. »Hab ich auch, und zwar von Miss Hart. Jetzt werden Sie denken, ich hätte sie ermordet.« Seine Stimme überschlug sich, als ihm aufging, wie schlimm er in der Klemme saß.

»Warum sollten wir?« fragte Egbert geschmeidig wie ein Hecht, der auf eine Elritze zuschießt.

Harold gab sich geschlagen. »Sie hat mich erpreßt. Sie war dahintergekommen, daß ich kein Patent für den Wagen hatte. Ich glaube, ihr gefiel der Dolly Dobbs so sehr, daß sie ihn unbedingt fahren wollte«, erklärte er treuherzig. »Sie ist aufs Patentamt gegangen, einfach so in der Annahme, sie würde was Interessantes finden. Dann hat sie mir gesagt, daß die Idee von Thomas Bailey meiner ähnlich wäre, und wenn sie den Dolly nicht fahren könnte, würde sie ihm alles noch vor der Wettfahrt verraten.«

»Und wie hofften Sie aus der Sache herauszukommen, wenn erst einmal die Einzelheiten bekannt wurden?«

»Vielleicht habe ich mich an die Hoffnung geklammert, daß Baileys Mobil doch anders war und daß es nicht funktionieren würde.«

»Hat es auch nicht.«

»Wirklich?« Er strahlte übers ganze Gesicht. »Dann kann ich den Dolly ja wieder aufbauen.«

»Nur wenn er sich vom Brighton Baby unterscheidet, sonst dürfte Ihr Modell auch nicht funktionieren«, machte Auguste ihm klar.

»Natürlich wird meins funktionieren«, sprudelte er heraus. »Ob ich Mr. Bailey gleich mal aufsuchen sollte? Wenn ich's nicht mache, wird er seinen Wagen neu bauen, und dann wäre meine ganze Arbeit umsonst.« Schon wollte er zur Tür gehen.

»Aber Sie sind doch längst dabei, ein neues Automobil zu konstruieren«, bemerkte Auguste sachlich.

»Zu allererst muß Dollys Ansehen verteidigt werden. Wo ist mein Hut?« Verwirrt sah er sich nach Judith um.

»Nicht ganz so schnell, Mr. Dobbs.« Egbert stellte sich ihm in den Weg. »Vergessen Sie nicht, daß Dollys Ansehen Ihnen ein exzellentes Motiv gab, sich Hester Harts zu entledigen.«

Harold Dobbs schnappte nach Luft, machte den Mund auf und zu und wieder auf. »Es ist wohl an dem«, gab er klein bei.

Pierre blickte gespannt hoch, als Auguste hereinkam; es war nicht auszumachen, ob ihn schon eine bevorstehende Diskussion über französische *sanguines champignons* und deren Vorzug gegenüber englischen Schirmpilzen erregte oder das Verlangen, über Miss Hart zu reden. Halsstarrig entschied Auguste, seine ganze Aufmerksamkeit jetzt auf Dinge der Cuisine zu richten und nicht auf die Aufträge, die Egbert ihm gegeben hatte. Schließlich war er Meisterkoch und nicht vorrangig Detektiv im Dienste von Scotland Yard, sagte er sich immer wieder. Egbert neigte dazu, diesen Umstand allzu häufig zu übersehen.

»Muß noch etwas gemacht werden?« fragte er und band sich die lange Schürze um. »Sind die Pasteten glasiert?«

»*Oui, monsieur*. Gibt es etwas Neues im Zusammenhang mit ...«

»Und die *poussins* mit der Kalb- und Schweinefleischfüllung, sind die bratfertig?«

»*Oui, monsieur*. Hat man den Mörder ...«

»Der Calvados und das Apfelmus für die Wachteln?«

»*Non, monsieur*, aber ich mache das sofort. Haben Sie ...«

»Nein, ich werde das machen.« Auguste war wieder glücklich. Er war Teil dieser warmen, in sich eingesponnenen Welt, in der Himmel und Hölle vor kurzem aufgetaucht und wieder verschwunden waren. Die ekstatische Freude des Schaffensrausches überwog die Niedertracht des Küchenalltags, die sich in Form fehlerhaft gelieferter Ware oder qualmender Herde zeigte. Seine Welt hieß Küche, und darin war er König, für eine Weile jedenfalls.

Schließlich erbarmte er sich Pierres – oder besser des anstehenden Dinners im Restaurant des Clubs. Pierre sah ständig zu ihm herüber, konzentrierte sich nicht auf die Speisen. Einige Gerichte konnten sich widerborstig geben wie menschliche Wesen, wenn man sie nicht genügend beachtete, und verdarben oft gänzlich.

»Hat Miss Hart jemals mit Ihnen über ihre Familie gesprochen? Über noch lebende Familienmitglieder, meine ich?«

Über Pierres Züge huschte ein glücklicher Schimmer. »Ihre Familie hat sie selten erwähnt, Monsieur. Ich habe den Eindruck gewonnen, daß sie England verließ, um sich von allen, von ihrer Familie und von ihren sogenannten Freunden zu trennen.«

»Aber sie war eine wohlhabende Frau, und das verdankte sie den Familienbanden.«

»Davon weiß ich nichts.« Er zuckte die Schultern. »Aufs Geld hat sie sehr geachtet. Jedesmal rechnete sie sorgfältig nach, wieviel ich bei den Einkäufen auf dem Markt ausgegeben hatte. Aber ich glaube nicht, daß sie knapp bei Kasse war. Nein, bestimmt nicht, wie hätte sie sonst all die Reisen unternehmen können.«

»Und wenn sie nicht unterwegs auf Reisen war, wo hielt sie sich dann auf?«

Pierre überlegte. »Manchmal ging sie nach England zurück, mitunter blieb sie in Paris, glaube ich. Da bin ich natürlich nicht mitgegangen. Ich war dann im Restaurant meines Vaters in Marseille oder habe zeitweilig in anderen Restaurants in Frankreich gearbeitet oder in Algerien und manchmal auch in der Türkei. Nur so habe ich die vielen Erfahrungen sammeln können. Wie Sie sicher wissen, Monsieur, ist in Ländern, in denen Speisen hoch geschätzt werden, der Bauer oder der Matrose genau so anspruchsvoll wie der Edelmann.«

Wie wahr. Der beste Kenner eines *omelette aux truffes*, dem Auguste je begegnet war, lebte in einer Köhlerhütte in den Meeralpen.

»Sagen Sie doch, Monsieur, hat man den Mörder schon gefaßt?«

»Ein *daube* ist nicht in dreißig Minuten gar, Pierre.«

»Aber er, vielleicht auch sie, könnte leicht fliehen. London verlassen oder sogar England.«

»Ehe es soweit kommt, werden wir wissen, wer es war. Wir werden ihn oder sie verfolgen und festnageln«, setzte ihm Auguste geduldig auseinander. »Inzwischen können Sie uns helfen.«

»Ich?« Pierres Gesicht belebte sich. »Alles würde ich tun, um den Hund zu fassen, der das getan hat.«

Auguste zog das Exemplar der »Rubáiyát« hervor, das sich in Hester Harts Handtasche gefunden hatte. »Können Sie sich vorstellen, was das in ihrer Tasche suchte? Waren es ihre Lieblingsgedichte, oder war es ein Geschenk von irgend jemand?«

Pierre nahm das Bändchen in die Hand und betrachtete es. »Nein, das glaube ich nicht. Gedichte hatte sie sehr gern, und oft trug sie welche bei sich. Sie könnte das hier gekauft haben, vielleicht hatte es ihr auch jemand geschenkt. Es sieht recht neu aus.« Er schlug das Buch auf und las: »Noch funkelt ein Rubin im Weinstock, und manch ein Garten an den Wassern blühet.« »Ein schönes Gedicht«, sagte er anerkennend und reichte Auguste das Büchlein zurück. Dabei fiel eine Seite heraus.

Auguste bückte sich, hob sie auf, warf einen Blick darauf

und legte sie zurück. »Mir gefällt es auch, Pierre. Sie sollten es lesen.«

»Da es Miss Hart so gefiel, werde ich es tun.«

»Hatte Miss Hart einen Revolver bei sich, wenn Sie mit ihr zusammen waren?«

»Immer.«

»Hat sie ihn je benutzt?«

»Ziemlich oft, ja, um Räuber zu vertreiben, und einmal hat sie auch einen erschossen, der in ihr Zelt eindrang. Das war der Führer der Karawane. Da waren wir in einer schwierigen Lage, aber wir hatten Glück und konnten seinen Kumpanen entrinnen.«

»Hat sie die Pistole auch hier bei sich getragen?«

»Das kann ich nicht mit Sicherheit sagen, aber soweit ich sie kenne, würde ich meinen, ja.«

»Bloß, warum war die Waffe dann nicht in der Tasche, die wir in der Garage gefunden haben?«

»Das ist sonderbar. Ich verstehe es nicht. Aber Miss Hart hatte ihre Eigenheiten und machte manches anders als man dachte.«

»Das ist das letzte Mal, daß man mich mitsamt dem Haus vermietet«, verkündete Hannah Smirch, während sie unter Schmerzen in Hesters Arbeits- und Speisezimmer gehumpelt kam.

»Wie bitte, wie meinen Sie das?« Auguste fragte für beide, weil Egbert sofort anfing, den Schreibtisch zu untersuchen. Nicht, daß er fürchtete, Twitch könnte etwas übersehen haben, so erklärte er Auguste später, sondern um ein Gefühl für die Beweisstücke zu bekommen.

»Na mitsamt dem Haus«, wiederholte Hannah. »Das wird doch vermietet, und Peters, das ist der Hausdiener, und ich gleich mit. Doch jetzt ist Schluß, ein für alle Mal. Das ist nicht in Ordnung. Mieter lassen sich einfach ermorden. Der Hauswirt muß sich die Leute besser ansehen, die er ins Haus nimmt. Ich will mich nicht ständig aufregen, wenn's hier zugeht wie im Taubenschlag. Und dann noch die Polizei.«

»Wir bleiben nicht lange, Mrs. Smirch«, suchte Auguste sie

zu beruhigen, ehe Egbert noch etwas erwidern konnte. Er hatte in all seinen Berufsjahren schon mit vielen Hannah Smirchs zu tun gehabt.

»Sie werden Muffins haben wollen«, schimpfte sie weiter. »Ihr von der Polizei denkt an nichts anderes. Ich hab doch mehr zu tun, als den ganzen Tag 'rumzurennen und euch Muffins und Tee zu servieren.«

»Ehe Sie damit anfangen«, mischte sich Egbert ein, »möchte ich wissen, was mit der Truhe voll Tagebücher passiert ist, die Miss Hart hier aufbewahrt hat.«

»Sie sind schon der vierte, der mich heute danach fragt, und ich werde Ihnen genau das sagen, was ich den anderen auch gesagt habe. Die Truhe stand immer hier, bis vor 'ner Woche oder so. Wo die hin ist, weiß ich nicht. Und Peters brauchen Sie gar nicht erst zu fragen, der weiß es auch nicht.«

»Wer war denn noch hier?« fragte Egbert in scharfem Ton. »Die Polizei?«

»Mit einem Hut voll Federn auf 'm Kopf doch wohl nicht? Sie hat gesagt, sie wäre die Cousine von Miss Hart – ihren Namen hat sie nicht genannt.«

»Cousine? Beschreiben Sie sie bitte.«

Mit der Miene einer Märtyrerin, die der Heiligen Katharina gut gestanden hätte, fügte sich Hannah Smirch und lieferte eine durchaus treffende Beschreibung Isabels, der Gräfin Tunstall.

»Sonst noch jemand?«

Maud Bullinger hatte ihren Namen nicht schamhaft verschwiegen, und John Millward, der sich offensichtlich als Rechtsanwalt ausgegeben hatte, konnte nicht nur durch die Schilderung seiner Person identifiziert werden, sondern auch dadurch, daß er als einziger in einer altmodischen Pferdedroschke vorgefahren war.

»Wie kann man die Truhe fortgeschafft haben, ohne daß es von Peters oder von Ihnen, Mrs. Smirch, bemerkt wurde?«

»Muß wohl an dem Nachmittag passiert sein, als ich frei hatte.« Dabei schienen ihre Blicke zu sagen, daß jede vernünftige Herrschaft ihr auch den Sonntag freigegeben und ihr das ganze Gewese mit der Polizei erspart hätte. »Madam hat weder mir noch Peters ein Wort davon gesagt, obwohl man die Truhe höchstwahrscheinlich durch meine Küche getragen hat, während er in seiner Stube gepennt hat, der Faulpelz. Nie hätte Madam das schwere Ding die Vordertreppe 'runterbugsieren lassen. Die war so was von pingelig, sage ich Ihnen. ›Ich möchte, daß es gemacht wird, wie es sich gehört, Mrs. Smirch‹«, und dabei ahmte sie Hesters schrille Stimme nach.

»Sie ist doch viel auf Reisen gewesen, um gesellschaftliche Gepflogenheiten dürfte sie sich wenig geschert haben«, bemerkte Auguste.

»Das denken Sie«, äußerte sich Hannah dunkel. »Ausgenommen natürlich, was ihn betraf.« Sie beobachtete die beiden und wartete offenbar darauf, daß die noch mehr hören wollten ...

Auguste tat ihr den Gefallen.

»Ich gehör nicht zu denen, die schlecht über eine Tote reden, wenn ihr auch meine Muffins nicht recht waren, aber manchmal blieb der über Nacht.« Sie warf ihnen einen vielsagenden Blick zu. »Mr. Smythe, meine ich. Madam ließ zwar das Gästezimmer herrichten, aber ich weiß, was davon zu halten ist, wenn ich zerwühltes Bettzeug sehe.« Sie nickte, wie um sich ihre schlimmsten Befürchtungen zu bestätigen.

»Sie hatte doch die Absicht, ihn zu heiraten, war's nicht so?« fragte Auguste unschuldig.

»Sobald wohl nicht. Eine Höhle sündhafter Laster ist das Haus gewesen.«

»War er einmal hier, seit Miss Hart tot ist?«

»Nein. Ich würde ihn nicht über die Schwelle lassen. Den hab ich nicht gemocht und diesen ausländischen Kerl da auch nicht.«

»Pierre Calille?«

»So hieß der nicht. Louis Gi noch was. Ich mußte ihm ziemlich oft aufmachen und ihn zu Madam bringen.« Sie seufzte tief. »Der hat immer Wein getrunken. Wenigstens hat er nicht 'rumgeschnüffelt und Muffins verlangt.«

Beim Weggehen malte sich Auguste aus, daß Hannah Smirch hätte Hester umbringen können, weil die ihre Muffins kritisiert hatte. Schließlich nahm er sich als Meisterkoch auch das Recht, gegen die zu wüten, die seine gefüllten Wachteln nicht würdigten; warum sollte eine Hannah Smirch ihre Produkte nicht ebenso hoch schätzen dürfen.

9. Kapitel

»Als neueste Wendung haben wir es jetzt mit dem ›Fall der verschwundenen Truhe‹ zu tun, Tatjana.« Egbert machte es sich auf dem Ledersofa im Salon in Queen Anne's Gate bequem und betrachtete genießerisch das amouröse Treiben der zahlreichen Göttinnen, Nymphen und Putten, die sich auf der von Angelika Kauffmann gemalten Zimmerdecke über ihm tummelten. Da geht es lebhafter zu als auf Stockbery Towers, war sein Kommentar gewesen, als er das Gemälde zum ersten Mal sah. Ihm gefiel diese Decke, die Gestalten darauf schienen sich sinnlich zu vergnügen, also den Moralvorschriften der englischen Gesellschaft hohnzusprechen. Die warmen Goldtöne der Decke fanden sich wieder in dem von Tatjana gewählten Dekor des Raums, der dadurch so behaglich wirkte und für ein Arbeitsgespräch am Sonntag vor dem Mittagessen den rechten Rahmen bot.

»Spielst du auf die Nummer von Maskelyne und Devant an?«

»Deren Hilfe wäre durchaus willkommen.« Egbert glaubte selbst beinahe, daß nur noch ein Zauberkünstlerpaar diesen verzwickten Fall lösen könnte.

»Mrs. Smirch, *ma mie*, diese unerschütterliche Haushälterin, behauptet, die Truhe hätte sich in Luft aufgelöst«, informierte Auguste seine Frau. »Eben sei sie noch dagewesen, doch am nächsten Tag bereits spurlos verschwunden.«

»Kann man dieser Mrs. Smirch denn trauen?« wollte Tatjana wissen.

»Du meinst, die hätte sich ein Schmiergeld in die Hand drükken lassen«, überlegte Egbert. »Sonderlich geschmiert schienen ihre Hände nicht. Was meinst du, Auguste?«

»Ich halte es für wahrscheinlicher, daß Hester Hart die Truhe mit Vorbedacht aus dem Haus schaffen ließ, als Mrs. Smirch ihren freien Nachmittag hatte, und daß sie auch Peters mit irgendeinem Auftrag fortschickte; es hätte ja sein können, daß die beiden bestechlich waren. Miss Hart handelte mit Vorbedacht.«

»Mit Bedacht handelt Mrs. Jolly auch«, erinnerte sie Tatjana. »Ich fürchte, wenn wir nicht sofort im Speisezimmer erscheinen, verschwindet ihr Mittagsmahl ebenso mit einem Zaubertrick wie die Truhe.«

Besorgt sprang Auguste auf. Tatjana machte da keinen Witz. Er hatte nicht vergessen, wie fürchterlich es war, als sie sich einmal mit kaltem Aufschnitt begnügen mußten, weil die Wildpastete nach Mrs. Jollys Meinung verschmort war; alle Überredungskünste hatten sie aufgeboten, aber ihre Köchin ließ sich nicht erweichen, die Pastete wieder auf den Tisch zu zaubern.

Heute war Mrs. Jolly offenbar bereit, ihr Bestes zu geben zur Stärkung des britischen Strebens nach Gerechtigkeit, wie Auguste dankbar feststellte, als er das köstliche Aufgebot kalter Platten beäugte, die Mrs. Jolly auf dem Büffet angerichtet hatte. Noch verheißungsvoller war der Duft des Entenbratens, der in Schwaden aus der Küche hoch in das Speisezimmer im Erdgeschoß drang. Wenn dann Mrs. Jolly ihre Olivensauce dazu servierte, wäre sein Glück vollkommen. Zwischen ihnen bestand ein harmonisches Dreiecksverhältnis. Auguste schlug ein Gericht vor, Mrs. Jolly verfeinerte es, und Tatjana war's zufrieden. Gelegentlich steuerte sie ein paar Anregungen bei – meist waren das ausgefallene Sachen, die sie ihrer russischen Herkunft verdankte oder ihrer Lektüre über fernöstliche Kochkunst.

Heute war alles prächtig. Und total englisch das Ganze. Hummertopf, frischer Selleriesalat, Entenbraten mit Olivensauce, Schmorgurken, neue Kartoffeln, Himbeeren mit Erdbeersahne und kräftiger englischer Stiltonkäse. Als Dessert folgte frisches Obst und eine herzhafte Kleinigkeit. Auguste konnte sich noch immer nicht völlig mit der englischen Gewohnheit abfinden, eine Mahlzeit mit etwas Herzhaftem anstatt mit etwas Süßem zu beschließen. Egbert zu Ehren hatte Mrs. Jolly ihre spezielle schottische Waldschnepfenpastete bereitet, und damit konnte man zufrieden sein, wenn einen auch das schlechte Gewissen plagte, daß Edith sich nun allein durch Mr. Pinpoles zähen Rinderbraten kämpfte. Betrübt dachte Egbert daran, daß er noch an seinen Schreibtisch zurückkehren mußte und sich nicht in einem bequemen Liegestuhl im Garten ihres Heims in Highbury würde ausstrecken können.

»Ehe du gehst, Egbert, muß ich dir noch die Sache mit der Pistole erzählen.« Auguste tat es leid, die angenehme Stimmung nach einem so herrlichen Mahl zu verderben. »Pierre bestätigt, daß Miss Hart immer eine Pistole bei sich hatte, so lange er sie kannte, und nimmt an, daß sie auch in London diese Gewohnheit beibehielt.«

»Unser Schurke wird das nicht gewußt haben, sonst hätte er sie doch damit umbringen können.« Es kostete Egbert gewaltige Mühe, sich wieder in den Fall hineinzudenken.

»Oder er hat es nicht getan wegen des Knalls«, meinte Tatjana.

»Zu so nächtlicher Stunde waren kaum Leute unterwegs, und falls jemand auf den Schuß hin herbeigeeilt wäre, hätte der Schuft genug Zeit gehabt zu fliehen.«

Auguste hatte seine Zweifel. »Da bin ich mir nicht sicher. Der Mörder hätte zuerst Miss Hart erschießen müssen, bevor er den Dolly Dobbs zertrümmern konnte. Dann mußte der schwere Flaschenzug an den Laufschienen unterm Dach in die richtige Position gezogen und der Block in Schwung gebracht werden. Dazu hätte man einige Zeit gebraucht.«

»Die meisten der von uns Verdächtigten kannten sich in der Wagenhalle aus und konnten auch mit dem Flaschenzug umgehen.«

Tatjana schwieg. Auguste schaute sie an und litt mit ihr. Es war ihr Motorclub, den sie mit aller Sorgfalt aufgebaut hatte. Wieviel Mühe hatte es sie gekostet, diese große Wettfahrt durch Kent als Hauptereignis des Jahres vorzubereiten. Viele der Clubmitglieder, die daran teilnahmen, waren ihre Freunde. Und nun das!

»Man hätte schon ziemlich kaltblütig sein müssen, das Automobil noch so zu demolieren, nachdem der Schuß die Nachbarschaft alarmiert hatte.«

»Egal, wie das war, wo ist denn nun der verdammte Revolver?« fragte Egbert.

»Pierre weiß es nicht. Er weiß auch nicht, was es mit diesem Buch auf sich hat« – Auguste zog den ›Rubáiyát‹-Band aus der Tasche –, »außer daß Hester Hart gern Gedichte las; also muß sie es vor kurzem gekauft oder als Geschenk erhalten haben.«

»Ich kann mir nicht vorstellen, daß Hester Hart so beliebt war, daß sie von anderen Geschenke bekam.«

»Außer von Roderick Smythe«, bemerkte Tatjana.

»Da magst du recht haben, Tatjana. Ich werde ihn fragen; mal hören, was er dazu zu sagen hat.« Angesichts des Sonnenscheins draußen stöhnte Egbert leicht auf: »Eine Schande, einen Nachmittag wie diesen nur im Zimmer zu verbringen, selbst wenn der Fall noch nicht aufgeklärt ist.«

»Vielleicht regt ein Spaziergang im St. James's Park deine Kombinationsgabe an, Egbert«, schlug Tatjana allen Ernstes vor.

Egbert sprang darauf an. »Das mag durchaus sein.«

Der Park war sehr belebt. Eine Riesenschar großer Hüte, die mit mehr Vögeln und Blumen dekoriert waren, als es im ganzen Park gab, saß auf Klappstühlen und lauschte der Militärkapelle, die einen Potpourri aus dem »Troubadour« spielte. Kinder hatten ihren Sonntagsstaat an, Matrosenanzüge, Schürzenkleidchen mit Rüschen und schwarze Strümpfe. Enten wurden gefüttert. Ein Heer von Sonnenschirmen schob sich auf den Wegen entlang, Liebespaare schlenderten verwegen Arm in Arm daher. Auf der Brücke über dem See standen die Besucher von auswärts, genossen den Blick auf das Hauptquartier des Gardekavallerieregiments und das Auswärtige Amt, und wer sich umdrehte, konnte den Buckingham-Palast bewundern. Der Park war wirklich schön. Auguste erinnerte sich an die alte Anekdote, derzufolge eine englische Königin den Premierminister gefragt hatte, wieviel es kosten würde, den Park ausschließlich für königliche Nutzung zurückzukaufen. »Zwei Kronen«, hatte sie zur Antwort erhalten.

»Übrigens, Egbert, hier ist das Bändchen.« Auguste gab es ihm, als sie am Pavillon ihren Spaziergang unterbrachen, um Tee zu trinken. »Sei vorsichtig, eine Seite ist lose.«

»Eine Seite aus dem Buch oder ein eingelegtes Blatt?«

»Aus dem Buch.« Er beugte sich zu Egbert und zog die Seite heraus, um zu zeigen, daß er sich nicht geirrt hatte.

»Das kann nicht nur eine einzelne lose Seite sein«, gab Tatjana zu bedenken. »Das Papier ist vermutlich in Halbbogen gefalzt, also muß noch ein Blatt lose sein oder fehlen.« Sie nahm Egbert das Bändchen aus der Hand. Es war eine reich verzierte, enggedruckte Ausgabe, jede Seite mit farbigen Schnörkeln und Weinranken künstlerisch gestaltet. »Da, sieh mal«, rief sie mit Genugtuung, »das Titelblatt fehlt. Was da wie das Titelblatt aussieht, ist nur der Schmutztitel mit der Titelzeile, und er wird mit den Vorsatzblättern geheftet. Bei einer Bindung in Halbbogen muß die lose Seite auf demselben Bogen wie die Titelseite gedruckt gewesen sein.«

»Dieser ausgezeichnete Entenbraten hat mir das Hirn vernebelt«, erwiderte Egbert. »Was läßt sich aus deinen Darlegungen schlußfolgern?«

»Auf dem Titelblatt stand vielleicht eine Widmung des Gebers.«

Alle überlegten, dann meinte Auguste: »Warum hat dann der Mörder – wenn er zufällig auch der Schenkende war – das Buch in der Handtasche gelassen? Warum hat er nur eine Seite herausgerissen und es nicht ganz an sich genommen?«

Tatjana machte ein langes Gesicht, strahlte aber gleich wieder: »Vielleicht hatte er die Titelseite schon früher herausgerissen. Hester wäre es aufgefallen, wenn das Buch mit einem Mal weg war.«

Egbert schüttelte unzufrieden den Kopf. »Halte ich für unwahrscheinlich. Eher glaube ich, daß sie den Band gekauft hat und das Titelblatt versehentlich zerrissen wurde.«

»Auch möglich.« Auguste war enttäuscht. »Wenn es Roderick Smythe war, der ihr das Bändchen schenkte, warum sollte er die Widmung vernichten – selbst wenn er ihr Mörder wurde. Es wäre doch das Natürlichste von der Welt, seiner Verlobten ein Buch zu schenken.«

Tatjana hatte einen Geistesblitz: »Wenn er aber den Band ursprünglich Phyllis verehren wollte und es sich dann anders überlegt hat?«

»Wein! Wein! Wein! Roter Wein!« Auguste legte das lose Blatt wieder ins Buch.

»Kannst du nie genug kriegen?« fragte Egbert.

»So geht doch das Gedicht weiter«, meinte Auguste nachsichtig. »Ein Hymnus auf die Freuden, die in den Trauben des Heute wohnen, ehe uns das Schweigen des Morgen umfängt.«

»Muß ein ziemlicher Trinker sein, unser Freund. Ein Weinkenner.« Egbert hielt inne. »Haben wir jetzt beide den gleichen Gedanken, Auguste?«

»Ja, nehmen wir mal an, Luigi hätte gedacht, er hätte Chancen, sie zu ehelichen, und auf ihr Vermögen spekuliert.«

»Das ist einfach lächerlich«, unterbrach ihn Tatjana. »Sie war drauf und dran, Roderick zu heiraten.«

»Bescheidenheit ist eine Tugend, die Luigi fremd ist.«

»Aber er ist lediglich Kellner. Hester Hart hätte nicht einmal einen Oberkellner geheiratet. Schon gar nicht in London. Sie war doch total versessen darauf, in die höheren Kreise zu gelangen.«

»Luigi hat das vielleicht anders gesehen. Schließlich betont er doch immer, aus einer aristokratischen Mailänder Familie zu stammen.«

»Man sollte dem nachgehen«, sagte Egbert geduldig, »aber es dürfte eine falsche Fährte sein. Ich setze immer noch auf Roderick Smythe. Vielleicht auch Harold Dobbs«, fügte er hinzu, als ein kleines Mädchen mit einem sich drehenden Windrad fröhlich vorbeihüpfte.

»Daß Harold eine Sammlung lyrischer Gedichte ausgerechnet Hester Hart schenkt, kann ich mir beim besten Willen nicht vorstellen«, verteidigte Tatjana ihren Standpunkt.

»Trotzdem. Ich behalte ihn im Auge. Aber noch einmal zu diesem Luigi. Hat der heute Dienst, Tatjana?«

»Ja, bloß nachmittags hat er immer frei, und an so einem herrlichen Tag wie heute wird er ganz sicher nicht im Club sein.«

Bei sich zu Hause ist er dann wohl auch nicht, überlegte Auguste. Es war warm genug, um den Sonnenschein zu genießen, doch trotz wolkenlosem und blauem Himmel nicht so heiß, daß der zarte Teint der Londoner Damen Schaden nehmen konnte. London war staubig, und auf den Landstraßen staubte es noch mehr, aber fuhr man mit der Bahn an die See, konnte man auf reine, erregende Luft hoffen. London leerte sich allmählich, die Leute reisten in die Sommerfrische. Für die höheren Stände hieß das Urlaub von den entnervenden gesellschaftlichen Verpflichtungen. Hinter dem Glanz und Glitter und dem Lächeln, das zur Schau getragen wurde, war man Ängsten, Rivalitäten und Kämpfen ausgesetzt – da unterschied einen nichts von Fabrikanten oder Börsenmaklern. Er und Tatjana konnten sich den ungeschriebenen Gesetzen anpassen, aber für Hester Hart und ihresgleichen, die sich vergeblich mühten »emporzukommen«, war ein solcher Aufstieg verdammt schwierig.

Roderick Smythe geleitete seine aufs neue heiß geliebte Phyllis durch die Gärten der Königlich Botanischen Gesellschaft im Regent's Park und war sehr darauf bedacht, daß kein rauhes Grasbüschel ihre zarten Füßchen streifte. Auf Hampstead Heath, wo sich das einfachere Volk tummelte, geschah das leicht. Auch nahm dort auf der Heide kaum jemand von ihm Notiz, während er es hier als ungemein wohltuend empfand, wie viele Leute sich vor ihnen grüßend verbeugten.

Roderick war einigermaßen mit sich zufrieden. Aus Scotland Yard hatte man ihn freigelassen, und hatte er erst einmal eine gewisse Frage an Phyllis gerichtet, würde er der glücklichste Mensch auf Erden sein. »Darling, ich war ein völliger Narr. Kannst du mir je vergeben?«

Sie wandelten an verschiedenen Sonnenschirmen und einem neugierigen Rotkehlchen vorbei. »Ja, Roderick.« Phyllis lächelte liebreizend.

»Ist das herrlich! Ich weiß gar nicht, was über mich kam, dich wie ein Schubiak im Stich zu lassen.«

»Hester kam über dich, Roderick. Eine nette Frau war das nicht. Aber daß sie tot ist, ist trotzdem schrecklich«, fügte sie rasch hinzu.

»Schrecklich, ja«, pflichtete er ihr bei, obwohl er sich enorm befreit fühlte. Wenn die gerichtlichen und medizinischen Untersuchungen über ihren Todesfall abgeschlossen waren, würde es um Hester und die mit ihr in Zusammenhang stehenden Probleme still werden. Schade, daß ihm all das schöne Geld entgangen war, aber eigentlich hatte sie deutlich genug gesagt, daß sie nicht daran dachte, ihn zu heiraten. Und wäre es dazu gekommen, dann hätte sie wohl ihr Scheckheft nicht aus der Hand gegeben, so freigiebig ihre Hände in anderen Gefilden auch waren. Doch alles in allem, im Bett verbrachte man nur acht Stunden des Tages, den Schlaf schon mitgerechnet, das heißt weitere sechzehn Stunden wollten ausgefüllt sein. Selbst wenn man die Zeit abzog, die er für die Rennen und das Einfahren neuer Automobile ansetzen konnte, blieben noch etliche Stunden. Dabei war sich Roderick keinesfalls sicher, daß er sie ausschließlich auf Hester verwendet hätte, trotz ihres beachtlichen Könnens während der bewußten acht Stunden. Mit Phyllis an der Seite, so malte er sich aus, wäre das Leben den ganzen Tag über eine einzige Lustbarkeit.

»Phyllis«, sagte er später ernst, als sie beim Tee saßen, »ich kann hier am Tisch nicht aufs Knie sinken, aber wenn ich es könnte, würde ich fragen wollen, ob du mir soweit vergeben kannst, daß ich dir das Ringlein wieder an den süßen kleinen Finger stecken darf?«

Phyllis betrachtete ihre Hand im Spitzenhandschuh. Der Handschuh gab die Hand nicht frei.

»Laß uns noch ein wenig warten, Roderick.« Ruhig goß sie den Tee ein. »Es sieht besser aus, weißt du.«

»Aber am Ende willigst du doch ein, Darling?« fragte Roderick tief beunruhigt, daß die Fahrt so ganz anders verlief, als er geplant hatte.

»Oh, am Ende werde ich wohl«, flötete sie süß. Ich will wenigstens warten, bis der Mörder verhaftet ist, dachte sie. Sie mußte auf ihren Ruf achten, und es ging ihr nicht aus dem Sinn, daß es Roderick war, der Hester als letzter lebend gesehen hatte. Hester hatte sich an jenem Abend ihnen gegenüber gräßlich unverschämt benommen – und Roderick war ein ziemlicher Hitzkopf. Sie konnte die Szene nicht vergessen, die er ihr gemacht hatte, bloß weil sie Mr. Henry Irving, ihrem Schoßhündchen, ein Wolljäckchen anzog; die reinste Zeitverschwendung sei das, hatte er sie gerügt. Nein, sie würde noch eine Weile warten wollen. Der Aufwand an Zeit und Mühe, den das Posieren für die Porträtpostkarten erforderte, wäre umsonst, wenn in den nächsten Tagen ihr Name womöglich in Verbindung mit einem Mordfall in der Zeitung stand.

Roderick, der ihre Gedankengänge ahnte, sah verdrossen zu, wie seine angebetete Phyllis zwei Eclairs und ein Petit four verdrückte.

Vor dreißig Jahren war das hier ein Elendsviertel voller Mietskasernen gewesen. Die schlimmsten Slums hatte man mittlerweile abgerissen, aber die Gegend sah immer noch verkommen und übervölkert aus. In der Nähe, in der Rochester Row und der Horseferry Road, waren klotzige Gebäude entstanden wie das Militärkrankenhaus, das Polizeigericht und das Methodisten-Kolleg. Doch in den Nebenstraßen drängten sich die hohen, rußgeschwärzten Ziegelbauten. Im Julisonnenschein wirkten die verdreckten Londoner Straßenzüge noch schäbiger, sinnierte Auguste; welch einen Gegensatz boten dazu die Uferpromenaden an der Themse und der St. James's Park, wo sich die wohlhabende Gesellschaft erging.

Die Haustür zu Luigis Quartier wurde von einer schmächtigen Frau von über vierzig geöffnet, die entschlossen schien, sich an der Sonntagssonne nicht zu erfreuen. »Mr. Peroni ist nicht da«, erklärte sie streitsüchtig.

»Davon möchte ich mich selbst überzeugen, wenn's recht ist.« Egbert zeigte seine Dienstmarke. Mit der Miene einer Wirtin, die das schon immer geahnt hatte, stieg die Frau vor ihnen die drei Treppen hoch bis zum obersten Stockwerk, wo sie voller Genugtuung eine Tür aufstieß.

Luigi bewohnte zwei Zimmer; das eine war eine Schlaf-, das andere eine Wohnstube, beide eng, vollgestellt und muffig. Im Schlafraum ließ eine Statuette der Jungfrau Maria und eine neue Kerze davor auf eine bislang unbekannte Seite Luigis schließen; etliche Flaschen aus dem Weinkeller des Clubs wiesen auf die vertrautere Seite seines Charakters hin und auf eine Frömmigkeit, die es mit den Zehn Geboten nicht gar zu genau nahm.

»Wissen Sie, wo Mr. Peroni ist?«

»Ausgegangen mit seiner Freundin«, schnaubte die Wirtin verächtlich.

»Und wer mag die Dame sein?«

»Woher soll ich das wissen? Über meine Schwelle kommt mir die nicht, das hier ist ein anständiges Haus.«

Auguste sah sich in den beiden Zimmern um. Schon der flüchtigste Blick genügte. Hier war keine Truhe verborgen, nicht einmal ein Stapel Tagebücher. Wenn Luigi sie in Verwahrung hatte, dann waren die woanders.

Als Egbert und Auguste ihn im Club kurz nach sechs antrafen, schien Luigi keineswegs überrascht. Offensichtlich hatte es ihm die Wirtin schon gesteckt, daß sie bei ihm gewesen waren. »Jetzt bin ich gerade sehr beschäftigt.« Er ging von Tisch zu Tisch, faltete säuberlich die Servietten, zog welke Blüten aus der Tischdekoration.

»Ich kann mir nicht vorstellen, daß Sie sich hier an einem Sonntagabend Ende Juli die Füße wundlaufen müssen«, konstatierte Egbert kühl. »Wir können uns aber auch in Scotland Yard unterhalten. Sie wären dort weniger bedrängt von beruflichen Pflichten.«

Luigi warf einen sehnsüchtigen Blick auf sein sicheres Terrain und beschloß, daß seine Riesenaufgabe warten konnte.

»Sie haben uns nicht erzählt, daß Sie Miss Hart Besuche in ihrem Heim abstatteten.«

Luigi schaute verletzt drein. »Sie haben mich nicht danach gefragt, Inspektor. Das war schließlich ganz normal. Ich habe Ihnen doch gesagt, daß ich regelmäßig gewisse Informationen für sie sammelte. Hier hätte ich nicht mit ihr reden können, ohne Verdacht zu erregen. Ich habe Miss Hart einmal wöchentlich aufgesucht, auch öfter, wenn ich dringende Nachrichten zu übermitteln hatte.«

»Und sie gab Ihnen Geld dafür. Wieviel waren ihr denn Ihre Dienste wert? Die Informationen, meine ich.«

Flammende Röte stieg Luigi ins Gesicht. »Es ist mir peinlich«, sagte er verärgert. »Ein Italiener adliger Abstammung sollte sich nicht so weit herablassen, Geld von Damen anzunehmen. Aber das Leben ist nicht billig, und ich möchte heiraten – wegen der *bambini*«, erklärte er tugendsam.

»Und wer ist die glückliche junge Dame?« erkundigte sich Egbert. »Ist es die, mit der Sie heute nachmittag aus waren?«

Luigi tat schockiert. »Das war bloß eine von den Dienstmädchen. Meine Verlobte stammt aus höheren Kreisen. Ihr Vater ist Hotelbesitzer.«

Auguste fand an Luigi nun kaum noch Gefallen. »An der Riviera?« fragte er.

»In Woolwich.«

Also nicht ganz so mondän, aber wohl ein florierendes Unternehmen, wenn sich Luigi dafür erwärmte. Auguste meinte, das Dienstmädchen bedauern zu müssen, mit dem der Luftikus den Nachmittag verbracht hatte. Mit welcher Dienstmagd mochte er aus gewesen sein, fragte er sich, während Egbert das Exemplar der »Rubáiyát« zur Hand nahm.

»Haben Sie das schon einmal gesehen?« Luigi schüttelte den Kopf. »Schauen Sie es sich genauer an.«

Er nahm den Band und öffnete ihn, ohne zu zögern. »Die ›Rubáiyát‹«, bemerkte er.

»Die sind Ihnen bekannt?«

»In Florenz, wo ich gearbeitet habe, wohnten ziemlich viele Engländer – und bei denen waren die Gedichte sehr beliebt.«

»Haben Sie eine Ahnung, von wem sie das Buch haben könnte?«

»Von mir nicht«, sagte er wie zur Entschuldigung und lächelte. »Ich könnte mir einen in Leder gebundenen Band nicht leisten.«

Egbert ließ sich von seinem Lächeln nicht beeindrucken. »Sie könnten sich das leisten, wenn Sie die Tagebücher zur Erpressung benutzten. Deswegen waren Sie doch bei ihr zu Hause, nicht wahr?«

Das Lächeln verschwand sofort. »Ich, Inspektor? Informationen weitergeben ist eine Sache, jemanden erpressen ganz was anderes.«

»Ist lukrativer«, meinte Egbert trocken. »Wo haben Sie die Tagebücher versteckt? In einem Banksafe, in der Gepäckaufbewahrung auf einem Bahnhof, im Fundbüro vom Neuen Scotland Yard?«

»Wie kommen Sie darauf, daß ich sie haben soll?« Er zuckte die Achseln, als ginge ihn das nichts an. »Pierre war ihr Dragoman. Mr. Smythe ihr Verlobter. Einer von denen könnte sie haben.«

»Pierre ist nicht zu Miss Hart in die Wohnung gegangen, sagt jedenfalls die Haushälterin. Aber Sie waren dort.«

»Und Mr. Smythe erst recht. Der war viel öfter dort als ich.«

»Schön, daß Sie uns so hilfsbereit Auskunft geben«, grummelte Egbert. »Aber von Ihnen möchte ich wissen, wo die Tagebücher sind. Ich weiß, daß Sie nicht in Ihren Zimmern sind, ich habe nachgesehen.«

Luigi wollte sich aufregen, besann sich dann aber. »Warum sollte ich es Ihnen nicht sagen, wenn ich's wüßte?« rief er. »Meinen Sie, ich will mich des Mordes verdächtig machen?«

»Sie könnten aber Lust kriegen, als Erpresser ins Geschäft zu kommen. Solange diese Bücher in der Gegend herumliegen, könnten sich etliche Leute genötigt fühlen, Ihnen kleine Geschenke zu machen.«

Luigi sah ihn groß an und grinste plötzlich. »Das ist eine glänzende Idee. Ich werd mal drüber nachdenken.«

»Guten Morgen, Stitch. Ich habe eine prima Aufgabe für Sie.«

Stitch ging sofort in Abwehrstellung. Wenn der Chef früh am Montagmorgen sich so herzlich gab, bedeutete das selten etwas Gutes.

»Somerset House.«

Die schlimmsten Befürchtungen, die er hegte, bewahrheiteten sich. Als er beim letzten Mal dorthin geschickt wurde, hatte dieser Franzmann ihn zum Affen gemacht, das wurmte ihn immer noch. Er würde es Monsieur Didier durchaus zutrauen, daß er sich wieder einen Grund ausgedacht hatte, um ihn erneut in die Wüste zu schicken, damit er ja nicht an einen interessanten Fall herankam. Der Chef würde ihm das nicht antun, aber dieser verflixte Ausländer schon. Der benahm sich überhaupt nicht wie ein englischer Gentleman, obwohl er jetzt mit Seiner Majestät verwandt war.

»Hester Hart, Vater Herbert Hart, geboren in Blackburn 1832, Mutter Maria Trotter, geboren in Blackburn 1836. Sehen Sie mal zu, was Sie finden können.«

»Was denn, Sir?« fragte Twitch stocksteif.

»Nächste noch lebende Angehörige.«

»Damals gab es keine Meldepflicht.«

»So was Kniffliges ist doch immer was für Sie, hab ich recht, Stitch?«

»Gewiß, Sir«, erwiderte Twitch ganz geknickt. Er verließ Scotland Yard mit dem Gefühl, daß H. M. Stanley eine leichtere Aufgabe übernommen hatte, als er aufbrach, den im tiefsten Afrika verschollenen Livingstone zu finden. Ein paar Millionen Urwaldbäume und Flüsse waren nichts im Vergleich zu den gewaltigen Wälzern mit Urkunden und Personenstandsregistern in Somerset House, wozu noch die trübe Aussicht kam, die Kirchenbücher von Blackburn zu durchforsten. Wenn er auch sonst Gott und der Welt grollte, so dachte er diesmal sehnsüchtig an die vierzehn Tage Urlaub an der See, die er mit Martha in Margate verbringen wollte, wo er statt der gewohnten Melone den Panamahut aufsetzen konnte, statt des Notizbuches zum Krabbennetz greifen würde und wo der Spielautomat »Einbrecher Jack«, in den er einen Penny steckte, seine einzige Berührung mit Kriminalität und Kriminellen war.

Lady Bullinger ging den Montagmorgen genau so forsch an wie ihr Napier den Porlock Hill. In dieser Woche traf man sich bei den Rennen in Goodwood. Da Pferde dort notwendigerweise den Vorrang hatten, war es um so wichtiger, mit ihrem Automobil in Erscheinung zu treten. Heute vormittag wollte sie die Zentrale des Automobil-Clubs von Großbritannien aufsuchen, um klarzustellen, daß sie das Land bei den Internationalen Damenrennen im Oktober vertreten würde. Am Nachmittag würde sie bei Agatha zum Tee sein, wo es nicht minder wichtige Dinge zu besprechen gab.

Nach einem höchst zufriedenstellenden Vormittag fand sie sich zur Nachmittagsverabredung etwas später ein als beabsichtigt, aber dennoch überzeugt, auch hier vollen Erfolg zu haben.

»Maud, meine Liebe!« Agatha flatterte ihr in handbemalter Seide entgegen und war sichtlich entzückt, sie zu begrüßen.

»Erst mal das Geschäftliche, Agatha«, sagte Maud energisch, sobald Sonnenschirm, Schutzbrille und Staubmantel dem Butler überantwortet waren. »Hast du was über die Tagebücher herausgefunden?«

»Roderick hat sie nicht, hat er mir versichert. Er wußte, daß sie existierten, aber sie sind verschwunden.« Die Herzogin nippte an ihrem Täßchen mit chinesischem Tee.

»Und Roderick weiß nicht, wohin sie verschwunden sind?« rief Maud ärgerlich.

»Nein. Das scheint mir reichlich verantwortungslos von ihm, Maud. Ich hoffe doch, man kann ihm vertrauen, wenn er behauptet, er selber hat sie nicht.«

»Wie kannst du so etwas sagen, Agatha. Roderick ist mein Patensohn. Er würde mich nie belügen.« Geräuschvoll setzte Maud ihre Tasse ab, entschlossen, auf den in der Regel recht guten Kümmelkuchen zu verzichten, wenn's denn sein mußte.

»Ich kann, liebe Maud, denn ich habe den Eindruck, du kochst dein eigenes Süppchen bei dieser schrecklichen Sache.«

»Was meinst du damit?« Das lief keineswegs so ab, wie Maud es sich vorgestellt hatte, doch aufstehen und gehen oder besser wegfahren half nicht. Maud, die immer dafür war, den Dingen ins Gesicht zu sehen, gestand sich ein, daß sie bei der Hester-Hart-Affäre mit Agatha genauso gemeinsame Sache machen mußte wie damals vor fünfzehn Jahren.

Agatha schlug ihr helles Lachen an, das ihre Schwägerin nicht ausstehen konnte. »Wenn ich so objektiv denken wollte wie zum Beispiel dieser Kriminalinspektor, würde ich folgerichtig feststellen, daß du, weil Hester tot ist, bei dem Oktoberrennen starten wirst, wie es immer deine Absicht war, und daß du dir Hester als Paten-Schwiegertochter vom Hals geschafft hast – ein Ergebnis, das ich nur begrüßen kann.«

»Mir vom Halse geschafft habe?« Maud ging auf die Barrikaden. »Was soll denn das heißen?«

»Leg's aus, wie du willst, meine Liebe. Zweifelsohne bist du bei dieser grauenvollen Affäre glänzend davongekommen, während ich zum allgemeinen Gespött wurde mit diesem dämlichen Elektromobil. Selten habe ich mich so in einem Menschen getäuscht wie in Thomas Bailey.« Sie machte ein Pause. »Obendrein stellt sich noch heraus, daß der Dolly Dobbs und das Brighton Baby absolut identisch sind.«

»Und das hättest du nicht gewußt, Agatha?« wunderte sich Maud. »Du hast es mir in Martyr House doch selbst erzählt.«

Ihre Gnaden blickte mit frommem Augenaufschlag zur Decke. »Habe ich das? Ich fürchte, du irrst, Maud. An den Dolly Dobbs und Hester Hart habe ich keinen Gedanken verschwendet.«

Maud sah nicht ein, warum sie diesen Wink verstehen sollte. »Und ob, Agatha! Du hast auch diese Drohbriefe geschrieben. Weiß die Polizei das eigentlich?«

Es entstand eine Pause, und schon kam der Gemeinsinn, der das Überleben der britischen Aristokratie über so viele Jahrhunderte gesichert hatte, der Herzogin zu Hilfe: In Zeiten der Not stehen wir zusammen. »Das Beste ist wohl, liebe Maud, wir finden diese Tagebücher. Roderick habe ich es bereits gesagt. Wir möchten doch nicht, daß die ganze Welt erfährt, was die gute Hester in ihren privaten Tagebüchern nur für sich notiert hat.«

»Ich fürchte, das können wir kaum verhindern«, entgegnete Maud hartnäckig. »Wenn ich dich erinnern darf, hatten wir uns damals zu dritt in der Sache engagiert.«

Agatha schwieg einen Moment, dann sagte sie: »Worauf es einzig und allein ankommt, ist, die Tagebücher zu vernichten. Und wir wissen ja, wo wir zunächst zu suchen haben, nicht wahr?«

»Jedenfalls nicht noch einmal bei dieser Haushälterin«, erklärte Maud. »Das Weib war absolut unverschämt.«

»Nein. Ich glaube, und Roderick ist auch der Meinung, Luigi hat sie. Das ist natürlich äußerst unschön, der Bursche ist weder sehr diskret noch sehr billig.«

Hortensia hatte sich in die Wettlisten für Goodwood vertieft.

»Ich muß schon sagen, das Feld ist einfach miserabel. Ich plädiere dafür, auf das Pferd Seiner Majestät zu setzen, auf Chatsworth.«

John Millward konnte sich für Pferde und Pferderennen nicht sonderlich erwärmen. Viel lieber hätte er diese Woche in London verbracht, aber er wußte, daß es aussichtsreicher war, auf das Pferd des Königs zu setzen als darauf, daß Hortensia ihm gestatten würde, zu Hause zu bleiben. Goodwood empfand er stets als endlose Langeweile. Es stimmte zwar, daß die Londoner Welt der Archäologen nach diesem Ereignis den Sommer über dichtmachte, aber dann würde er eine lange Reise nach Kairo unternehmen. Er versuchte es immer so einzurichten, daß er während der Rennen in Newmarket und Lincoln außer Landes war. Auch stellte er nur vage in Aussicht, zu Weihnachten zurück zu sein. Leider lagen diesmal die Dinge anders. Ihm war unwohl bei dem Gedanken, abzureisen, solange Hesters Tagebücher noch irgendwo verborgen waren. Wenn das, was sie darin geschrieben hatte, auch die reinste Erfindung war, hielt es die Leute doch nicht davon ab, es für bare Münze zu nehmen. Außerdem hatte er vor ein paar Tagen einen Verleger getroffen, der ihm versichert hatte, daß er Hester Harts Reisetagebücher herausgeben wollte, da ihm schon die Memoiren entgangen waren. John war sich ziemlich sicher, daß er darin vorkommen würde, und wenn er Pech hatte, würden sie auch versteckte Hinweise auf das imaginäre Liebesverhältnis enthalten. Hortensia, davon war er immer noch überzeugt, würde das nicht verstehen können und das um so weniger, seit er vergangene Woche mit dieser fürchterlichen Phyllis zu Abend gespeist hatte. Nein, er mußte diese Tagebücher finden, ehe sie dem Verleger in die Hände fielen und er sie veröffentlichte. Er glaubte sogar zu wissen, an wen er sich halten mußte.

»Prächtige Beine«, fuhr Hortensia fort.

John Millward betrachtete mit Wohlgefallen das Hühnerbein auf seinem Teller.

»Schmeckt köstlich«, stimmte er ihr verständnislos zu.

»Was meinst du, wo diese Tagebücher sind?« Hugh lehnte sich in die Kissen auf dem Rasen zurück. Er und Isabel hatten sich in den ganz privaten Teil seiner Gärten bei Winter House zurückgezogen.

»In ihrer Wohnung jedenfalls nicht«, erwiderte Isabel trübsinnig. »Iß ein paar Kirschen.«

Er nahm sich welche und sah zu, wie sie zierlich die Kerne aus dem Mund brachte. Sie schienen ganz von selbst über die Lippen zu gleiten, um Isabels zarte weiße Hände nicht über Gebühr zu beflecken. Unabsichtlich verfiel er in eine Gewohnheit aus Kindheitstagen und spuckte seine Kerne in hohem Bogen aus. Er grunzte befriedigt, als er dabei den Stamm einer Eiche traf. Isabel zuckte indigniert. Er machte sich nichts daraus, im Gegenteil, er freute sich sogar, daß er einen winzigen Sieg für die Freiheit der männlichen Wesen der Menschheit errungen hatte.

»Wo können sie bloß sein?« zermarterte sich Isabel den Kopf. »Ich nehme an, dieser Kellner da dürfte es wissen; sie tat immer so dicke mit ihm«, äußerte sie sich herablassend. »Typisch Hester, sich mit dem Gesinde abzugeben.«

»Die könnten längst in einem Verlag sein.«

»Schrecklich, diese Vorstellung.«

Hugh war sehr unwohl bei dem Gedanken, den er am liebsten verdrängt hätte. Die ganze Affäre um Hester Hart und die Tagebücher war kaum noch in den Griff zu kriegen. Zweifelsohne würde auch er an dieser Suchaktion teilnehmen müssen. Wenn die Geschichte erst einmal bereinigt war, würde er sich vielleicht von Isabel trennen, so entzückend und schön sie auch war. Unseligerweise war sie seine Cousine, und ein Trennungsstrich ließ sich nicht so leicht ziehen. Eventuell konnte er es so drehen, daß sie den Eindruck gewann, sie sei diejenige gewesen, welche. Aber zu wissen, was Isabel jeweils dachte, war immer schwierig, und soviel war sicher, sie würde es übelnehmen, wenn einer ihre Pläne durchkreuzte. Doch erst einmal ging es darum, die Tagebücher aufzustöbern.

Harold Dobbs war nicht draußen im Sonnenschein; teilnahmslos schaute er durchs Fenster seines Wohnzimmers. Im Garten tobten seine Kinder herum und spielten Wildwest, die etwas kleineren Kinder aus der Nachbarschaft mußten als Pferde herhalten. Sollten sie lieber als Motorwagen benutzen, ärgerte er sich. Die Attacke der leichten Reiterbrigade im Krimkrieg hätte nie so katastrophal geendet, hätte Lord Cardigan Kraftwagen anstatt der Pferde eingesetzt, schon gar nicht, wenn Harold Dobbs sie konstruiert hätte.Sollte er eine Verständigung mit Thomas Bailey suchen oder nicht? Wenn der aber auf die peinliche Sache mit dem Patent zu sprechen kam, was dann? Judith unterbrach seine Grübeleien.

»Eigentlich müßtest du den Dolly wieder aufbauen.«

»Das kann ich nicht.«

»Warum nicht?«

»Er war nicht patentiert, und das Patent hat Thomas Bailey.«

»Na und? Du hast doch seine Idee nicht gestohlen, oder?«

»Nein«, erwiderte er rasch, »aber das heißt, ich kann so ein Fahrzeug nicht wieder bauen. Es sei denn, ich könnte mich mit Bailey über die Konstruktion verständigen. Die Sache ist so, Judith«, und damit verlor er sich in technischen Einzelheiten. Während seiner Darlegungen himmelte sie ihn an nach dem Motto »Harold, du bist ein Genie« und dachte an ihren Einkaufszettel fürs Wochenende. »Das Perpetuum mobile ist greifbar nahe. Ich bin überzeugt, auf dem richtigen Weg zu sein. Wind als Antriebskraft ist vielleicht nicht die Lösung. Ich werde das mit Bailey diskutieren.«

»Das würde ich an deiner Stelle nicht tun.« Judith war plötzlich mit ihrer Liste fertig und hörte ihm zu.

»Wieso denn nicht?«

»Womöglich ist er der schreckliche Mensch, der den armen Dolly zerschmettert hat.«

»Dann könnte er auch der Mörder sein«, schlußfolgerte Harold.

»Einer muß es schließlich gewesen sein.« Judith blickte ihn unverwandt an. »Du warst es doch nicht, oder doch?«

»Natürlich nicht«, verteidigte sich Harold redlich. »Du weißt genau, daß ich den ganzen Abend über und die Nacht hindurch hier war.«

Judith sagte nichts. Sie hatte tief und fest bis zum Morgen geschlafen.

Egbert Rose gähnte. Der Montag war besonders schlimm, wenn man am Sonntag gearbeitet hatte. Den ganzen Tag über hatte er hier im Amt gesessen, hatte die Berichte von der Gerichtsmedizin und der Fingerabdruck-Abteilung studiert und seine eigenen Notizen durchgesehen. Twitch ließ sich nicht blicken, wahrscheinlich wühlte der noch in den Archiven von Somerset House.

Es war Zeit, nach Hause zu gehen; erleichtert klappte er die Aktendeckel zu. Edith erwartete ihre Schwester zum Abendbrot, und Fred, deren Mann, hatte er richtig gern. Das war ein Mensch, der Ruhe ausstrahlte. Auguste tat das in gewisser Weise auch, doch nicht so wie Fred. Fred war wortkarg, das konnte man von Auguste keineswegs sagen.

Die Tür ging auf, und ein Bote schoß mit einem Telegramm herein. Egbert betrachtete es mit ausgesprochenem Widerwillen. Dinge, über die man keine Gewalt hatte, behagten ihm absolut nicht. Man konnte sich aussuchen, ob man Briefe las, die mit der normalen Post kamen, oder ob man den Telefonhörer abnahm, doch eine telegraphische Depesche mußte man zur Kenntnis nehmen. Die konnte ja von einem der obersten Chefs oder sonstwie dringend sein. Er zog das Telegramm heran und las es – dann griff er zum Telefon.

Auguste summte vor sich hin. Die Mühen des Tages waren vorüber, und ihm standen die besonderen Freuden des Abends bevor. Tatjana würde nicht da sein; das bedeutete aber, daß er sich den ganzen Abend einem köstlichen Experiment hingeben konnte. Mrs. Jolly hatte heute frei, und so war ihm, wie mit ihr abgesprochen, das Recht eingeräumt, in seiner eigenen Küche zu kochen. Er wollte sich an Hähnchen-Crepinettes versuchen, einem Rezept, das er während seiner Lehre bei Monsieur Escoffier im Faisan d'Orée in Cannes kennengelernt hatte. Ihm schwebten gewisse raffinierte Variationen vor. Er hatte schon versucht, Mrs. Jolly für dieses faszinierende Projekt zu interessieren, aber sie hatte abgewinkt. Sie wußte, was ihr lag, und hatte ihren Kopf für sich. Er konnte sie zwar überreden, etwas Neues zu probieren, aber sie ließ sich nie darauf ein, etwas erneut zu versuchen, das ihr einmal mißraten war.

Er war schon nach oben in sein Ankleidezimmer gelaufen, wollte baden und sich in seine Berufskleidung werfen, als die Telefonglocke schrillte. Er hörte, daß sein Butler sich meldete, und mit Beklemmung nahm er wahr, daß der die Treppe heraufkam. Es sei ein Anruf für ihn. Er folgte dem Butler die Stufen hinunter und griff zum Telefon, das ihm wie immer feierlich auf silbernem Tablett gereicht wurde.

»Hier Egbert. Was machst du heute abend?«

Er atmete auf. »Heute abend will ich mal kochen, bei mir zu Hause. Du bist herzlich eingeladen zum ...«

»Tut mir leid, du wirst nicht dazu kommen. Ich brauche dich, und später auch Tatjana.«

»Was ist passiert? Wo erwartest du mich?«

»Im Zoo, Auguste. Im Zoologischen Garten am Regent's Park.«

Am Montag war der Besucherandrang im Londoner Zoo immer besonders groß, vor allem weil da der Eintritt nur sechs Pence kostete, während man an den anderen Tagen einen Schilling zahlen mußte. Außerdem war der Zoo an Sonntagen nur für die Mitglieder des Fördervereins und ihre Freunde geöffnet. Das bedeutete, daß jeder Londoner aus den Vororten bis zu den Docks am Montag dort hinströmte, darunter auch Angehörige der besseren Gesellschaft, denen es nicht gelungen war, einem fördernden Mitglied eine Eintrittskarte zu entlocken, denn der Besuch am Sonntag war natürlich standesgemäßer. Als Auguste nach sechs Uhr dort ankam, war noch viel Publikum unterwegs, und kleine Kinder, die nicht fortwollten, wurden brüllend durch die Tore gezerrt. Während er seine sechs Pence Eintritt entrichtete, fragte er sich müßigerweise, ob Egbert auch soviel hatte zahlen müssen.

Er schlängelte sich durch das Drehkreuz, orientierte sich am Übersichtsplan des Gartens und prägte sich seinen Weg ein. Vor den Affen und den rosa Flamingos harrten noch immer verzückt staunende Besucher aus. Rasch bahnte sich Auguste eine Gasse durch die Menge. Mußte das Papageienhaus auch ausgerechnet im entlegensten Winkel des Zoos liegen? War Gregorin, sein geschworener Feind, der Grund für diese dringliche Aufforderung? Seit Monaten hatte er nicht mehr an ihn gedacht. War das nun vielleicht die Strafe dafür, daß er die Drohung ignorierte? Doch den Gedanken verwarf er gleich wieder. Wenn Gregorin im Spiel war, würde sich der Sicherheitsdienst damit befassen, nicht Egbert. Nein, es mußte mit Hester Hart zu tun haben.

Drei behelmte Konstabler scheuchten neugierige Besucher fort – zur großen Empörung der rechtmäßigen Käfiginsassen. Da der Tag schön war, saßen einige Exemplare draußen auf ihren Stangen und waren sichtlich mißgestimmt, daß man ihnen ihren verdienten Lohn in Form von Nüssen vorenthielt. Ein Lori mit schwarzer Federhaube kreischte wütend, als Auguste vorbeischoß, und ein ebenso buntgefiederter Allfarblori stimmte in seinen Protest ein; dabei hegte Auguste keinerlei böse Absicht gegen sie oder ihre Gefährten in den Volieren. Von hinter dem Papageienhaus, wo die Besucher eigentlich keinen Zutritt hatten, hörte er Egberts Stimme.

Das Herz schlug ihm bis zum Halse, während er sich dem Polizisten gegenüber auswies. Dann stürzte er um die Ecke auf Egbert zu. Der stand neben dem Polizeiarzt, der sich hingekniet hatte, um – wie Auguste mit Entsetzen bemerkte – ein Exemplar der Gattung Homo sapiens zu untersuchen. Er kämpfte gegen die Übelkeit an, die ihn überfiel, als er zum zweiten Mal innerhalb einer Woche die Blutlache sah, die unter einem mit dem Gesicht nach unten liegenden Leichnam hervorquoll.

»Wer ist es?«, fragte er mit einer Stimme, die ihm selbst fremd vorkam. Am Telefon hatte Egbert ihm nur sagen können, daß man die Leiche eines Mannes gefunden hatte, außer einem Schlüssel vom Club gäbe es keine Identifikationsmerkmale. Es könnte der Gatte eines der Mitglieder sein oder – Auguste mußte schlucken – jemand vom Küchen- oder Bedienungspersonal.

»Luigi Peroni, man hat ihn erstochen. Wieder kein Tatwerkzeug. Seltsam ist nur«, Egbert wies auf einen Revolver, «daß ein Colt geschmackvoll daneben gelegt wurde. Ich möchte wetten, daß das Hester Harts Pistole ist, dann brauchen wir der nicht länger nachzujagen. Sehr rücksichtsvoll von unserem Mörder.«

Aus der Umgebung hörte man das Gerufe und Gelache ganzer Familien, dazwischen Urwald-Gebrüll und Schreie aus den Tierkäfigen. Nicht weit entfernt drängelten und schubsten sich Kinder in ihrem Eifer, für zwei Pennys auf einem Elefanten oder Kamel zu reiten. Schimpansen hielten die Hände ihrer Wärter umklammert, die mit ihnen auf der Wiese umherspazierten, und Beifallsstürme ließen vermuten, daß ein Seelöwe einem begeisterten Publikum seine Kunststücke vorführte. Doch hier hinter dem Papageienhaus, im Kontrast zum ringsum herrschenden Leben, lag ein Toter.

»Und als Mörder kommen wieder nur alle und jeder in Frage«, knurrte Egbert.

10. Kapitel

»Das Papageienhaus – ich möchte den sehen, der ausgerechnet hier zu Tode kommen möchte«, konstatierte Egbert mißmutig. Edith ging immer wieder gern in den Zoo; er war ein beliebtes Ausflugsziel für sie, mindestens zweimal im Jahr unternahmen sie mit den Kindern ihrer Schwestern einen Ausflug hierher. Das Raubtierhaus, das Seelöwenbecken, Kamelreiten – mit allem und allen waren sie vertraut. Inzwischen waren die Kinder groß, aber Egbert und Edith machte es noch immer Spaß, den Pfaden der Familienbesuche von früher zu folgen. Sie stellten sich schon langsam auf die nächste Generation ein, malten sich aus, was sie den Enkeln zeigen würden. Der plötzliche Makel in dem Garten der schönen Erinnerungen störte, war ein Affront.

Ungelenk stand der Polizeiarzt auf. »Der Temperatur nach zu urteilen, ist er anderthalb Stunden tot, so ungefähr jedenfalls.«

Egbert schaute auf die lange Reihe der Papageien auf ihren Sitzstangen unter den Bäumen. Die Vögel krächzten in der Spätnachmittagssonne. »Er hätte genauso gut die Pistole benutzen können. Warum hatte der Schuft zwei Mordwaffen bei sich?«

Die Besucher machten sich langsam auf den Nachhauseweg; die Parkanlagen leerten sich und gehörten wieder nur den eigentlichen Bewohnern. In den letzten Stunden vor der Abenddämmerung machten sich die Tiere noch einmal lautstark bemerkbar; man hörte jetzt das Gebrüll der Löwen, das Gezeter der Affen, die Schreie der Raubvögel besonders deutlich, fühlte sich geradezu in den Dschungel versetzt.

»Und wieso war der Täter ausgerechnet auf so einen Publikumsmagneten aus? Es gibt doch genug stille Ecken in London«, rätselte Auguste.

»Der Ort hier hat den Vorteil, daß man unbeobachtet bleibt.

Die Woche über stellen sich die Tiere ohne viele Besucher zur Schau, aber montags wimmelt es vor den Gehegen von Menschen. Welcher Zoowärter soll sich da an einzelne Gesichter erinnern können. Stitch ist jetzt zum Haupteingang rüber.« Sinnend sah Egbert zu, wie der Arzt und die Konstabler den Leichnam abdeckten. »Wir warten, bis der Zoo schließt …«

»Wenn du mich fragst, war das kein Selbstmord. Oder hat das Mordinstrument jemand anders beiseitegeschafft?« räsonierte Auguste, vermochte aber seiner Argumentation selbst nicht so recht zu glauben.

Der Arzt wiegte den Kopf. »Später werden wir mehr wissen. Allein von der Blutlache her würde ich meinen, es war ein tiefer und brutaler Todesstoß.«

»Dann müßten an dem Mörder auch Blutspuren kleben?«

»Einige schon, aber weniger als bei oberflächlich zugefügten Wunden.«

»Hat er nichts weiter in den Taschen gehabt, Egbert? Nichts, was uns auf die Fährte der Tagebücher bringt?«

»Ich werde Stitch noch mal in das Haus schicken, für alle Fälle, man kann nie wissen. Da ist er ja.«

Stitch eskortierte einen Mann in Uniform, der ganz blaß vor Schreck war. »Der Wächter vom Haupteingang, Sir.«

»Ich muß Sie bitten, sich die Leiche anzusehen. Unangenehme Sache, ich weiß, aber es muß sein.« Egbert zögerte verständnisvoll. »Achten Sie auf die Kleidung, auch auf den Hut«, bedeutete er ihm, während der Mann zaghaft ein paar Schritte nähertrat. Der Arzt zog die Decke zur Seite. Der weiche Hut hatte von vornherein neben der Leiche gelegen. »Erkennen Sie ihn? Wenn ja, ist er allein oder in Begleitung gekommen? Hat jemand den Zoo mit Blutflecken auf der Kleidung verlassen?«

Der Zoowärter guckte nur so lange hin, wie unbedingt nötig, und schüttelte auf alle Fragen den Kopf. Als er ging, kam ein Polizist mit einem älteren Mann, der mit Reklametafeln für Tierfutter behängt war. Auch ihm war die Nervosität deutlich anzusehen; die Bretter mit der grellen Aufschrift »Leckerbissen für Bären. Das Stück einen Penny« schepperten geradezu.

»Er sagt, er hätte einen Herrn hier herumspazieren sehen«,

gab der Polizist zunächst für ihn Auskunft, da der andere den Mund nicht aufbekam.

»Hab ich auch. Wenn nicht gerade Hochbetrieb ist, kann ich 'ne ruhige Kugel schieben zwischendurch und mich ein bißchen umgucken.«

»War es dieser hier?« Egbert zeigte auf den noch nicht wieder zugedeckten Luigi Peroni.

»Genau, das war er.« Rasch wandte er sich wieder ab.

»Wann war denn das?«

»Nach der Vier-Uhr-Fütterung; dann kaufen die Leute kaum noch was; das Geschäft belebt sich erst wieder kurz vor der Schließzeit. Muß etwa dreiviertel fünf gewesen sein. Er wurde von jemand erwartet.

»Von wem?« fragte Egbert dringlich. »Mann oder Frau?«

»Ich glaube, es war ein Mann. Aber so genau hab ich die Person nicht gesehen. Langer Mantel, Hut, war 'ne stattliche Erscheinung. Kommen ja jede Menge Leute in den Zoo und treffen sich mit anderen Damen und Herren, Sie wissen schon, was ich meine.« Hoffnungsvoll blickte er Egbert an.

Der wußte durchaus, was er meinte. Er wollte nicht festgenagelt werden.

»Bin ins Papageienhaus gegangen. Ich schau den putzigen Vögeln gern zu, die sind so friedfertig.« Ein schrilles Gekreisch von nebenan strafte ihn Lügen. Der Bärenfutter-Verkäufer begriff die Situation und nahm erneut Anlauf. »Seit Jumbo fort ist, ist es hier nicht mehr so, wie es mal war.«

»Ein Stückchen weiter sind wir immerhin gekommen«, sagte Auguste aufmunternd zu Egbert, als man eine halbe Stunde später Luigi Peronis Leichnam zu einem bereitstehenden Automobil trug. Twitch hatten sie zu Luigis Wohnung geschickt, und sie selbst gingen durch die Anlagen Richtung Haupteingang. Von der Abendsonne beschienen, wateten gravitätisch rosa Flamingos in ihrem Teich; ein Elefant (nicht der vorhin betrauerte Jumbo) streckte ihnen den Rüssel entgegen in der Hoffnung, ein Rosinenbrötchen zu ergattern; und die Affen keckerten herum, erinnerten an ferne Länder.

»Aber es ist kaum der Rede wert.« Egbert strafte den Affen,

der ihm freundschaftlich eine Hand hinstreckte, mit einem verächtlichen Blick. »Selbst der Papageienwärter konnte uns nichts sagen.«

»Aber der mit dem Bärenfutter glaubte, es war ein Mann. Und wenn Lady Bullinger, die Herzogin oder die Gräfin hergekommen wären und Böses im Schilde geführt hätten, hätte man keine von ihnen für eine Mannsbild gehalten.«

»Ihr Diadem hätten die mit Sicherheit nicht getragen«, kommentierte Egbert bissig. »In einem Staubmantel und mit großem Hut würde man die von weitem nicht unbedingt als Frauen erkennen.«

»Da bin ich anderer Meinung«, beharrte Auguste. »Außerdem mußt du noch etwas anderes in Betracht ziehen.«

»Nämlich was?«

»Du gehst davon aus, daß der Mörder von Luigi und der von Miss Hart ein und dieselbe Person ist.«

»Stimmt.« Allzu glücklich darüber war Egbert nicht, daß man ihm das unter die Nase rieb. »Es ist doch aber ziemlich wahrscheinlich oder nicht?«

»Ja, schon. Doch ein unglückliches Zusammentreffen von Ereignissen ist nicht auszuschließen. Wir wissen zum Beispiel, daß Luigi gegen Bezahlung Informationen geliefert hat, aber an wie viele, wissen wir nicht, und schon gar nicht, ob er sie letztendlich erpreßt und gegeneinander ausgespielt hat. Vielleicht hat er auch ganz andere Feinde gehabt, außerhalb des Clubs.«

»Was hältst du von Pierre? Er konnte den Burschen nicht ausstehen.«

»Den mußt du dir in jedem Fall vornehmen. Auch Luigis Verlobte – und die andere junge Dame.«

»Sittsam erzogene, verlobte Mädchen ziehen doch nicht los und erstechen ihren Zukünftigen hinterm Papageienhaus.«

»Sittsam erzogene Menschen sind ebenso gut zu einem Mord fähig, wenn sie sich bedroht fühlen, wie jeder andere.«

»Und damit sind wir wieder bei den Damen und den Tagebüchern ...«

»Und bei Mr. Roderick Smythe«, ergänzte Auguste für ihn. »Vergiß nicht, daß er Lady Bullingers Patensohn ist.«

»Ach ja, mein Mr. Smythe. Wo mag er heute abend stecken? Hast du eine Idee?«

»Ja. Auf einer Mondscheinfahrt nach Hampstead.»

Ich habe Arbeit für Sie heut abend, Charlie.« Tatjana nahm ihren ganzen Charme zusammen und übte sich in der über Jahrhunderte bewährten Autorität der Romanows. Von Charlie Arbeit zu verlangen, noch dazu im letzten Moment, war von vornherein eine heikle Angelegenheit, erst recht an einem Sommerabend im schönen Monat Juli. Aber nach Augustes telefonischer Durchsage der neuen Schreckensnachricht blieb ihr keine andere Wahl.

Charlie kniff die Augen zusammen. Nicht, daß er grundsätzlich etwas gegen Arbeit hatte, aber er suchte sich lieber selbst aus, was und wann er etwas machte. Trotzdem war er gewillt, Tatjana anzuhören, und brachte seine Leibesfülle in eine verbindlich scheinende Position.

»Ich würde es gern sehen, daß Sie heute abend im Restaurant des Clubs die Pflichten des Oberkellners übernehmen. Viel zu tun wird nicht sein.«

Charlie wußte nicht, wie ihm geschah, und konnte sich nicht so lakonisch geben wie sonst. »Donner und Doria, wieso denn das?«

»Sehen Sie sich außerstande?« Tatjana tauschte ihren Charme gegen die Bestimmtheit von Peter dem Großen ein.

»Ich eile ja schon, Mrs. D. Ist Luigi krank?«

»Schlimmer als das. Man hat ihn ermordet.«

Charlie stieß einen Pfiff aus. »Die arme Annie, die dreht durch.«

»Annie?«

»Annie Parsons, Madam. Die scharwenzelt doch schon seit Wochen um Luigi rum.«

»Ich dachte, sie hatte etwas mit Ihnen.«

»Dachte ich auch«, erwiderte Charlie düster. »Und dann erklärt sie einfach, Charlie, mein Herz gehört einem andern, und das war's. Nicht, daß ich jetzt in Verdacht komme.«

»Aber Charlie, Sie wären doch zu einem Mord gar nicht fähig«, sagte Tatjana begütigend.

Rasch schlüpfte sie in ihren Staubmantel, setzte die Schottenmütze auf, suchte verzweifelt nach der Schutzbrille und hastete nach draußen, wo ihr Léon Bollée bereitstand. Selbst das gute Stück konnte sie heute abend nicht erheitern. Wer wollte auch schon ein Automobil, das so perfekt lief, das man es nicht einmal hörte? Sie liebte Lärm und Aufregung. Vielleicht war es an der Zeit, sich einen neuen Wagen zuzulegen. Oder lag es nur daran, daß sie wie Auguste das Ende der Saison herbeisehnte, wenn sie wie andere auch dem Londoner Staub entfliehen und an die See reisen würden? Eastbourne schien so verlockend und unerreichbar wie das untergegangene Atlantis. Wie sollten sie den Club verlassen können, wenn der Mord an Hester Hart nicht aufgeklärt war? Und jetzt war noch ein weiterer Mord hinzugekommen.

Das Unbehagen ließ sie nicht los, während sie den Bollée Richtung Birdcage Walk lenkte, wo sich die Clubmitglieder treffen wollten. Mehr als fünfzehn Autos würden es nicht sein – allein das war bereits ein Zeichen dafür, daß die Saison in London dem Ende zuging. Diese Woche noch Goodwood als letztes gesellschaftliches Ereignis. Sonnabend würde der Club für vier Wochen schließen. Zum Abschluß würden sie ein letztes Essen für die wenigen, die noch in London waren, geben, und dazu gehörten auch die Unentwegten vom Clubvorstand.

Dann sah sie die anderen: Maud, eine gewichtige Erscheinung in Blau in ihrem Napier. Seit sie wußte, daß sie im Oktober das Rennen würde fahren können, hatte sie sich ganz jovial gegeben. Dort drüben Agatha, adrett und schneidig im Horbick. Isabel, die es trotz Staubmantel und Schutzbrille zuwege brachte, ihre Schönheit zur Schau zu stellen, und da war auch Phyllis mit Roderick Smythe, der ihr nicht von der Seite wich. Tatjana argwöhnte, daß Phyllis einen inneren Kampf hatte ausfechten müssen, weil sie sich einerseits sicher nicht zu eng mit dem Hauptverdächtigen in einem Mordfall einlassen wollte, andererseits aber ohne ihn Gefahr lief, bei einer Panne allein dazustehen. Dabei bestand kein Grund zur Sorge, sich die Hände schmutzig machen zu müssen, denn Tatjana erspähte unter den Versammelten auch Miss Dazey mit ihrem Oldsmobile und neben ihr Leo, der sich sichtlich unwohl fühlte.

Der Dolly Dobbs fehlte. Seit dem Vorfall hatte Tatjana nichts mehr von Harold gehört; die Trümmer des Dolly Dobbs waren zu ihrem Ärger immer noch im Reparaturschuppen. Soviel sie wußte, hatte sich Harold dort nicht sehen lassen; sie würde ihn also auffordern müssen, die Reste wegzuschaffen.

Sie konnte sich immer noch nicht vorstellen, daß einer aus der Runde, eines ihrer Clubmitglieder, eine ihrer Freundinnen etwas mit dem Mord zu tun haben könnte. Irgendwann heute abend würde sie ihnen mitteilen, daß ein weiterer Mord ihren Club belastete.

»Darling Tatjana«, flötete Agatha, als Tatjana ihr Auto hinter dem Horbick zum Stehen brachte. Dann, beim Anfahren hupte eines der beiden Dampfmobile wie zufällig: »Kann es etwas Schöneres geben?«

Normalerweise würde Tatjana begeistert zugestimmt haben. Heute aber wollte der Funke nicht überspringen. Kein Wunder. Sie hatte Luigi nicht sonderlich gemocht, aber er war tüchtig gewesen und beliebt, und nun lebte er nicht mehr. War jetzt der Moment, es den anderen zu sagen? Nein, sie wollte es erst am späteren Abend tun.

Die Kolonne setzte sich in Bewegung, fuhr an der Kapelle des Garderegiments und am Buckingham Palast vorbei und weiter nach Hampstead. Ihre Route führte über Netherhall Gardens; die Strecke hatte man bewußt gewählt, nur um außerhalb eines offiziellen Rennens die Spannung an einer Steigung von 1 : 7,2 auskosten zu können. Tatjana hatte sich auf diese Etappe der Fahrt besonders gefreut, aber das Schicksal schlug ein weiteres Mal zu.

Als die Motorwagen in Netherhall Gardens einschwenkten und am Vorplatz der Station Finchley Road hielten, erwartete sie ein vertrauter Anblick. Oben in der Kurve stand ein leuchtend rotes Vehikel mit zwei riesigen Hauben auf den Kotflügeln wie die Augen eines Ungeheuers. Tatjana wußte, es konnte unmöglich der Dolly Dobbs sein, folglich ...

»Was machen Sie da oben, Thomas?« polterte Agatha los und betätigte wütend ihre Hupe.

Er konnte ihre Worte zwar nicht verstehen, aber er interpretierte ihr Anliegen richtig. Mit Mütze und riesiger Schutzbrille ausstaffiert sprang er in das Brighton Baby und rollte tollkühn bergab und auf die Damen zu. »Diesmal habe ich's gepackt«, versicherte er der Herzogin übereifrig. »Ich habe es mehrfach probiert, bergauf und bergab ...«

»Lassen Sie Ihren Schrotthaufen, wo er ist«, herrschte ihn Agatha an. »Kurbeln Sie lieber meinen Motor an, junger Mann.«

Gequält blickte er zur Anlasserkurbel und gehorchte. Der Horbick, der ohnehin heiß war und kein Ankurbeln gebraucht hätte, schoß los und den Berg hinauf. Thomas konnte nur noch rasch zur Seite springen.

Toller Start, dachte Tatjana, und ihr war elend zumute, als sie den Horbick um die Kurve fahren sah, der keine Anstalten machte, zu stoppen. Sie wies die anderen an, direkt auf Hampstead zuzuhalten und das Rennen zu vergessen. Oben auf der Anhöhe hatte die wütende Herzogin die Warnlampe mitten auf der Straße umgerissen. Tatjanas Räder rollten über das nächste Gulligitter; es dröhnte unheilvoll wie ein böses Omen für die kommenden Tage.

Zwei Stunden später stiegen Egbert und Auguste am beleuchteten Portal von Westland House aus einer Motordroschke. Das Anwesen stand auf der Anhöhe mit Blick auf Hampstead Heath.

»Irgendwie könnte es mich reizen, eines dieser neumodischen Gefährte zu kaufen«, äußerte Egbert. »Man wäre nicht immer auf Droschken angewiesen.« Er grinste. Et tu, Brute? dachte Auguste, verkniff sich aber eine entsprechende Bemerkung.

Auguste liebte die Besuche bei Lady Westland, dem ehemaligen Music Hall Star in der Rolle des Rasanten Schürzenjägers. An diesem Abend sollten Tatjana und die Clubmitglieder in den Gärten hier dinieren, und den ganzen Tag hatte er insgeheim gehofft, er und Egbert würden zeitig genug da sein, um das Vergnügen eines gemeinsamen Essens zu haben. Von den

Serviertischen her stieg ihm der Duft der Speisereste auf den heißen Platten in die Nase, und schon rätselte er, was ihm entgangen war. Ein verstohlener Blick auf die Teller, die gerade in die Küche getragen wurden, sagte ihm alles – er hatte Gwendolens himmlischen Kalbsrücken mit Zwiebelsauce verpaßt. Er versuchte, der Enttäuschung Herr zu werden, und erklärte Lady Westland und ihrem Gatten den Grund für Egberts Anwesenheit. Aber er fand es trotzdem ungerecht, und die verführerischen Küchendüfte taten das ihre. Gwendolen legte seine Miene richtig aus. »Was halten Sie davon, Inspektor Rose, wenn Sie und Auguste erst einmal essen und die Gäste daran anschließend befragen? Mit leerem Magen arbeitet sich's schlecht; womöglich landet sonst die halbe Aristokratie Londons im Gefängnis.«

Lady Bullingers schlechte Laune wegen der abgebrochenen Testfahrt die Netherhall Gardens hügelaufwärts hatte mit Hummer oder Himbeercharlotte nicht besänftigt werden können. Heftig verwahrte sie sich dagegen, in Lady Westlands Salon geführt zu werden. Das Zimmer schmückten Aufnahmen von Lady Westland in Herrenkleidung aus den Jahren an der Music Hall. »Mord? Was, bitteschön, hat Hester Hart damit zu tun, wo ich mich heute aufgehalten habe?«

»Es geht nicht um Miss Hart. Es geht um Luigi, den Kellner.«

Die Auskunft verblüffte sie. »Du lieber Himmel, wie kann jemand Interesse daran gehabt haben, den umzubringen? Und warum, darf ich noch mal fragen, müssen Sie wissen, wo ich war? Ich ziehe doch nicht durch die Gegend und ermorde Dienstpersonal.«

Egbert reagierte empfindlich, wenn man ihn anpolterte. »Wo waren Sie?«

»Zu Besuch.«

»Zu Besuch – bei wem?«

Sie sah ihn wütend an. »Ich war bei der Herzogin von Dewbury. Wo ist der bedauernswerte Vorfall geschehen, wenn ich fragen darf?«

»Der Leichnam wurde im Zoo gefunden.«

»Im Zoo? Denken Sie, ich habe mich als Gorilla verkleidet?« Maud versuchte es mit derbem Humor. Auguste sah auf die Fotos mit dem Rasanten Schürzenjäger und dachte, das Wort Verkleidung ist doch gar nicht gefallen.

Agatha reagierte ähnlich entgeistert, als sie von Luigis Tod hörte. »So ein liebenswerter Mann. Es tut mir aufrichtig leid, Inspektor.«

»Dürfte ich erfahren, wo Sie heute nachmittag waren, Eure Gnaden?«

»Natürlich dürfen Sie das; nur, wenn Sie denken, ich war im Zoo, dann irren Sie sich gewaltig. Ich gehe nur sonntags dorthin. Mein Mann ist Mitglied des Fördervereins. Ich habe Besuch gehabt.«

»Das hat Lady Bullinger schon gesagt. Sie war wohl selbst die Besucherin, oder?«

»Ganz recht«, erwiderte Agatha, ohne zu zögern.

»Und wer noch?«

Diesmal kam die Antwort nicht so prompt. »Sonst war niemand weiter da, Inspektor.«

»Ungewöhnlich, finden Sie nicht?«

»Die Saison geht zu Ende«, entgegnete sie schnippisch.

»Wann hat sie Ihr Haus verlassen?«

»Ungefähr um fünf, wollte sich für den Abend hier zurechtmachen.« Die Stimme klang sicher; als ob sie die Frage erwartet hatte, dachte Auguste.

Auch Isabel wirkte gelassen. »Ich war einkaufen, Hauptinspektor. Bei Whiteleys. Die können sich bestimmt erinnern. Habe eine Weile in der Strumpfwarenabteilung zugebracht und habe zehn Paar gerippte Seidenstrümpfe mit Spitzeneinsatz erstanden.«

»Wir werden nachfragen und uns das bestätigen lassen.«

Isabel streckte ein Bein vor und wippte verführerisch mit dem Fuß; man hatte freie Sicht auf den Knöchel. »Da haben Sie Ihren Beweis. Warum werde ich hier ins Kreuzverhör genommen?«

»Luigi, der Oberkellner vom Motorclub, wurde tot aufgefunden. Wenn ich richtig unterrichtet bin, haben Sie ihn von Zeit zu Zeit für Informationen, die er Ihnen zutrug, bezahlt.«

Sie sah ihn mit ihren schönen Augen abschätzend an. »Ja«, gab sie schließlich zu. Sie hielt die hübsch geschwungenen Lippen zusammengepreßt, bedachte die Tragweite dessen, was man ihr eben auf den Kopf zu gesagt hatte. »Mein Mann wird leicht eifersüchtig. Er ist von der absurden Idee besessen, ich hätte einen Liebhaber, auch wenn das lächerlich klingt. Ich bin deshalb gern informiert, ob er im Club vorbeischaut. Das ist alles.«

»Alles? Sie haben ihn nicht etwa dafür bezahlt, einen Blick in Hester Harts Tagebücher werfen zu können?«

»Nein!« Ihre Augen wurden groß. »Hatte er sie?«

Egbert gab keine Antwort, wo doch Isabel so gern eine gehabt hätte. Sie hätte dann darauf bestanden, daß Hugh heute abend kam. Er hatte sich mit irgendeiner albernen Einladung herausgeredet, und sie hatte ihn den ganzen Tag nicht gesehen. Zu dumm, wo sie ihn so dringend brauchte. Morgen würde sie nach Goodwood fahren, ihn wenigstens dort sehen. Er wüßte bestimmt Rat, was man machen sollte.

Der nächste im Salon war Roderick. Er hatte noch mit sich zu tun, bereute seine blinde Ergebenheit gegenüber seiner Geliebten. »Luigi?« Seine Stimme gellte förmlich, als er den Namen herausschrie. »Weshalb er?«

»Wir vermuten, er wußte, wo sich die Tagebücher Ihrer Verlobten befinden.«

»Warum sollte er das wissen?« Roderick war auf der Hut.

»Genau das frage ich mich auch«, erwiderte Egbert freundlich. »Warum sie Luigi anvertrauen, wenn sie sich doch an Sie hätte wenden können?«

»Mir hat sie sie nicht gegeben.«

»Das hatten Sie uns ja schon mal gesagt. Haben Sie aber ihr etwas gegeben? Die ›Rubáiyát‹ vielleicht?«

»Nein, was immer das auch sein mag«, antwortete Roderick vorsichtig.

»Sagen Sie uns doch bitte, wo Sie heute nachmittag waren.«

»Weshalb wollen Sie das wissen? Sie werden mich ja wohl

nicht des Mordes verdächtigen, weil ich an die Tagebücher ranwollte. Was soll da schon drinstehen im Zusammenhang mit meiner Person? Ich habe Miss Hart ja gar nicht so lange gekannt.«

»Bei meiner Arbeit muß ich alle Eventualitäten abklopfen, Mr. Smythe. Und in meinen Unterlagen muß ich präzise sein.«

»Ich war mit Miss Lockwood zusammen, von ungefähr ...«, er zögerte, »... zwei bis fünf. Wir haben eine Tour mit dem Crossley gemacht. Tolles Mobil«, fügte er unnötigerweise hinzu und strich sich die widerspenstige Locke aus der feuchten Stirn. Schweißperlen? fragte sich Auguste.

»Wohin ging die Tour?«

»Kann mich nicht so genau erinnern.«

»Vielleicht ist Miss Lockwoods Gedächtnis besser.«

Roderick schien da seine Zweifel zu haben, zu Recht, wie sich herausstellte. Auch Phyllis Lockwood ließ das Gedächtnis im Stich.

»Mr. Smythe sagt, Sie hätten heute nachmittag mit ihm einen Ausflug im Crossley unternommen.«

»So, hat er das gesagt?« Sie machte große Augen. »Dann wird er wohl recht haben.« Sie strahlte sie mit einem reizenden Lächeln an.

In der Küchentür erschien Charlie Jolly. »Ich hätt dich gern kurz gesprochen, Annie.«

Pierre haderte gerade mit der Frage, ob er der Seezunge als Garnierung Trüffel und Champignons beifügen sollte oder nur eins von beiden. Stirnrunzelnd blickte er auf. »Annie arbeitet.«

»Ich arbeite auch hier.« Ohne zu zögern betrat er die Küche und ging auf sein früheres Liebchen zu.

»Du hier?« Annie war baff und vergaß völlig ihre Fischklößchen.

»Heute abend jedenfalls. Es tut mir leid, es dir sagen zu müssen, Annie, aber Luigi kann nicht hier sein. Um nicht drum herum zu reden, er ist tot. Noch genauer, ermordet.«

Ihre Augen wurden groß und rund. »Tot?«

Charlie legte tröstend einen Arm um sie. »Ja, tut mir leid.«

Pierre stand stumm und steif da, einen Trüffel in der Hand, als er die Nachricht vernahm. »Ermordet?« fragte er mit belegter Stimme. »Wie Miss Hart?«

»Scheint so. Ich weiß auch nichts Genaueres.«

Annie fing an zu heulen und schniefte an Charlies Schulter. Pierre wendete sich wieder seiner Seezunge zu; aber ganz bei der Sache war er nicht.

Als die Autokolonne sich auf den Rückweg nach London machte, saß Auguste zusammen mit Tatjana im Léon Bollée. Er sah ihr unglückliches Gesicht und berührte sanft ihren Schenkel. »Tut mir leid, *ma mie*, daß dein Abend verdorben ist.«

»Was zählt, ist, ob es dich der Wahrheit ein Stückchen nähergebracht hat.«

Er zögerte. »Jeder Fall ist wie ein Irrgarten. Manchmal denkt man, man ist auf der richtigen Fährte und kommt dem Ziel näher; aber solange du nicht wirklich da bist, weißt du nie, ob dich die Spur nicht wieder fortführt.«

»Und wie ist es diesmal? Hast du das Gefühl, du bist auf dem Irrweg?«

»Nein, ich denke, nicht. Mit dem Mord an Luigi kann die Spur eher deutlicher werden, ist die Sache nicht mehr so undurchsichtig.«

»Hoffentlich. Langsam vergiftet das alles nicht nur die Atmosphäre im Club, sondern auch unser Privatleben; von Eastbourne ganz zu schweigen«, meinte sie kläglich.

Er wußte dem nichts hinzuzufügen; sie hätte weitere Bemerkungen ohnehin als Trostversuche abgetan. Sie schwiegen, nur der Léon Bollée schnurrte fröhlich vor sich hin, während er hügelabwärts fuhr und sie nach London zurückbrachte.In Scotland Yard fand Egbert einen geduldig auf ihn wartenden Twitch vor. »Die Darlegungen von Peronis Wirtin waren vermutlich recht weitschweifig, wie?«

»Nie hätte sie ihn als Mieter genommen, wenn sie gewußt hätte, daß man ihn ermorden würde«, berichtete Stitch wahrheitsgemäß und ohne jeden Anflug von Humor.

»Keinerlei Indiz, wo die Tagebücher sein könnten?«

»Ich bin alles noch mal durchgegangen. Sie sind spurlos verschwunden, und er wird sie ja nicht seiner Familie nach Italien geschickt haben. Übrigens war vor mir niemand dort.«

»Bleibt die Frage, ob Peroni irgendeinen Hinweis bei sich gehabt hat, der Auskunft über ihren Verbleib gibt; dann wartet jetzt unser Schurke nur auf den rechten Augenblick, sie einzusacken, weil er weiß, wo sie sind. Was haben Sie über seine Braut herausgefunden? Ich darf ja wohl nicht davon ausgehen, daß sie gestanden hat, ihn in einer Eifersuchtsszene umgebracht zu haben.«

»Sie ist in Biarritz, Sir.«

Mir würde schon Eastbourne reichen, dachte Egbert grimmig.

Stitch leistete sich eine Spur Eigenlob. »Mit diesem Dienstmädchen da sieht es schon anders aus. Die ist erste Küchenhilfe in Milton House. Annie Parsons.«

»Großartig, Stitch. Und Somerset House? Haben Sie dort Glück gehabt?«

Eben noch war Stitch stolzgeschwellt, schon sackte er wieder in sich zusammen. »Sie können sich nicht vorstellen, wie zeitaufwendig das ist.« Er fühlte sich gekränkt. »Die Linie des Vaters habe ich überprüft. Miss Harts Großvater, ein John Hart«, Twitch nahm seine Notizen zu Hilfe, »hatte einen Bruder namens Cedric, der hatte wieder eine Tochter und einen Sohn. Beide verstorben. Soviel ich herauskriegen konnte, blieb der Sohn ohne Kinder, und seine Schwester Maud hatte nur einen Sohn, und der starb vor drei Jahren. Um mehr in Erfahrung zu bringen, müßte man noch eine Generation weiter zurückgehen, zu John Harts Vater.«

»Nehmen Sie sich als nächstes die Verwandtschaft mütterlicherseits vor.«

»Ja, Sir. Ich habe schon angefangen. Ihre Mutter war Einzelkind. Ihre Großmutter Victoria hatte eine Schwester namens Mary. Ich verfolge jetzt deren Linie.«

»Bleiben Sie dran, Stitch.« Egbert gähnte. Es war ein langer Tag gewesen.

Alle Mahlzeiten, auch das Frühstück, sollte man ungestört einnehmen dürfen, dachte Auguste wie schon so oft verärgert an diesem Dienstagmorgen. Tatjana war bereits zum Club unterwegs, und jetzt trennte er sich zögernd von einem pikant gewürzten Nierenhaschee, um zu sehen, was Pierre auf dem Herzen hatte. Sicher hatte ihn die Nachricht längst erreicht, aber was mochte ihn hierher getrieben haben? Hätte er nicht warten können, bis Auguste in den Club kam?

Er fand ihn im Damenzimmer vor, wo er, Barett in der Hand, nervös auf und ab ging. Er stürzte auf Auguste zu.

»Ich wollte Sie sprechen, Monsieur Didier, habe gehört, man hätte Luigi tot aufgefunden. Ist das wahr?«

»Ja.«

»Ermordet?«

»Vermutlich ja.«

»Im Zusammenhang mit dem Tod von Miss Hart?«

»Da kann ich nur wiederholen, vermutlich ja.«

»Dann ist er statt meiner umgebracht worden.«

Alles mögliche hätte Auguste erwartet, diese Reaktion aber nicht. »Wie kommen Sie darauf? Von der Statur und dem dunklen Typ her mag es gewisse Ähnlichkeiten geben, aber am hellichten Tag sind Sie unmöglich mit Luigi zu verwechseln.«

»Das ist es nicht. Aber vielleicht hat man ihn wegen Miss Hesters Tagebüchern umgebracht. Wenn der Mörder wußte, daß Miss Hart Luigi für das Überbringen von Informationen bezahlt hat, kann er leicht geschlußfolgert haben, daß sie ihm auch die Tagebücher sicherheitshalber in Verwahrung gegeben hat. Aber die Tagebücher habe ich.«

»Die haben Sie? Inspektor Rose haben Sie aber etwas anderes erzählt.« Auguste war entgeistert. Das würde Egbert mißfallen, auch wenn er froh sein würde, etwas über ihren Verbleib zu erfahren.

»Ich konnte nicht anders«, verteidigte sich Pierre unglücklich. »Ich habe Miss Hart hoch und heilig versprochen, niemandem etwas zu sagen, und wir Araber nehmen ein Gelöbnis ernst.«

»Und inwiefern ist es jetzt etwas anderes?«

»Wenn Luigi wegen der Tagebücher ermordet wurde, könnte ich der nächste sein. Nach Luigi komme ich als eheste Person in Frage, bei der sie sein könnten, denn jeder weiß, daß ich ihr Dragoman war«, begründete er deprimiert. »Wenn ich sie aber Scotland Yard übergebe, brauche ich daraus keinen Hehl zu machen, und niemand hat mehr einen Grund, mich zu töten. Sie müssen mir helfen, bitte.«

»Sagen Sie mir erst, wo die Tagebücher sind, dann kann ich immer noch überlegen, ob ich Ihnen helfe. Wir haben Ihretwegen viel Zeit verloren, Pierre.«

»Ich weiß«, erwiderte er zerknirscht. »Sie sind auf dem Bahnhof Waterloo in der Gepäckaufbewahrung.«

So einfach war das. »Haben Sie die ganze Truhe dort deponiert?«

»Nein. Miss Hart wollte nicht, daß ich zu ihr ins Haus kam. Sie hat die Truhe selbst zum Bahnhof geschafft. Wir haben uns dort getroffen, und sie gab mir den Gepäckschein. Es war nur als Übergangslösung gedacht. Nach ihrer Heirat hoffte sie dann einen sicheren Aufbewahrungsort zu finden.«

»Geben Sie mir den Gepäckschein, Pierre.«

Pierre zögerte einen Moment, zog ihn dann aber doch aus der Hosentasche.

»Und die Tagebücher sind auch wirklich in der Truhe?«

»Ja. Ich habe sie selbst gesehen.«

»Wie das? Sie wollten doch nicht etwa aus den Eintragungen Nutzen ziehen?«

»Nein.« Das war eine Anschuldigung, die Pierre nicht so leicht hinnahm. »Ich wußte, daß Miss Hart ihre Reisetagebücher gern veröffentlicht gesehen hätte, falls sie nicht zur Niederschrift ihrer Memoiren kam. Deshalb habe ich diesen Teil der Tagebücher ihrem Verleger übergeben. Sie können dort nachfragen. Bacon, Archibald und Frith heißt der Verlag. In der Truhe sind nur noch die Hefte mit den ganz persönlichen Eintragungen.«

»Das dürfte Inspektor Rose für erste genügen.« Auguste griff zum Telefonhörer.

Waterloo Station. Zur Urlaubszeit schien sich alles von neuem zu beleben. Hier herrschte Ende Juli reges Treiben, wohingegen in der Stadt die Unternehmungslust zum Erliegen gekommen war. Reisende aller Altersgruppen waren mit Buddeleimer und Spaten bewaffnet, Träger hasteten mit Gepäck durch die Gegend. Karren mit Reisekoffern, die zu den Strandhotels vorgeschickt werden sollten, wurden durch das Gedränge bugsiert.

Von wehmütigem Abschiednehmen keine Spur, allenthalben nur freudige Erwartung. Für den Beamten in der Gepäckaufbewahrung war Hester Harts Truhe nur ein Stück unter vielen, für Pierre nicht. Er sah sinnend zu, als ein Träger sie in die Droschke hievte.

Auguste machte sich mit der Droschke auf den Weg nach Scotland Yard; Pierre würde zu Fuß nach Milton House gehen. Auguste blickte aus dem Fenster zurück und sah ihn dastehen und dem Gefährt nachschauen, als rollte mit ihm das letzte Stück seines Lebens mit Hester Hart davon.

»Hier haben wir's ja. Bestimmt eine aufschlußreiche Stelle. Hör mal, hier.« Egbert hatte sich zunächst Luft gemacht über Pierre und konnte sich nun wieder konstruktiveren Gedanken zuwenden. »6. Juni 1878. Da muß sie etwa vierzehn gewesen sein.« Er las eine Stelle vor: »Ich hasse sie alle. Sie sind so gemein zu mir, alle, besonders Agatha. Denen werde ich's heimzahlen. Ich wünschte, mein Vater wäre Straßenfeger. Den hasse ich auch. Und ich hasse Knöpfe.«

Auguste hatte einen anderen Band genommen und blätterte darin herum. »Hier eine spätere Notiz«, rief er aufgeregt. »Egbert, das hat mit unserem Fall zu tun. Sieh mal. 13. Januar 1889.« Er zitierte: »Ich liebe ihn so, und ich glaube fest, er liebt mich auch ...« Auguste blätterte weiter. »Hier eine Eintragung vom 8. Mai des gleichen Jahres. ›Ich versteh nicht, warum er nicht vorbeigekommen ist ...‹ Und hier vom Juni. ›Heute habe ich eine gräßliche Geschichte erfahren. In allen Clubs zerfetzt man sich das Maul über mich, und er ist abgereist. Was soll das alles bedeuten? Ich weiß. Es heißt, das Maud und Agatha wieder einmal ein schmutziges Spiel treiben. Ich hasse die Londoner Gesellschaft. Ich hasse sie. Es gibt nur einen Menschen, dem ich vertraue.‹«

»Auf den Reisen scheint es eine Unterbrechung in den Eintragungen zu geben«, sagte Egbert. »Nein, hier ist wieder eine. ›Juni 1897 - Bestimmt war es Isabel, die verhindert hat, daß ich eine Einladung ins Marlborough House bekommen habe. Die hat mich nie leiden können. Eines Tages werde ich mich rächen. Mit der Geschichte, die alle so schön vertuscht haben, wie sie mit siebzehn mit dem Kutscher der Familie durchgebrannt ist. Von der Affäre haben der Graf oder der Prince of Wales sicher noch nie etwas gehört.‹« Er klappte das Buch zu. »Und in diesem Stil immer so weiter. Du solltest zu den Verlagsleuten gehen und auch in die Reisetagebücher Einsicht nehmen.«

Auguste reagierte zurückhaltend. »Muß das sein?«

»Was paßt dir daran nicht? Keine Lust, weitere Tagebücher zu lesen?«

»Ich fürchte, Miss Harts Verleger sind auch meine.«

»Sitzt du über Memoiren?«

»Über meinem Kochbuch ›Dinieren mit Didier‹.«

»Und wo ist das Problem?«

»Ich bin noch nicht so weit, wie ich sein müßte.«

Egbert lachte schallend auf. »Du ißt zu viel und schreibst zu wenig.«

»Ich bin Perfektionist«, erwiderte Auguste ohne mit der Wimper zu zucken.

Pierre hatte seinen freien Abend, und Auguste konnte das nur recht sein. Er hatte den Kopf frei und durfte sich auf das konzentrieren, was ihm am meisten lag: Kochen. Mit Annie war es zur Zeit ein bißchen schwierig, sie schniefte in die Kartoffeln, die sie schälte, aber es ließ sich darüber hinwegsehen. Er widmete sich voll und ganz der Madeira-Sauce, die es zu dem Bries geben sollte, und dann wollte er noch einen Spargel-Trüffel-Salat fabrizieren. Und ein Soufflé. Das stand zwar nicht auf dem Speiseplan, aber er würde trotzdem eines machen. Er grub in seinem Gedächtnis, um etwas Passendes für den Anlaß zu finden. Dann hatte er es. Er würde das Palmyra-Soufflé machen, ein Rezept seines früheren Meisters. Die entscheidende Geschmacksnote war Vanille.

Er begann die Zutaten zusammenzustellen - Sahne, Eier, Mehl, Vanillestangen, Zucker, Salz, Butter. Zufrieden betrachtete er das Ergebnis. Es bewahrheitete sich immer wieder: der springende Punkt bei einem Gericht war das Aroma der Hauptzutat. Im Grunde genommen galt das auch für Kriminalfälle. In ihrem Fall war das Hester Hart. Konnte es sein, daß die Hauptzutat so raffiniert war, daß er sie gar nicht ins Kalkül gezogen hatte?

11. Kapitel

Verleger waren furchteinflößend. Auguste zwang sich zu einer gewissen Nonchalance, als er die Stufen zur Firma Bacon, Archibald und Frith am Bedford Square hinaufstieg. Der Name des Verlags prangte auf einem einladenden Messingschild an der Tür; drinnen imponierten dem Besucher bequeme Ledersessel, hier und da ein Tisch mit wie zufällig herumliegenden Publikationen des Hauses, und eine Schusterpalme sollte möglicherweise suggerieren, daß man es hier mit liebenswerten, auf gemütliche Atmosphäre bedachten Menschen zu tun hatte. Sie waren alles andere als das, und schon gar nicht gegenüber Autoren, die die Manuskripte zu Kochbüchern nicht zum vereinbarten Termin ablieferten. Auguste klingelte und tröstete sich mit dem Gedanken, daß er heute zu Mr. Archibald wollte und nicht zu Mr. Bacon, der vor langer Zeit im Überschwang seiner Gefühle den brennenden Wunsch geäußert hatte, alle zehn Bände von »Dinieren mit Didier« herauszubringen; leider hatte er sein Vorhaben voreilig dem Buchhandel angekündigt.

Auguste zog den Hut etwas ins Gesicht, um unerkannt zu bleiben, und die lächelnde Empfangsdame wies ihn nach oben zu Mr. Archibalds Kontor. Er fragte sich insgeheim, ob die Götter auch Charon gelehrt hatten, verbindlich zu grinsen, wenn er den toten Seelen in sein Boot half, um sie über den Styx in die Unterwelt zu rudern. Wenigstens blieb ihnen die Unannehmlichkeit erspart, am anderen Ufer einem finster dreinblickenden Mr. Bacon zu begegnen.

»Von Scotland Yard, sagten Sie?« Mr. Archibald war kein Mr. Bacon. Er war hager, betulicher; die ganze Verantwortung für die Zukunft des gedruckten Wortes in englischer Sprache schien auf seinen Schultern zu lasten.

»Ja.« Auguste fühlte sich zunehmend besser, da die unmittelbare Gefahr gebannt schien.

»Stimmt, da fällt es mir wieder ein - Sie schreiben an Ihren Memoiren.« Mr. Archibald sonnte sich in dem Gefühl, sich auf sein Gedächtnis verlassen zu können. »Didier war doch Ihr Name, nicht?«

»Es geht um die Hester Hart Tagebücher«, brachte er leicht krächzend heraus; der Gedanke an Vorstandssitzungen, auf denen der Name Auguste Didier wiederholt eine Rolle spielte, irritierte ihn.

»Ach ja.« Archibald war die Enttäuschung anzumerken, daß dem ehrwürdigen Haus mit diesem Besucher ein lukratives Geschäft entging. »Ich habe sie schon bereitlegen lassen.« Er führte ihn ins Nebenzimmer, in dem auf einem Tisch ein Stapel mit vertraut aussehenden, in Leder gebundenen Bänden lag. Einen Moment stand er noch unschlüssig da, als hoffte er, Auguste könne das Verlangen packen, sich hinzusetzen und gleich hier seine Memoiren anzufangen, dann ging er aber und überließ einen erleichterten Auguste seinem eigentlichen Anliegen.

Alles in allem waren es fünfzehn Bücher, beginnend mit Ende 1889 bis 1903, ein Band pro Jahr. Auguste nahm jedes einzelne Buch in die Hand. 1889 war sie nach Ägypten gereist, 1890 nach Südamerika, 1893 hatte es sie nach Indien getrieben. Ein dünner Band für 1897 war erneut Ägypten gewidmet, wohin sie nach Queen Victorias Thronjubiläum zurückgekehrt war. 1898 hatte sie sich in Algerien aufgehalten und im Irak - offensichtlich hatte sie in jenem Jahr Pierre zum ersten Mal angeheuert - und die Aufzeichnungen von 1901 galten Palmyra. Auguste machte sorgfältige Notizen über Jahre und Ortsangaben und vertiefte sich dann in die Aufzeichnungen. Seine erste Reaktion war Neid. Erstaunlich, wie diese Frau schrieb, ohne Schwankungen in anhaltend gutem Stil, kaum Verbesserungen. Er hatte mit seinem Manuskript immer wieder von vorn anfangen müssen, und selbst die jetztige Version hatte Tatjana nicht akzeptiert. Nicht, daß sie sich dazu geäußert hätte: aber die Tatsache, daß sie ihm eine Schreibmaschine zum Geburtstag gekauft hatte, genügte.

»10. September«, las er. »Was bleibt mir noch über Palmyras

Pracht, über die großartige Kolonnade zu schreiben, da Mr. Robert Wood bereits alles so eindrucksvoll geschildert hat. Ich kann lediglich festhalten, daß ich in Lady Hester Stanhopes Fußstapfen nach Palmyra zog und wie sie von den Beduinenhäuptlingen wie eine Königin empfangen wurde. Als ich durch den Triumphbogen ritt ...«

Er nahm sich einen anderen Band vor. »Mein Dragoman tränkte die Maultiere, und ich streifte allein durch die Ruinenreste und die mächtige Festungsanlage von Kal 'At El Beida ...«

In einer plötzlichen Eingebung suchte er den Band für das Jahr 1900. Es war doch 1898 gewesen, als sie hoffte, bei den Ausgrabungen in Babylon mitmachen zu können und in Koldeweys Forschungsgruppe aufgenommen zu werden; durch John Millwards Intervenieren war dann nichts daraus geworden. Zwei Jahre später hatte sie sich die Ausgrabungen vor Ort angeschaut. »Es verschlug mir die Sprache. Aus einem Haufen Geröll war Stück für Stück ein Bauwerk säuberlich zusammengesetzt worden. Der Turm zu Babel war praktisch neu erstanden. Die Stadt, die zu Ehren des mächtigen Gottes Marduk errichtet worden war, erlebte eine Wiedergeburt, und das dank eines Mannes, Robert Koldewey, vor fünfundvierzig Jahren in Deutschland geboren ...« Auguste klappte das Buch zu und versuchte zu ergründen, weshalb der Text ihn unbefriedigt ließ.

Er hatte Hester Hart miterlebt, hatte sie reden hören, hatte mit ihr gesprochen, glaubte, aus ihren früheren Tagebüchern eine ganze Menge über sie zu wissen. Warum offenbarte sie sich ihm nicht in diesen Reisetagebüchern? Wo war das junge Mädchen, das mit solcher Leidenschaft niedergeschrieben hatte: »Ich hasse, hasse sie alle.« In diesen sorgfältig formulierten Aufzeichnungen, die nahezu gleichbleibend im Stil waren, fand sich nichts davon wieder. Mr. Archibalds Drucker würden an dem sauberen Manuskript ihre helle Freude haben. Ihm aber blieb das Ganze zu farblos im Verhältnis zu der jungen Frau von damals, die sich geschworen hatte, sich an denen zu rächen, die angeblich ihr Leben ruiniert hatten. Hatte sie die vorliegenden Tagebücher lediglich geführt, um ihren Ruf als Weltreisende zu begründen? Die frühen Tagebücher gaben Aufschluß über die Frau und ihr privates Umfeld. Den Gedanken an Rache hatte sie auch nie aufgegeben, aber mit derlei Rachegefühlen wollte sie nicht ihren Ruf in der Fachwelt belasten, deshalb hatte deren Erwähnung in den Reisetagebüchern nichts zu suchen.

Auf dem Fenstersims saß ein Spatz und guckte neugierig zu ihm hinein, als wolle er ihm helfen. Sinnend sah Auguste ihn an. In früheren Zeiten hätte es kein vernünftiger Sperling gewagt, sich so verwegen einem Koch zu präsentieren, aus Furcht, unvermutet als Zutat in einer Pastete zu landen. Und schon kreisten seine Gedanken um Pasteten, mischten sich mit dem ungelösten Fall. Die Pastete, mit der er es hier zu tun hatte, war nicht mit den köstlichen Schöpfungen von Mrs. Jolly zu vergleichen. Hier waren der Zutaten zu viele, Gewürze, die sich miteinander nicht vertrugen, und er konnte sich nicht des Eindrucks erwehren, daß eine Zutat noch fehlte; hinter die mußte er kommen. Ein Übermaß an Automobilen war drin, wie zu viel Pfeffer etwa. Daraus konnte sich eine stärkere Geschmacksnote entwickeln als ihm lieb war. Dann gab's noch eine hübsche Schicht CAPPS in Form von Hortensias Gefolgschaft. Was fehlte in dieser Pastete, bevor er sie mit einem Schnörkel Erfolg krönen konnte? In der Hester-Hart-Pastete waren sie alle drin – Isabel, Agatha, Phyllis, Roderick und Maud.

Was fehlte noch? Die Antwort mußte in diesen Tagebüchern stecken. Auguste versuchte, sich auf die Eintragungen zu konzentrieren, die er gestern bei Egbert im Büro gelesen hatte. Und da war es. Plötzlich wußte er, welche Zutat ihm bislang entgangen war.

Er bedankte sich kurz bei Mr. Archibald, ließ sich zu einer vagen Zusage hinreißen, seine Memoiren über seine Streifengänge durch London im Dienste der hauptstädtischen Polizei zu schreiben, und eilte die Treppen hinunter. Er sah zwei stämmige Beine, die in Nadelstreifenhosen steckten und ihm höflich Platz machten. Dankend blickte er rasch auf und erkannte Mr. Bacon. Zu seiner Erleichterung gab der sich leutselig.

»Ah, Mr. Didier, das freut mich aber. Sie haben vermutlich

vorbeigeschaut, um das Manuskript zu Ihrem unbestrittenen Meisterwerk ›Dinieren mit Didier‹ abzuliefern.«

Auguste lief scharlachrot an; so peinlich war ihm lange keine Situation gewesen; das letzte Mal vielleicht, als ihn *Maman* in der Speisekammer erwischte, wie er vom *confit de canard* naschte. »Ein paar Striche und Abrundungen wollen immer noch getan sein. Perfektion ist alles, Mr. Bacon.«

»Termine, Mr. Didier, Termine. Auch sie machen Perfektion aus.« In den ursprünglich umgänglichen Ton mischte sich jetzt Tadel. »Vielleicht könnten Sie mich wissen lassen, wann ...«

Er sprach schon nur zu Augustes Rücken. So etwas wie »Entschuldigen Sie, dringender Fall für Scotland Yard ...« erreichte ihn noch von unten aus der Eingangshalle.

»Autoren!« seufzte Mr. Bacon. Sie waren der einzige Störfaktor im Leben eines Verlegers.

Der Konstabler, der Auguste zu Egberts Büro begleitet hatte, zog sich zurück. Twitch war nicht da, und Auguste sprudelte aufgeregt los: »Die Tagebücher, Egbert. Können wir ...«

»Einen Augenblick, Auguste.«

»Es ist aber wichtig.«

»Hier ist alles wichtig. Auch Twitch.« Gut war der Tag bisher nicht gelaufen. Erst Mr. Pinpoles Nieren, wenngleich diesmal Egbert, der immer fair war, eher dazu neigte, den Fleischermeister freizusprechen und Mary die Schuld zu geben. Aber die hatte gewiß unter Ediths Anleitung gearbeitet und nur deren Instruktionen befolgt. Vage war ihm in Erinnerung, daß Edith von einem neuen Rezept geschwärmt hatte, einem von Mrs. Marshall, Nieren *à la campagne*, das sie ausprobieren wollte. Wenn es nach Egbert ging, sollte man sich nie vor der Mittagszeit auf kulinarische Abenteuer einlassen. Das Entscheidende an einem Frühstück war, daß es das Gewohnte gab.

»Was ist mit Twitch?« Egberts Reaktion hatte ihn von seinem Gedanken abgelenkt.

»Wühlt in Somerset House. Henrietta Trotter hält ihn fest.«

»Wer?«

»Mary Trotters Tochter. Bislang sind weder Todes- noch Heiratsurkunde zu finden. Die Dame kann überall und nirgends sein, tot oder lebendig. Er hat die Polizei von Lancashire auf sie angesetzt.«

»Oh.« Auguste verspürte kein Verlangen, der Frage Twitch und Somerset House nachzugehen. Aus irgendeinem rätselhaften Grund hegte Inspektor Stitch einen Groll gegen ihn, mußte ihm irgendeine längst vergangene Geschichte nachtragen. »Hat jemand auf die Anzeige in der ›Times‹ reagiert, die die Rechtsanwälte auf der Suche nach Angehörigen von Hester Hart aufgegeben haben?«

»Hinz und Kunz, mit anderen Worten, niemand, der ernst zu nehmen wäre.«

»Hm. Die Tagebücher, Egbert ...«

»Vergiß sie. Wir haben den Schurken.«

»Wie bitte?«

»Roderick Smythe.«

»Aber sein Motiv ...«

»Laß das Motiv, Auguste, vorerst zumindest, und betrachte die Tatsachen. Er war der letzte, der sie lebend gesehen hat, hatte mit ihr einen Streit gehabt und hat über sein Wo und Wohin gestern gelogen.«

»Wo war er? Nicht auf Ausfahrt mit Miss Lockwood?«

»Das schon, aber nicht im Crossley und auch nicht so lange. Daß er mit dem Crossley von zu Hause losgefahren ist, hat sein Hausdiener bestätigt. Dann hat er den Wagen aber zur Werkstatt gebracht und ihn dort gelassen zum Reifenwechsel. Danach ist er zu Miss Lockwood, und sie sind beide mit ihrem Motorwagen unterwegs gewesen. Aber nicht lange. Sie hat ihn am St. James's Square abgesetzt, wo er angeblich in seinen Club wollte. Dort ist er aber nicht aufgetaucht. Wir haben es überprüft.«

»Und er hat kein weiteres Alibi?«

»Nicht für die ganze Zeit. Vom Butler in Dewbury House wissen wir, daß er um halb vier zu Ihro Gnaden und Lady Bullinger kam, aber kurz nach vier schon wieder gegangen ist. Ich könnte mir vorstellen, wohin – mit einer Droschke zum Regent's Park.«

»Hat er es zugegeben?« fragte Auguste überrascht.

»Bisher nicht. Er ist gestern aus London abgereist, wie es heißt, nach Goodwood. Unterkunft unbekannt. Miss Lockwood war eifrig bedacht, uns seine Schritte und sein Tun fein säuberlich darzulegen, auch, daß sie beabsichtigten, sich in Goodwood zu treffen. Ob die schöne Phyllis ihn warnt, bleibt abzuwarten. Hast du Lust mitzukommen? Ich breche ziemlich bald auf.«

»Nach Goodwood?«

»In die Oper wollte ich dich nicht einladen«, entgegnete Egbert sarkastisch. »Du bist ganz schön langsam heute, Auguste.«

Goodwood war nicht nur das letzte gesellschaftliche Ereignis der Londoner Saison schlechthin, sondern dieses Jahr auch einer ihrer Höhepunkte. Tatjana war ebenfalls im Aufbruch begriffen, wollte in Goodwood House übernachten, dem Domizil des jungen Herzogs von Richmond. Er hatte es großzügigerweise für alle vier Tage Seiner Majestät und der Königin zur Verfügung gestellt, wie es von jeher Brauch war, und zu dem geladenen Gästekreis gehörte auch Tatjana. Morgen würde der viel gepriesene Cup Day sein – viel gepriesen wohl mehr des gesellschaftlichen Spektakels wegen; die Pferde kamen erst an zweiter Stelle, dachte Auguste bissig.

Wenn er Tatjana richtig verstanden hatte, war der gesellschaftliche Aspekt diesmal besonders erregend. Da mußte etwas dran sein, denn selten sprach sie mit ihm über Anlässe, die nicht mit Automobilen zu tun hatten. Zwei größere Attraktionen standen im Mittelpunkt des Interesses: die neue Haupttribüne und die Anwesenheit des Königs, wenn vielleicht auch in umgekehrter Reihenfolge, hatte Tatjana lachend gemeint. Bertie und Alexandra waren etliche Jahre in Goodwood nicht zugegen gewesen, offensichtlich mit Rücksicht auf Alter und Gebrechlichkeit des inzwischen verstorbenen Herzogs. Sie verhielten sich immer so taktvoll, hatte Tatjana Auguste in vollem Ernst zu verstehen gegeben, woraus er schloß, daß Bertie das Haus gern für sich hatte, um sich ungestört mit seinen Rennbahnfans vergnügen zu können. Diesmal hatte er gönnerhaft das Angebot angenommen, im Bett des Gastgebers zu schlafen. Soweit wäre seine Mutter nie gegangen, räsonierte

Auguste, die bei jedem Privatbesuch ihre eigene Bettstatt und Waschtischausrüstung vorausschickte.

Tatjana hatte die Einladung akzeptiert, und er hatte sein Zurückbleiben mit seiner dringend notwendigen Anwesenheit in Scotland Yard begründet. Nun würde er plötzlich doch dort auftauchen. Wie würde Seine Majestät das aufnehmen?

»Ich wüßte nicht, was ich lieber täte, Egbert«, hatte Auguste geantwortet. »Nur finde ich, du müßtest Rodericks Motiv begründen können, ehe du ihn dir vornimmst.«

»Er hatte sich mit Hester zerstritten. Das reicht für mich als Motiv. Er hatte ihr das Buch geschenkt, in seiner Rage in der Motorhalle die Titelseite rausgerissen, es ihr wieder zurückgegeben und sie dann erstochen. Der klappt in sich zusammen wie ein Taschenmesser, wenn ich es ihm auf den Kopf zu sage; ich kenne diese Sorte Menschen.«

»Hat man seine Fingerabdrücke dort gefunden? Oder auf der Schußwaffe, die neben Luigi lag?«

Ein vernichtender Blick traf ihn. »Das hat sich doch im Freien abgespielt. Natürlich hat er Handschuhe angehabt. Du bist schon genauso besessen von Fingerabdrücken wie Henry.« Polizeichef Edward Henry war derjenige, der das Untersuchungssystem mit Fingerabdrücken vor nicht allzu langer Zeit in Gang gebracht hatte.

»Du hast mir selbst erzählt, daß allein bis Ende vergangenen Jahres dreitausend Schuldige auf Grund von Fingerabdrücken überführt werden konnten. Für meine Begriffe ist ein Mord ohne Kenntnis des Motivs wie eine Menge Zutaten ohne Rezept«, verteidigte sich Auguste hartnäckig. »Wenn der Streit das einzige Motiv gewesen sein soll, wieso hat er dann ganz zufällig ein Messer in der Tasche gehabt, um auf Hester loszugehen?«

Egbert gab nicht nach. »Sie hatten sich auch schon vorher am Abend gezankt. Er hat den Mord geplant, Auguste. Weshalb sollte er sonst zurückgegangen sein?«

»Eben war es noch ein *crime passionnel*, ausgelöst durch einen heftigen Streit. Jetzt hat er ihn geplant?«

»Hast du bessere Erklärungen?«

»Ja«, erwiderte Auguste undiplomatisch.

Egbert gab sich geschlagen. »Ich hätte es wissen müssen.«

»Die Tagebücher, Egbert. Wir müssen noch mal reinschauen.«

Egbert fischte die Bände aus einem Wirrwarr von Akten und Papieren; es konnte kein besseres Beispiel für die These geben: das Genie beherrscht das Chaos. Rasch machte sich Auguste darüber her.

»Dieses hier, das von Anfang 1889.« Er las noch einmal die bekannte Stelle vor: »Es heißt, daß Maud und Agatha wieder mal ein schmutziges Spiel treiben. Ich hasse die Londoner Gesellschaft. Ich hasse sie. Es gibt nur einen Menschen, dem ich traue.«

»Und das ist wer?«

»Das sagt sie nicht. Aber wichtig ist der Satz davor. ›In allen Clubs zerfetzt man sich das Maul über mich.‹ Die kann nicht an Frauenclubs gedacht haben. Außerdem hat Pierre von einem Mann gesprochen, nicht von einer Frau. Wer also hat die Geschichte in den Clubs in Umlauf gebracht? Und dann der Eintrag hier ein paar Tage später: ›Noch bin ich nicht dahintergekommen, wer diese Gerüchte verbreitet; aber wenn ich es weiß, werde ich mich rächen. Ja, rächen.‹« Auguste blätterte weiter im Tagebuch, und Egbert, der inzwischen Feuer gefangen hatte, sah ihm über die Schulter.

»Morgen«, las er jetzt, »nehm ich den P-&-O-Dampfer nach Kairo. Ich habe immer noch nicht herausfinden können, wer diese gräßlichen Gerüchte über mich ausstreut. Aber ich werde es herausbekommen, und wenn es ewig dauert. Ich glaube, er ist noch jung ...«

»Und Roderick Smythe«, erklärte Egbert voller Genugtuung, »muß damals um die zwanzig gewesen sein. Da hast du mein Motiv. Danke, Auguste.«

»Aber er konnte nicht ...« Auguste hielt inne. Doch, er konnte.

Egbert lachte fast. »Wenn eine Theorie nicht so viele Ecken und Windungen hat wie das Labyrinth vom alten Minos, denkst du immer gleich, sie kann nicht stimmen. Das ist das Problem mit dir.«

Auguste versuchte, der Sache logisch beizukommen. »Wenn

es Smythe war, dann würde sich doch Hester jetzt nicht mit ihm verlobt haben, es sei denn, sie wußte immer noch nicht, wer sie verleumdet hatte. Und wenn sie es nicht gewußt hat, gab es auch für ihn keinen Grund, sie umzubringen.«

»Sie war ein gewitztes Frauenzimmer, Auguste. Ich trau ihr zu, daß sie es gewußt hat und ihn demütigen wollte, indem sie zunächst ihre Bereitschaft erklärte, ihn zu ehelichen, und ihm dann den Korb gab. Und wir dürfen nicht vergessen, sie könnte auch erst kurz vorher hinter die Wahrheit gekommen sein. Ein Racheakt von Phyllis. Außerdem erhellt es eine Sache, die mich die ganze Zeit beschäftigt hat.«

»Und das wäre?« Langsam, wenn auch widerstrebend, begriff Auguste Egberts Gedankengang.

»Warum sie so schnell das Verlöbnis mit ihm einging. Vermutlich kannte sie ihn von früher, und auch derjenige, der die Gerüchte verbreitet hatte, mußte zu dem Bekanntenkreis von früher gehören, sonst wäre die Geschichte durchgesickert. Egal, ob sie ihn für den Verräter hielt oder nicht, sie suchte sich ihn bei ihrer Rückkehr mit Vorbedacht aus.«

»Das wäre durchaus möglich«, gab Auguste zu. »Für Lady Bullinger wäre es damals vor fünfzehn Jahren die natürlichste Sache von der Welt gewesen, sich an jemanden zu wenden, den sie gut kannte, ihren Patensohn, zum Beispiel, um bei den Plänen zu helfen.«

»Du hast vollkommen recht, Auguste. Hester war gewillt, sich an allen zu rächen, und das sagte sie auch Roderick, als der in der Wagenhalle bei dem Dolly Dobbs erschien.«

Auguste mußte an den Abend im Club denken, als Hester Roderick so gräßlich beschimpft hatte: »Ich werde mich an euch allen rächen. Ich habe lange genug gewartet.«

Ja, es paßte zusammen, wie eine Sardellenfüllung mit Minze für eine Lammkeule.

»Sollen wir mit dem Automobil nach Goodwood fahren?« fragte Tatjana und hoffte auf eine positive Antwort.

»Was mich betrifft, mit dem größten Vergnügen«, erwiderte Auguste taktvoll, »aber ich denke, für dich wäre es besser, wenn wir den Zug nehmen; dann kann auch nichts dazwischenkommen, und wir sind in jedem Fall pünktlich da. Du weißt, wie genau es Bertie damit nimmt.«

»Mein Wagen ist absolut zuverlässig.«

»In Fragen der Pünktlichkeit hat Seine Majestät nur Verständnis für eine Reifenpanne, wenn es um sein eigenes Mobil geht«, beharrte Auguste.

Tatjana gab in diesem Punkt nach, rückte aber gleich mit einem weiteren Vorschlag heraus: »Du könntest doch auch in Goodwood House übernachten.«

»Besser nicht. Es könnte Bertie an verschiedene Mordfälle erinnern.«

»Da hast du vermutlich recht. Alexandra hat mir neulich erst erzählt, daß er seit der Ermordung des Königs und der Königin von Serbien in ihrem Schlafgemach vergangenes Jahr immer unter sein Bett guckt, ehe er schlafen geht.«

Woher mag sie das wissen, dachte Auguste prompt, hütete sich aber, die Frage laut zu stellen, um Tatjana nicht unnötig aufzubringen.

Sie lachte. »Sein Kammerdiener hat es ihr verraten«, sagte sie von selbst.

»Egbert und ich werden in Chichester wohnen«, teilte er ihr mit.

»Will er jemanden verhaften?«

»Schon möglich.«

»Also bleibt Bertie nicht verschont, denn es wird jemand sein, den er kennt. Der arme Bertie. Er hat sich so auf morgen gefreut. Er hat zwei Pferde im Einsatz, eins beim Cup und eins beim Halnaker-Rennen. Fast möchte ich hinter den Kulissen nachhelfen, damit er gewinnt.«

»Das solltest du lieber lassen, schließlich ist Egbert auch da.«

»Ich glaube, ich könnte eher Egberts Zornesausbruch ertragen als Berties schlechte Laune. Und die hat er bestimmt, wenn ihr einen der berühmtesten Rennfahrer verhaftet.«

»Woher weißt du denn das?« platzte Auguste heraus.

»Mit deiner Frage hast du es soeben bestätigt. Soll ich das

Kleid mit der englischen Stickerei anziehen oder das Plisseekleid aus Musselin mit den handgemalten Automobilen?«

Finster sah Auguste seine Frau an. »Nimm das Musselinkleid, dann kann ich dich Hortensias Meute vorwerfen.«

»Unbeständig, heißt es im Wetterbericht für heute«, sagte Egbert und ließ die Zeitung sinken. Er hatte zum Frühstück ein herrliches Muffin verzehrt; Hannah Smirch mußte sich noch mächtig anstrengen, ehe sie es in ihrer Backkunst so weit brachte. An sich gehörten Muffins in längst vergangene Zeiten, ins England von Charles Dickens, das einem viel turbulenteren Jahrhundert Platz gemacht hatte; aber Egbert fand, daß man Muffins gut und gerne auch in die Zukunft mitnehmen sollte.

Unbeständig, das wollte Auguste gern glauben, mißgestimmt, wie er war. Sträflicherweise hatte er zum Frühstück Schinken und Pilze gegessen, und es würde sich erst noch herausstellen, ob die Pilze jemand gesammelt hatte, der einen Pfifferling von einem Knollenblätterpilz zu unterscheiden wußte. Er würde es bald merken. Wenn er Glück hatte, würde ihm wenigstens noch Zeit bleiben, Tatjana Lebewohl zu sagen, ehe er ins Koma fiel.

Die Fahrt in einer Motordroschke zur Rennbahn bei Nieselregen war nicht dazu angetan, ihn aufzuheitern, und auch Egbert war ausgesprochen schweigsam. Erst, als der Verkehr auf der belebten Straße immer dichter wurde und sich schließlich gar nichts mehr bewegte, explodierte er und ließ sich wortreich über die Vorzüge von a) Pferden und b) den eigenen zwei Beinen als Fortbewegungsmittel aus.

Der Stau hatte allerdings auch etwas für sich. Als sie endlich das Gelände erreichten, hatte es aufgehört zu regnen. Zögernd wurden Regenschirme zusammengeklappt, sie gaben den Blick auf eine Farbenpracht frei, die einer Blumenschau in nichts nachstand. Hier und da ließen geschickt geraffte Röcke zierliche Fußgelenke sehen, und überall wallten Gewänder aus Musselin, Seide, Voile oder Spitze. Manche Kleider waren noch unter leichten Staubmänteln verborgen, die in diesem Falle die Damen vor Regen und Matsch schützten.

Dichte Scharen drängten sich um die Buchmacher, und der Lärm war ohrenbetäubend. Auguste verstand von dem Wettjargon kein einziges Wort. Er tröstete sich damit, daß Englisch eben nicht seine Muttersprache war, war sich aber gleichermaßen bewußt, daß es ihm in Longchamp nicht anders gehen würde. Tatjana hatte ihm fröhlich vorgeschlagen, sie würde ihm den entsprechenden Jargon beibringen, aber dann doch gemeint, es würde sich kaum lohnen, so selten, wie sie zu Pferderennen gingen; sie würden ja weitaus öfter auf Motorrennen sein. Am liebsten hätte sie ihn sogleich in der Automobilfachsprache unterwiesen; aber noch hatte er das Angebot erfolgreich auf unbestimmte Zeit verschieben können.

Sie kämpften sich zur neuen Tribüne durch, wo Tatjana unter der Gästeschar Seiner Majestät saß. Die königliche Familie selbst war noch nicht in der überdachten Loge. Auguste blickte sicherheitshalber in die andere Richtung, um dem königlichen Adlerauge zu entgehen, wenn die Karosse im letzten Moment anrollte. Ihm fiel auf, daß Tatjana weder das Kleid mit der englischen Stickerei noch das Musselinkleid mit den Ziehharmonikafalten anhatte. Statt dessen trug sie ein himmelblaues Seidenes, hier und da mit einem Tupfer violett durchschossen – so nannte man das wohl. Er mußte unwillkürlich an die Pistole neben Luigis Leichnam denken.

»Die Nummern für den Korinther-Pokal sind gezogen«, verkündete ihnen Tatjana und fuchtelte aufgeregt mit ihrem Sonnenschirm aus Spitze. Dann entsann sie sich, wo sie stand. »Ich habe auf Rightful gesetzt. Er hat einen Berufsjockey, während drei von den anderen – ich weiß es von Agatha – Herrenreiter sind.«

»Ich dachte, man setzt auf Pferde und nicht auf ihre Reiter«, entgegnete Egbert ernst, und sie kicherte vergnügt.

Es entspannte die Atmosphäre, denn alle drei wußten, weshalb sie hier waren, und konnten nicht so locker sein, wie sie es gern gewesen wären.

»Hast du Smythe auf der Tribüne gesehen, Tatjana?« fragte

Egbert. Auguste hatte ihm gestanden, daß er gegenüber Tatjana nicht volle Verschwiegenheit gewahrt hatte.

»Nein. Phyllis habe ich vorhin getroffen, habe sie ganz nebenbei nach Roderick gefragt, aber sie meinte, sie hätte ihn noch nicht gesehen. Ich weiß nicht, ob ich ihr glauben soll, bin aber ganz sicher, daß sie nichts Auffälliges an meiner Frage gefunden hat.«

Auf der Tribüne wurde es unruhig, und eine Kapelle stimmte »God Save the King« an. Die königliche Familie war eingetroffen und nahm in der neuen Loge Platz.

»Bertie hat gestern abend moniert, daß die Königsloge so eng ist, daß man sich kaum bewegen kann, erst recht, wenn sich noch der Herzog von Sparta mit reinquetscht«, flüsterte Tatjana Auguste zu.

»Wieso ausgerechnet der?« Königliche Witzeleien gingen immer an ihm vorbei.

»Da drüben bei ihnen, das ist der Herzog von Sparta, gleich neben der Prinzessin Victoria. Er war bei Bertie zu Gast in London und sollte eigentlich Montag abreisen. Aber sie werden ihn nicht los; er trottelt ihnen überall hinterher. Bertie ist schon halb wahnsinnig.«

Obwohl er kein übermäßiges Interesse an Pferden hatte und eigentlich auch damit beschäftigt war, nach Smythe Ausschau zu halten, ertappte sich Auguste dabei, daß ihn das Rennen und auch die Zuschauer um ihn herum zu fesseln begannen. Die Sonne wagte sich hervor. Versuchsweise tauchten neben der Rennstrecke Sonnenschirme aus Spitze oder Chiffon auf wie zarte Blumen, die ihre Blütenkelche öffneten. Eigentlich brauchte man sie nur, um die zarte Flora und Fauna auf den Hüten zu schützen, die ihrerseits der empfindsamen Haut der Damen Schatten spendeten. Der Hut unmittelbar vor ihm faszinierte ihn geradezu. Farbige Bänder und Blumenbüschel zierten seine Mitte, und auf der breiten Krempe jagten winzige Pferde, künstlerisch aus Federn gefertigt, um die Wette. Er hatte nicht übel Lust, sein Fernglas auf den Hutrand zu stellen; der bot eine äußerst handliche Ablage. Ob die Dame etwas dagegen haben würde? Plötzlich schwoll der Lärm der

Zuschauermenge an. Die Sperren gingen hoch, das Rennen begann. Er bemerkte, wie Tatjana neben ihm fieberte vor Aufregung, und gleich darauf, daß Egbert verschwunden war. Er konnte ihm nicht gleich hinterher, er war total eingekeilt und mußte sich ein paar Minuten gedulden, bis das Rennen zu Ende war.

»Gewonnen! Ich habe gewonnen!« jubelte Tatjana.

»Das Pferd hat gewonnen.«

»Ich habe gewonnen«, beharrte sie. »Es war mein Urteilsvermögen. Jetzt setze ich alles auf Chatsworth, Berties Pferd.«

Auguste entschuldigte sich und machte sich auf die Suche nach Egbert. Ihn fand er nicht, dafür aber ein anderes bekanntes Gesicht.

»Wie ich höre, ist Tatjana hier, Auguste. Habe ich da einen bekehren können?«

Auguste lüftete kurz den Hut, begrüßte Hortensia und John Millward.

»Schon jemanden verhaftet?« fragte John etwas unpassend.

»Noch nicht. Aber bald.«

»Ah.« Er trat nervös von einem Fuß auf den anderen. »Haben sich die Tagebücher inzwischen angefunden?«

»Ja. Einige sind bereits bei einem Verleger.«

»Das kann sie doch nicht machen«, stammelte er verschreckt.

»Wieso nicht, John?« wollte Hortensia wissen.

Auguste sprang ihm rasch bei. »Es hat den Anschein, daß sie nichts darin festgehalten hat, das ihrem Ruf abträglich sein könnte. Ich habe den Eindruck, sie sind sorgfältig auf ihre Leser abgestimmt.« Dem war wirklich so, dachte er.

»Und mein Ruf? Wie stehe ich da?« beschwor ihn John, als sich Hortensia umgedreht hatte, um ein paar Worte mit einem Bekannten zu wechseln.

»Miss Hart war peinlich darauf bedacht, nichts zu Papier zu bringen, was auf Widerspruch stoßen könnte. Ihr war offensichtlich daran gelegen, sowohl von der Fachwelt als auch vom allgemeinen Lesepublikum akzeptiert zu werden.«

Johns Miene hellte sich ein wenig auf. »Und wie geht sie mit der rein persönlichen Seite in den Aufzeichnungen um?«

»Soweit ich mir ein Urteil erlauben kann, steht nichts darin, das Sie berührt.«

»Dann wäre sie nicht Hester.«

»Hast du das gehört, John?« Hortensia wandte sich ihnen wieder zu. »Niemand, der auf Tankard setzt. Kissing-Cup ist auch raus.«

Auguste tat, als verstünde er, wovon die Rede war, und wollte sich leise fortstehlen. Doch Hortensia bekam ihn am Arm zu fassen. »Überlegen Sie mal. Sie steckten in einem elenden Automobil fest und kamen nicht weiter, während wir in einem Vierspänner auf einem Feldweg unbehelligt durch Birdless Grove fuhren; um uns nur das Pferdegetrappel und das Rattern der Kutschenräder. Keine Auspuffgase, keine Staubwolken, keine Pannen. Warum kommen sie nicht zu den CAPPS, Auguste?«

»Wäre ein Gedanke«, stimmte er ihr eifrig zu. Endlich hatte er Egbert weiter vorn entdeckt.

»Gut!« rief Hortensia befriedigt. »Haben Sie das gehört, Tatjana?«

Unmittelbar hinter ihnen stand seine Frau.

»Wo, zum Teufel, mag er stecken?« Egbert wurde unruhig. Es war Mittag, und Smythe war immer noch nicht auf der Bildfläche erschienen. »Vermutlich hat er sich aus dem Staube gemacht, und die junge Dame Phyllis hat ihren Teil dazu beigetragen.«

»Das glaube ich nicht«, meinte Auguste. »So viel Courage hat die nicht. Ich finde, wir sollten erst mal Mittagspause machen und was essen. Wenn der sich überhaupt ein Rennen ansieht, dann das um den Cup, und das ist erst nach dem Lunch.«

»Dachte ich mir doch, daß du für Essen bist.«

Seine Majestät und die Königin hatten sich in ihr privates Speisezimmer auf Goodwood House zurückgezogen, während ihre geladene Gesellschaft einschließlich Tatjana auf der Terrasse aßen. Auguste und Egbert schlenderten zu den Imbißzelten und Tischen im Freien. Es wimmelte von Damen in duftigen Gewändern; auch die Herren an ihrer Seite waren makellos gekleidet. Hier und da war ein Mantel über einen Baumast geworfen, und das gab dem Ganzen etwas Zwangloses. Auguste war mit sich leicht uneins. Irgendwo wäre er schon gern mit Tatjana mitgegangen, hätte wissen mögen, ob Mr. Tschumi vom Buckingham-Palast mit dort war, um die Speisen für den König anzurichten. Bertie brachte immer seinen eigenen Küchenchef und dessen Gefolge mit, um nicht »seine Gastgeber über Gebühr zu belasten«, wie es die Presse formulierte; tatsächlich aber setzte er sich nie dem Risiko fremder Köche aus. Tschumi und Auguste waren zwar keine Engländer, aber sie kannten des Königs Magen, und das genügte Bertie.

»Da sind ja all unsere Herzchen beisammen«, stellte Egbert fest. »Sieh dir das an.«

An einem Tisch unter einer Eiche saßen Maud und Agatha, ihre Ehemänner, Isabel (ohne ihren Gatten, dafür mit Cousin Hugh) und mitten in ihrer Runde, charmant und reizend, Phyllis Lockwood.

»Nur Roderick fehlt«, kommentierte Auguste, »es sei denn, er hat sich auf dem Baum versteckt.«

»Nein, wirklich, Inspektor. Das hier ist eine private Runde. Wir speisen zu Mittag.« Agatha begrüßte ihn stirnrunzelnd, als Egbert näherkam.

»Und ich habe es mit einer öffentlichen Morduntersuchung zu tun, Euer Gnaden.«

»Aber heute ist das Goodwood-Pokal-Rennen!« Agatha war entsetzt. »Selbst Scotland Yard müßte das begreifen.«

»Verbrechen sind manchmal schneller als Pferde.«

»Da ist etwas dran«, pflichtete sie ihm bei. »Das Rennen heute war bisher enttäuschend, finden Sie nicht?«

»Mich interessiert mehr, ob Mr. Smythe das auch finden würde. Hat jemand von Ihnen ihn heute gesehen?«

»Ich hoffte darauf«, antwortete Phyllis und lächelte tapfer.

»Ich nicht«, dröhnte Maud.

»Ich auch nicht.«

»Du, Hugh?« wandte sich Isabel an ihren Vetter. »Ich nicht, du?«

»Ja. Bin ihm heute früh begegnet. Sagte, Seine Majestät habe ihn zu einem Schwatz nach Tisch eingeladen. Vielleicht versuchen Sie's in der Königsloge, Inspektor.«

»Versuchen Sie's in der Königsloge«, wiederholte Egbert aufgebracht, als sie wieder Richtung Tribüne marschierten. »Das wird Seine Majestät aber goutieren. Das wichtigste Rennen des Tages, die Chancen seines Lieblingspferdes stehen nicht rosig, vielleicht vier gegen sechs, und ich platze herein und erkläre, ich will den Mann verhaften, mit dem er zusammen das Rennen verfolgt. Du bleibst hier bei Tatjana, ich werde den Ausgang der Königsloge im Auge behalten und ihn am Kragen packen, sowie er geht. Smythe meine ich, nicht den König.«

»Welches ist Chatsworth?« Auguste verrenkte sich förmlich den Hals, als die Startflagge gesenkt wurde, und vergaß für einen Moment Smythe. Schließlich hatte er Tatjanas wegen ein finanzielles Interesse an dem Entscheid..

»Das schwarze Füllen«, antwortete Tatjana.

»Da sind zwei schwarze Pferde.«

»Ja, schon. Es ist das, das gewinnt«, erklärte sie. »Das andere ist Salpeter, der nächstfolgende Favorit mit fünf gegen zwei.«

Salpeter. Das war doch wenigstens ein vernünftiger Name, sinnierte Auguste. Durfte beim Pökeln und Einsalzen von Rindfleisch nicht fehlen. Das wäre das Pferd, auf das er gesetzt hätte.

»Da, ein schwarzes Pferd ist vorn.« Das Feld hatte die Gerade erreicht, und der Rappe lag eine Körperlänge oder mehr vor seinen Rivalen.

»Hoffentlich ist es Chatsworth. Ich habe alle zwanzig Pfund auf ihn gesetzt.«

»Was hast du? So viel Geld?« Auguste war entgeistert.

»Ich weiß. Wenn ich gewinne, kann ich mir ein neues Auto leisten.«

Roderick Smythe schwand vollends aus seinem Sinn; jetzt hatte er es mit einem Notstand im eigenen Hause zu tun. Er war sprachlos.

»Ein billiges«, beschwichtigte ihn seine Frau rasch.

Die Menge grölte, als nach zweieinhalb Minuten ein schwarzes Füllen mit drei Längen Vorsprung den Zielpfosten passierte. Es war nicht Chatsworth.

»Da ist er!« schrie Tatjana plötzlich los und zeigte zum Sattelplatz.

»Wer?«

»Roderick.«

»Siehst du Egbert irgendwo?«

»Nein. Nur Bertie. Roderick ist bei ihm.«

Auguste stöhnte, schlängelte sich durch die Tribünenreihen und bahnte sich einen Weg durch die Menge. Keine Spur von Egbert, dafür blieb aber Tatjana dicht hinter ihm

»Bertie verzeiht es dir nie, wenn du ihm hier in die Quere kommst«, keuchte sie, als sie neben ihm war.

»Und Egbert wird es mir nicht verzeihen, wenn mir Smythe durch die Lappen geht.«

»Ist ja gut. Aber überlaß es besser mir«, meinte sie. »Ich darf ihn ansprechen – du mußt warten, bis du angesprochen wirst.«

Als ob es um Etiquette ging, wenn der König sich vielleicht mit einem Mörder unterhielt, dachte Auguste, fügte sich aber. Als sie den Sattelplatz erreichten, blieb er stehen und ließ Tatjana vor, damit sie als erste am Torwächter vorbeiging. Dann setzte er eine Trauermiene auf, um Mitgefühl zu heucheln, und verbeugte sich vor Seiner Majestät.

»Tut mir leid wegen Chatsworth, Bertie«, erklärte Tatjana aufrichtig.

»Ist getrabt, als ginge ihn das Rennen nichts an«, grollte Seine Majestät. »Aber ich habe ja Perchant für das Halnaker-Rennen.«

»Ich setze auf ihn«, versprach sie eifrig.

»Das wirst du nicht tun«, ging Auguste unklugerweise dazwischen.

Gott sei Dank nahm der König den Einwurf nicht weiter tragisch und witzelte nur herum. »Wenn Pferdefleisch auf den Teller kommt, mögen Sie sich ein Urteil erlauben, Didier, aber wenn's um lebendige Tiere geht, zählt der Sachverstand Ihrer Frau.«

»Jawohl, Euer Majestät.«

Befriedigt drehte sich der König um, und Auguste war erleichtert, aber nur kurz, denn Roderick war verschwunden. Dann sah er ihn, wie er sich durch die Menschenmenge schlug; man erkannte ihn gut an seinem hellen Blazer. Auguste machte sich an die Verfolgung, hoffte inbrünstig, daß auch Egbert ihm auf der Spur war und daß nicht ihm die Aufgabe zufallen würde, Smythe festzunehmen. Jetzt wogte ihm der Zuschauerstrom entgegen, der durch die Absperrungen zur Tribüne und dem Halnaker-Rennen drängte. Die Sonnenstrahlen hatten an Wärme zugenommen, sengten mit voller Kraft auf die Erde. Der Gedanke, daß er hinter einem Mörder her war, glich jetzt beinahe einer Wahnvorstellung, wurde durch den strahlenden Himmel immer weiter in die Ferne gerückt. Er sah, wie sich Smythe umdrehte und dann zu laufen anfing, hinter der Tribünenwand abtauchte und verschwand. Weiter weg hörte er jemanden rufen. Egbert lief hinten zur Wand, blies in seine Trillerpfeife, um Verstärkung von seinen Konstablern zu bekommen. Offensichtlich versuchte Smythe, hinter der Tribünenwand einen Ausgang zu erreichen.

»Haltet ihn!« gellte Egbert; wen er meinte, blieb dahingestellt.

Doch jemand hatte reagiert. Als Auguste ankam, war Smythe schon in Handschellen. Auf der Erde kroch ein Mann herum und suchte seine eben gewonnenen Goldmünzen zusammen, die er auf Egberts Hilferufe hin hatte fallen lassen. Auguste staunte nicht schlecht, als er Thomas Bailey erkannte.

Der Sachverhalt klärte sich rasch. Seine Tante wohnte in der Nähe, und er begleitete sie immer nach Goodwood. Diesmal hatte es ihm etwas eingebracht. Er hatte auf Salpeter gesetzt, und nun hatte er genug Geld, um ein neues Auto zu bauen. Das Brighton Baby interessierte ihn nicht mehr.

Tatjana war anstandshalber während des Halnaker-Rennens bei Seiner Majestät geblieben und rollte verzweifelt mit den Augen, als Auguste zurückkam und sie schon wieder auf dem Weg zum Sattelplatz waren. Auguste war der Verlauf des Rennens entgangen, so daß ihn der Ausbruch Seiner Majestät völlig unerwartet traf.

»Durchgegangen. Haben Sie das gesehen? Überhaupt keinen Stil.«

»Wir haben ihn jetzt, Euer Majestät.« Zumindest konnte er gute Nachricht überbringen.

Seine Majestät schien überrascht. »Wo?«

»Hinter der Haupttribüne.«

Seine Majestät war noch verblüffter. »Wie ist er da hingelangt?«

»Wie genau, kann ich auch nicht sagen. Wahrscheinlich durch den Tribünendurchgang.«

»An der Königsloge vorbei?« Der König war bleich vor Schreck.

»Ja.« Jetzt war Auguste perplex.

»Das hätte mich das Leben kosten können«, stieß Seine Majestät hervor. »Verdammt leichtsinnig, wie?«

»Ich glaube nicht, daß er Ihnen nach dem Leben trachtete, Euer Majestät.«

»Man kann nicht erwarten, daß ein Pferd danach fragt, ob König oder nicht«, brauste Bertie auf.

»Ein Pferd?« Auguste hatte das Gefühl, etwas mißverstanden zu haben.

»Ich habe doch gesagt, Didier, daß Esclavo durchgegangen ist, als die Sperre sich öffnete, und Perchant aus dem Tritt gebracht hat. Ging nur als vierter durchs Ziel. Tatjana hat wieder verloren«, fügte er sarkastisch hinzu. »Was glaubten Sie, wovon ich geredet habe?«

»Von einem Mörder.«

»Mörder?« Langsam verfärbte sich das Gesicht des Königs erneut.

Egbert war bereits abgefahren. Auguste und Tatjana waren ebenfalls im Begriff, es zu tun. Das hieß, erst mußte er sie finden, dachte Auguste müde, als er sich von Egbert unter dem wachsamen Auge der Polizei von Sussex verabschiedet hatte.

Er spürte seine Frau in den Gärten von Goodwood House auf, wo sie beim Tee mit einer Freundin saß. Freundin? Ein wohliges Gefühl durchlief ihn, als er erkannte, wer es war. Sie war mehr als eine Freundin, oh, viel mehr als das, oder wenigstens früher einmal gewesen. Es war Darling Maisie, seine Herzallerliebste aus den Galaxy-Tagen, jetzt die gesetzte, deshalb nicht weniger reizende Gemahlin eines Grafen, und ihnen beiden, Tatjana und ihm, eine gute Freundin. Er küßte sie überschwenglich, was Tatjana etwas spöttisch mit ansah.

»Ich dachte immer, du magst keine Pferde, Maisie.«

»Mag ich auch nicht. Aber George treibt sich hier in der Gegend herum, führt seinen Sohn und Erben in seine Pflichten als Gentleman von Stand ein – mit anderen Worten, ist hier beim Goodwood-Rennen. Kann das sein, daß ich Egbert gesehen habe?«

»Ist durchaus möglich, ja.«

»Hat er wieder einen Fall?«

»Könnte sein.«

»Komm, erzähl schon. Vielleicht kann ich sogar helfen.« Erst einmal verhalf sie sich zu einem großen Eclair. Auguste betrachtete sie zärtlich. Warum sollte er ihr nicht erzählen, worum es ging? Halb Goodwood hatte gesehen, wie man Smythe abführte.

»Man hat Roderick Smythe im Zusammenhang mit dem Mord an Hester Hart verhaftet.«

»Das kann ich nicht glauben. Es sei denn, Phyllis steckt dahinter.«

»Mir ist auch nicht wohl bei der Sache.«

»Ich würde euch gern auf andere Gedanken bringen. Ich lade euch heute abend zum Dinner ins Carlton ein.«

»Morgen. Heute muß ich nach Scotland Yard. Heute kannst du mich nur noch aufheitern, wenn du mir sagst, daß du eine Dame namens Henrietta Trotter kennst, die so um die siebzig sein müßte.«

»Trotter?« Maisie lachte. »Wußte ich doch, daß ich helfen könnte.«

»Wirklich?« Tatjana war entzückt. »Maisie, du bist ein Schatz.«

»Dann könnt ihr mich ja ins Carlton einladen. Henrietta ist allerdings schon an die acht Jahre tot. Mal was von der Nachtigall des Nordens gehört?«

»Selbstverständlich.« Auguste war verdattert. »Die hieß aber doch Alice Whitby.«

»Bühnenname, mein lieber Schwan. Sonst kannte man sie als Henrietta Trotter, war die Busenfreundin meiner Mutter, und für mich Tante Alice. Schon lange, bevor sie heiratete, strich sie den Namen Trotter aus ihrem Gedächtnis. War weder für die Bühne noch für ein Einheiraten in die unteren aristokratischen Kreise zu gebrauchen.«

»Hatte sie Kinder?«

»Dieser eingebildete Fatzke Gerald Francis ließ nicht locker; er wollte von ihr einen Sohn und Erben. Er bekam ihn, nur den einen; also heiratete er nach ihrem Tode erneut, für den Fall aller Fälle.«

»Francis?« fragten er und Tatjana wie aus einem Munde.

»Doch nicht etwa Hugh Francis?« hakte Auguste nach und wagte es kaum zu hoffen.

»Das ist der Name von dem Burschen, genau. Ihr kennt ihn wohl? Treibt es seit Jahren mit Isabel Tunstall. Sie ist eine Cousine von ihm väterlicherseits.«

»Maisie, laß dich noch einmal küssen!« Süße Erinnerungen stiegen in ihm hoch, als sie ihm schicklich die warme weiche Wange hinhielt.

Tatjana lachte.

»Hat Roderick Smythe gestanden, Egbert?«

»Nein. Arrogant bis zum letzten«, knurrte Egbert. »Mußt du immer auf meiner Schwelle erscheinen wie der verflixte Geist aus Aladins Wunderlampe?«

»Tut mir leid, aber vielleicht ist Smythe letzten Endes doch unschuldig, Egbert. Ich habe Neuigkeiten für dich.«

»Welche, die mich erheitern?«

»Darf ich noch einmal die Tagebücher sehen?«

»Also nichts, was mich erheitert.« Widerwillig zog Egbert die Bände aus dem Regal und stapelte sie vor Auguste auf, nachdem er am äußersten Ende seines Schreibtisches ein kleines Eckchen freigemacht hatte.

»Hier ist die Stelle, die ich suche. ›Eines Tages werde ich mich rächen. Ich werde die Geschichte an die große Glocke hängen, die fein säuberlich verschwiegen worden ist, werde allen erzählen, wie sie mit siebzehn mit dem Kutscher der Familie durchgebrannt ist.‹ Egbert, wie hat Hester Hart von der Geschichte erfahren? Und wer war der einzige Mensch, dem sie vertrauen konnte - oder dem sie glaubte, vertrauen zu können -, als sie England verließ?« Er machte eine dramatische Pause.

»Du willst es mir doch offensichtlich erzählen.«

»Es muß jemand gewesen sein, der Isabel nahestand, um die Geschichte aus erster Hand zu kennen. Und es muß jemand gewesen sein, der mit Hester auf so vertrautem Fuße stand, daß er mit ihr über die pikante Geschichte plauderte. Es war der Mann, der letztendlich ihr Vetter war - und Erbe - Hugh Francis.«

»Bist du dir sicher?« fragte Egbert schneidend.

»Völlig sicher. Er war der einzige Mensch, dem sie, wie sie glaubte, vertrauen konnte. Aber konnte sie es?«

»Du meinst, er war derjenige, der die Gerüchte in den Clubs in Umlauf gebracht hat?«

»Die Familie Francis war nicht sonderlich begütert und, wie mein Informant berichtet, immer in Geldnot.«

»Dann würde er doch nicht riskieren, seine wohlhabenden Verwandten gegeneinander auszuspielen«, merkte Egbert kritisch an. Auguste glaubte, Erleichterung in seiner Stimme zu hören. »Das reimt sich nicht zusammen.«

»Und wie sich das zusammenreimt. Vor fünfzehn Jahren hatte er noch keine Ahnung, daß er mit Hester verwandt war; sie ebenfalls nicht. Seine Mutter Henrietta hatte mit ihrer Schwester keinerlei Kontakt mehr, nachdem sie von zu Hause fortgelaufen und zur Bühne gegangen war. Vermutlich kam er erst nach dem Tod seiner Mutter dahinter, und die starb vor acht Jahren. Als ihm aufging, daß Sir Herbert ein begüterter Mann war und Hester sein einziges Kind, hielt er es für angebracht, die Beziehungen zu seiner kürzlich gefundenen Cousine aufzufrischen.«

»Aufzufrischen?« fragte Egbert ungeduldig.

»Wenn es fünfzehn Jahre her ist, daß er die Gerüchte verbreitete, muß er damals mit ihr gelegentlich in der Öffentlichkeit zu sehen gewesen sein. Wie hätte sonst der Dreck, mit dem er sie bewarf, haften können?«

»Zu viele Wenns, Auguste. Schaff mir Fakten ran. Handfeste, wie ich sie in Sachen Smythe habe.« Stitch kehrte müde, mit vor Überanstrengung tränenden Augen, aber triumphierend zurück. »Ich hab sie, Sir. Henrietta Trotter hat in der Kirche am Hanover Square geheiratet. Ich habe sie zuerst nicht mit unserer Henrietta in Zusammenhang gebracht. Und das hat mich, wie Sie sagen würden, auf eine interessante Fährte geführt.«

Egbert hatte einen langen, frustierenden Tag hinter sich. »Nicht, daß die Fährte zu Hugh Francis führt, Stitch?« Twitch klappte der Unterkiefer herunter. »Mr. Didier hat es mir vor einer halben Stunde eröffnet.«

Auguste schlug das Gewissen. »Mir ist lediglich das Glück hold gewesen, Inspektor Stitch, während Sie die Zusammenhänge dank harter Arbeit aufgedeckt haben. Sie haben das Beweismaterial erbracht, das Inspektor Rose seinem weiteren Vorgehen zugrunde legen wird.«

Twitch ließ sich nicht besänftigen. Er mißtraute einem Franzmann, der ihm Geschenke anbot.

12. Kapitel

»Wir waren einfach daran gewöhnt, ihn zusammen mit Lady Tunstall zu sehen, und haben nie recht Notiz von ihm genommen«, bemerkte Egbert. Er war gewissermaßen mit einem Ölzweig in Queen Anne's Gate erschienen.

»Was wirst du jetzt tun?«

Egbert zog seine Taschenuhr heraus. »Nach Hause gehen. Es ist halb zwölf. Er wird sich nicht wegrühren. Wenn er der ist, den wir suchen, kann er sich nur gratulieren, daß er sich in Sicherheit gebracht hat.«

»Wieso wenn?«

»Tut mir leid, Auguste, ich setze immer noch auf Smythe. Der eine ist genauso verdächtig wie der andere, Smythe eher stärker. Man kann ja nicht einen Mann verhaften, bloß weil er der Cousin von irgend jemand ist. Oder weil er vor fünfzehn Jahren anrüchige Geschichten verbreitet hat. Ich bin durchaus deiner Meinung, das Geld allein könnte als Tatmotiv völlig ausreichen. Vorausgesetzt er hat gewußt, daß sie verwandt waren.«

»Er muß es gewußt haben. Er hat herausgefunden, daß sie noch unverheiratet war, und folglich war er ihr Erbe – immer unter der Voraussetzung, daß sie kein anderslautendes Testament gemacht hat, und dieses Thema hätte sie mit ihm sehr wohl erörtern können. Dann erfuhr er zu seinem Entsetzen, daß sie Smythe heiraten wollte. Er mußte zuschlagen, ehe er automatisch den Erbschaftsanspruch verlor – egal ob nun ein Testament vorhanden war oder nicht. Daß sie nie dahintergekommen war, daß er zu den Mitverschworenen gehörte, die ihre Heirat mit dem Herzog hintertrieben hatten, wird ihn außerdem beruhigt haben.«

»Könnte möglich sein«, räumte Egbert widerwillig ein. »Dennoch glaube ich, vom Club kommt nur Smythe in Frage. Zudem ist er der Patensohn von Lady Bullinger.«

»Aber Francis ist der einzige, der ihr 1897 die Skandalgeschichte erzählt haben kann, wie Isabel mit dem Kutscher durchbrannte. Hester hat ihn bestimmt von früher gekannt – ich erinnere mich, daß sie ihn begrüßte, als ich sie zum ersten Mal im Clubrestaurant sah. Und dann dinierte er mit dem Herzog, woraus sich auch schließen ließe, daß er vor fünfzehn Jahren mit von der Partie war. Was hältst du davon? «

Egbert gähnte. »Ich wünschte, wir hätten die ganze Chose in Sack und Tüten und wären unterwegs nach Eastbourne.«

Auguste versuchte, den Gedanken zu verdrängen; er war zu verlockend. »An dem Abend, als Hester ermordet wurde, war er im Club; er kann das durchaus für die sich ihm bietende Gelegenheit gehalten haben. Daß Smythe zurückkommen würde, konnte er ja nicht ahnen.«

»Na endlich bist du wieder auf der richtigen Fährte. Soviel ist sicher, Smythe war dort«, bemerkte Egbert mit Genugtuung. »Ob Francis dort war, wissen wir nicht. Er gibt an, daß er in seinen Club gegangen sei, nachdem er sich von Isabel Tunstall verabschiedet hatte. An den Sachen des Täters wären doch Blutspuren gewesen. Und so hätte er nicht bei Boodles hereinspazieren können, ohne besorgte Fragen gewärtigen zu müssen.«

»Das würde auf Smythe genauso zutreffen.«

»Ich bin überzeugt, Maud und Agatha wußten von der Sache. Lady Bullinger wohnt in der Nähe, und er hätte schnurstracks zu ihr gehen können, nachdem er Hester erledigt hatte. Und vergiß nicht, daß Smythe zu dem reizenden Trio gehörte, das im Salon der Herzogin beieinandersaß, kurz bevor Luigi erstochen wurde. Es war Smythe, Auguste, Smythe und kein anderer.«

»Unsere Vermutungen halten sich die Waage, Egbert, drei Schöpfkellen Eierkuchenteig in einer Schüssel und drei in einer anderen, aber aus welcher wurden die *crêpes* gebacken?«

Egbert musterte ihn von unten nach oben. »Wenn ich nach Richmond auf Hasenjagd muß, kommst du mit. Aber erst morgen.« In Highbury wollte Edith aufbleiben und mit heißem Kakao auf ihn warten; der würde inzwischen klümperig sein. Trotzdem, in einer Julinacht wie dieser konnte selbst so ein elendes Getränk zu einer Feinschmeckerdelikatesse werden.

Er haßte den Augenblick, wenn Theorie Realität wurde, wenn der Amateur zum berufsmäßigen Kriminalisten avancierte. Egbert wußte das; deshalb wollte Auguste sich keine Blöße geben und war bereit, die Reise nach Richmond auf sich zu nehmen, obwohl das bedeutete, in eine der drei Benzindroschken zu steigen, die es bislang in London gab. Den Elektrodroschken widerstrebte es, ähnlich wie Auguste, so weit zu fahren; die Inspiration, die im Dolly Dobbs steckte, fehlte ihnen gänzlich. Im Vergleich zu den Motorkutschen gewann der Bolée plötzlich neue Reize. Es war ein schöner sonniger Tag, und Auguste hatte Mühe, das Verlangen zu zügeln, jetzt mit Tatjana auf den Treidelpfaden zu wandern oder von einem flachen Kahn aus an der Richmond-Brücke zu angeln oder die Aussicht von Richmond Hill zu genießen, wenn nicht gar die exzellenten Gerichte zu probieren, die auf der Speisekarte des Hotels »Zum Hosenbandorden« standen. Kurzum, alles wäre Auguste lieber gewesen als einen mutmaßlichen Mörder aufzusuchen, einen eventuellen Mörder, um bei Egberts Ansichten zu bleiben.

»Mr. Francis ist nicht daheim.« Ein junger, hochnäsiger Butler der neuen Schule hatte ihnen geöffnet, nachdem sie den altmodischen Klingelzug betätigt hatten.

»Kriminalinspektion Scotland Yard«, und damit trat Egbert ins Haus. »Ich werde warten.«

Das Besucherzimmer in Winter House ließ wenig von der Persönlichkeit des Besitzers erkennen. Falls er eine hat, dachte Auguste. Hugh hatte ihm nie zugesagt. Unendlich viele Füchse, die von unendlich vielen Hunden und Pferden gejagt wurden, ein Regal mit den Fuchsjagd-Romanen von Richard Surtee und der Rennkalender sowie ein Stilleben in Öl, auf dem so etwas wie ein halb verspeister Hirsch zu erkennen war. Augustes Geschmack entsprach das nicht.

Zu ihrer Überraschung erschien fünf Minuten später nicht Hugh Francis, sondern Isabel, Lady Tunstall, angetan mit einem mit Spitze besetzten Morgenkleid. Man hatte sie offensichtlich vom Frühstück geholt. Isabel hielt Angriff für die beste Verteidigung und erklärte auch gar nicht erst, warum sie sich um zehn Uhr an einem Samstagmorgen im Hause eines Junggesellen aufhielt.

»Ich muß schon sagen, Inspektor, etwas später wäre schicklicher gewesen.«

»Ich hatte nach Mr. Francis gefragt, Lady Tunstall; ihn hatte ich sprechen wollen – zunächst einmal.«

»Mr. Francis? Was soll Hugh denn mit Hester Hart zu tun haben? Sie wollen doch in dieser Angelegenheit zu ihm, nehme ich an.«

»Wissen Sie, daß er mit ihr verwandt war?«

Einen Augenblick lang zeichnete sich ein echtes Gefühl auf Isabels Gesicht ab: Überraschung; sofort faßte sie sich, und die kühle Höflichkeitsmaske erschien wieder. »Ich vermute, Ihre Notizen sind Ihnen durcheinandergeraten, Inspektor. Ich bin mit Mr. Francis verwandt. Er ist mein Cousin, und ich kann Ihnen versichern, mit Hester Hart war ich nicht verwandt.«

»Mr. Francis ist Miss Harts Cousin mütterlicherseits.«

Leichter Zweifel huschte über ihr Gesicht. »Ach ja, ich bin mit ihm väterlicherseits verwandt. Wie eng soll der Verwandtschaftsgrad gewesen sein?«

»Sie war seine Cousine zweiten Grades, die Abstammungslinie läuft über ihre Großtante.«

»Ich bin ganz sicher, Hugh hat nicht die geringste Ahnung davon, und ich bin überzeugt, daß Sie sich irren. Hester Hart war die Tochter eines Knopffabrikanten, und Hugh kann unmöglich mit Händlern verwandt sein. Er stammt aus einer Offiziersfamilie, die auf eine jahrhundertelange Armeetradition zurückblickt.«

»Die Mutter von Mr. Francis war Schauspielerin im heiteren Fach.«

»Glauben Sie mir, Sie irren sich«, entgegnete sie mit Nachdruck.

»Wie erklären Sie sich Hester Harts Tagebucheintragung von 1897, die auf Sie Bezug nimmt?« fuhr Egbert unbeirrt, aber in ruhigem Ton fort.

»Worum geht es darin?« erkundigte sie sich zurückhaltend. »Ich nehme an, Sie meinen das Gezeter der guten Hester darüber, daß sie vom Dinner in Marlborough House ausgeschlossen blieb. Das ist alles wahnsinnig übertrieben. Die Frau war nicht ganz bei sich, soweit es ihre absurden gesellschaftlichen Ansprüche betraf.«

»Nein. Ich dachte an die Geschichte, wie Sie mit dem Kutscher auf und davon gingen.«

Isabel versuchte, es mit einem Lacher abzutun. »Die gute Hester. Hatte ein Übermaß an Phantasie.«

»Wer sonst hätte Hester Hart davon erzählen können, wenn nicht Mr. Francis?«

In Isabels Gesichtszügen stritten sich einander widersprechende Gefühle. Ihr blieb es erspart, die Frage zu beantworten. Auguste blickte zufällig durchs Fenster und sah ein wohlbekanntes Automobil, das schneller als mit den statthaften dreißig Kilometern pro Stunde davonbrauste. Es war der Rover von Hugh Francis, und der Eigentümer fuhr nicht etwa auf seine Besitzung, sondern geradewegs in die Stadt.

»Da ist er«, rief Auguste. Auch Egbert sprang auf und eilte ans Fenster.

»Ich dachte, Mr. Francis sei längst fort«, sagte Isabel kleinlaut und gab ihnen dann geradezu übereifrig Auskunft: »Er fährt entweder in seinen Club, dem Plum's, oder ins Gwynne's Hotel. Sie kennen doch beide?«

Und ob Auguste die kannte!

Es mußte angenehmere Arten zu reisen geben als mit einem Motorwagen bei voller Geschwindigkeit. Auguste war froh, daß er in dem gedeckten Kutschkasten für Fahrgäste saß und nicht wie der Fahrer oben auf dem Bock. Heiß war es ja hier drinnen, aber wenigstens setzten sich die Staubwolken, die ihr schnelles Gefährt aufwirbelte, nicht auf ihrer Kleidung ab. Wie der Fahrer trotz seiner Schutzbrille überhaupt etwas sehen konnte, blieb Auguste ein Rätsel. Als sie über die Brücke in Kew rumpelten, malte er sich mit Schrecken aus, daß sie gar nicht sicher sein konnten, ob der Fahrer noch da war. Bei einem Pferdekabriolett sah man doch wenigstens, daß sich die Zügel von Zeit zu Zeit bewegten, und das vermittelte das tröstliche Gefühl, daß hinter einem noch ein Mensch saß, der auf die Sicherheit seiner Passagiere bedacht war. In diesem monströsen Ding aber tröstete einen nichts. Hier kam es einem vor, als befände man sich auf geradem Weg in die Hölle. Man ratterte in einer Maschine dahin, über die man keinerlei Gewalt hatte, die dazu von einem Wahnsinnigen gesteuert wurde, der die Reisenden längst ihrem Schicksal überlassen hatte. Nur eine wacklige Tür trennte sie von ihrem Untergang.

Egberts Bemerkung brachte ihn wieder in die Wirklichkeit zurück: »Da sehnt man sich richtig nach Eastbourne, was?«

Sofort glaubte Auguste, eine frische Brise von der See zu spüren, die alle vier nächste Woche im Hydro-Hotel genießen würden - oder wollten, denn unwillkürlich mußte er daran denken, daß bis dahin noch viel Wasser die Themse hinabfließen würde.

Die Motordroschke, die dankenswerterweise noch immer von einem Fahrer gelenkt wurde, bremste vor Plum's Herrenklub am St. James's Square. Der Türhüter wartete, bis sich der Staub gelegt hatte, ehe er heranschritt, um den Wagenschlag zu öffnen. Als er Auguste erkannte, der dort mehrere Jahre hindurch Koch gewesen war, hätte er die Tür beinahe wieder zugeschlagen, erinnerte sich aber, daß Mr. Didier nun mit dem Königshaus verbunden und daher fast würdig war, Plum's Club zu betreten.

Egbert hatte keinerlei Hemmungen, die geheiligten Pforten zu durchschreiten, und lief ohne weiteres hinein. Hugh Francis' Rover war nirgends zu sehen, und nachdem er den Portier befragt hatte, eilte er zur Droschke zurück. »Zu Gwynne's Hotel«, rief er dem Fahrer zu, »und warten Sie dort.«

Den Fahrer stimmte das keineswegs fröhlich. Die Fahrt dauerte schon viel länger, als er gerechnet hatte, und die Beamten von Scotland Yard waren knausrig mit dem Trinkgeld, wie man allgemein wußte.

Auch in der Jermyn Street vor Gwynne's Hotel war vom Rover nichts zu sehen. Diesmal ließ es sich Auguste nicht nehmen, mit hineinzugehen. Ein Schwätzchen mit Emma Pryde, Gwynne's fülliger Besitzerin, war immer ein Vergnügen. Anders als

Maisie hatte es Emma, seine verflossene Liebste, mit ihren persönlichen Eigenheiten nicht vermocht, Tatjanas Zuneigung zu gewinnen, worauf Emma sogar stolz war.

»Ich vermute, mein gurrender Täuberich«, teilte sie Auguste in alter Herzlichkeit mit, als er ohne Umstände in ihr Kontor hereinplatzte, »er hat dich kommen sehen. Denn mit einem Mal hatte er es sehr eilig, auf meine Gesellschaft zu verzichten, und das ist, wie du weißt, ungewöhnlich.«

»Wo wollte er hin, Emma?«

»Ah ja, weißt du, mein Beruf verlangt Verschwiegenheit und verbietet mir, solche Auskünfte zu geben.«

Welcher Beruf, war er versucht zu fragen. Es war allgemein bekannt, daß Emma einer ganzen Schar junger und auch weniger junger Männer zugetan war. Aber er biß sich auf die Lippen. Emmas temperamentvolle Reaktion war nicht vorhersehbar, und war sie erst einmal aufgebracht, ließ sich die Gute so leicht nicht beruhigen.

»Emma, es geht um einen Mordfall.«

»Darum geht's bei dir immer, alter Knabe. Aber ich sehe, du hast nicht vor zu bleiben. Also sag ich's dir. Zu der Tür da ist er raus, hatte dort sein Mobil abgestellt.«

Auguste rannte hinaus auf den Hinterhof des Hotels und sah gerade noch, wie Hugh Francis in die York Street einbog. Er machte kehrt und hastete durchs Vestibül auf die Straße – sehr zum Mißvergnügen etlicher älterer Herren und eines Hundes, die er in ihrer gemächlichen Runde aufstörte. Egbert hatte den Rover bereits erspäht, klopfte gegen die Scheibe und bedeutete dem Fahrer, dem Wagen zu folgen. Der hatte den Motor schon angeworfen und fuhr gerade an, um die Verfolgung aufzunehmen. Im letzten Moment sprang Auguste aufs Trittbrett und ließ sich keuchend auf den Sitz fallen. Es war eindeutig, man brachte Opfer im Dienste der Gastronomie. Ein flotter Spaziergang jeden Morgen zur Landzunge und dem Leuchtturm und ein Türkisches Bad in den therapeutischen Einrichtungen des Seehotels würden seiner Beweglichkeit zugute kommen.

Der Verkehr auf dem Piccadilly war dicht am Samstagvormittag. Das Gedränge um die Eros-Statue erweckte den Eindruck, als habe ganz London sich vorgenommen, den Tag festgekeilt auf dem Platz zu verbringen. Pferdewagen, Pferdeomnibusse, Motoromnibusse, Automobile schoben sich durcheinander und machten Egbert rasend vor Ungeduld. Als sie endlich Piccadilly Circus erreichten, sahen sie den Rover in die Regent Street in Richtung Regent Circus verschwinden. Wieder vergingen qualvolle Sekunden, bis sie alle Hindernisse, menschliche sowie mechanische, umfahren hatten und erneut in die Spur gehen konnten.

»Paß auf!«, schrie Egbert, und Auguste saß mit schreckgeweiteten Augen da, als sie um Haaresbreite eine alte Dame mit Kiepenhut vom Leben zum Tode befördert hätten. Die Alte war so darauf bedacht, Lavendelsträußchen zu verkaufen, daß der Straßenverkehr für sie nicht existierte. Ob der Fahrer überhaupt jemanden sehen konnte, wenn er so hoch oben und hinten saß?

Auguste meinte, er würde mehr als Kamille brauchen, um seine Nerven nach diesem Schreck zu beruhigen. Einen Vorteil hatte der Fahrer in seiner Position wenigstens. Er konnte den Rover besser im Blick behalten als sie, wie sich zeigte. Unerwartet fuhr er nach links in die Vigo Street, und Auguste flog in Egberts Arme. Kaum hatte er sich aufgerichtet, warf es sie wieder zusammen, denn der Rover bog unvermittelt in die Sackville Street ein.

»Ich hab das Gefühl, er merkt, daß wir ihm auf den Fersen sind. Der will mit uns Ringelreihen spielen, immer rund um Piccadilly Circus, und hofft, uns so abzuschütteln.«

»Nein, macht er nicht. Er fährt nach rechts«, rief Auguste. »Er will am Green Park entlang.«

»Oder zurück zu deiner alten Freundin ins Gwynne's Hotel. Ich würde Emma Pryde zutrauen, daß sie ihn in ihrem Bett versteckt.«

Auch Auguste hätte das nicht gewundert, doch er konnte den Gedanken nicht weiter ausspinnen. Ein Motoromnibus bremste vor ihnen, und die schreckliche Ungewißheit, ob ihr Kutscher das auch sah, verschlug ihm vorübergehend die Sprache. Ihnen blieb nur, gebannt auf die Rückwand des mächtigen Fahrzeugs zu starren. Warum hatte man bloß die nützliche Einrichtung abgeschafft, daß vor jedem motorisierten Vehikel ein Mann mit einer roten Flagge herlief!

Als sie dann elegant den Bus umschifft hatten und gerade noch einem breiten, von Pferden gezogenen Lieferwagen der Firma Silver Ray's Rum ausweichen konnten, war der Rover schon weit voraus, aber noch zu sehen.

»Komme mir bald wie General Custer vor, der den Indianern nachsetzt«, grummelte Egbert.

Auguste malte sich eher aus, wie der amerikanische Held in Tod und Verderben ritt, denn der Rover schoß nach rechts in die Park Lane, und ihr eigener Wagenlenker, der allmählich Geschmack an der Sache fand, nahm einem großen Daimler glatt die Vorfahrt. Auf der Höhe von Dorchester House näherten sie sich dem Rover, aber alle Hoffnungen, ihn in der ziemlich verkehrsfreien Park Lane zu stellen, wurden zunichte. Vor ihnen marschierte, aus der Mount Street kommend, eine Gruppe selbstmörderischer Gestalten quer über die Straße. Der Verkehr auf der anderen Seite kam urplötzlich zum Stehen. Der Rover konnte gerade noch einen Schlenker nach links machen um zwei menschliche Lemminge herum, die den Trupp anführten. Entsetzt sah Auguste erstens, daß die Leute Plakate trugen, zweitens, daß ihnen eine Schwadron berittener Mitstreiter folgte, und drittens, daß sich alle aufstellten und eine undurchdringliche Barrikade quer über die Park Lane bildeten und ihre Transparente hochhielten.

Der Contra-Automobil-Pro-Pferd-Verein demonstrierte für sein Anliegen. Warum machten die das ausgerechnet unmittelbar vor ihrer Droschke? Egbert schrie vor Wut auf. Hugh Francis waren ihnen mit seinem Rover entkommen.

»Guten Morgen, Auguste«, begrüßte ihn Hortensia in bester Laune.

Am Samstagabend sah die Küche in Milton House schon einigermaßen traurig aus, als ob sie spührte, daß man sie einen Monat lang nicht benutzen würde. Ganze vier Wochen würden aus ihr keine Düfte aufsteigen, abgesehen vom Geruch des Insektenpulvers und des Terpentinöls. Die Wärme würde fort sein, die Geschäftigkeit, der vor sich hin köchelnde Topf mit der Fleischbrühe und der aus dem Backofen strömende Duft der Pasteten. Heute abend wurde das letzte Dinner der Saison aufgetragen. Danach würde das Personal verschwinden, und wenn die Küche gesäubert und aufgeräumt war, würden Auguste und Pierre die Türen abschließen und selbst für einen Monat abreisen. Wie Antonius zu Cleopatra rief Auguste aus: »Auf denn, noch einmal eine wilde Nacht, Pierre«, als ihm die Speisenfolge für den Abend gereicht wurde.

»Monsieur?« Pierre sah ihn verständnislos an.

»Heute geben wir das letzte Dinner der Saison, zugleich besteht der Club ein Jahr. Servieren wir ein Dinner, das unvergeßlich bleibt.«

Pierres höfliches »Ja, Monsieur« ließ vermuten, daß seiner Meinung nach alle seine Dinner unvergeßlich waren.

»Werden Sie den ganzen Monat über verreisen, Pierre?«

»Ja, ich fahre nach Frankreich, will meine Eltern besuchen. Ich habe dafür gespart. Zwei Jahre bin ich schon nicht mehr zu Hause gewesen. Und ich muß ihnen berichten, daß Miss Hart tot ist.«

Warum mußte man ihn sogar hier an das erinnern, was noch zu klären war, ehe er in Urlaub gehen konnte, dachte Auguste verärgert und mühte sich, es zu verdrängen. Egbert würde viel besser als er herausbekommen, ob Roderick Smythe der Mörder war oder Hugh Francis.

Kochen hatte etwas Besänftigendes an sich; das Chaos im Hirn ordnete sich. Selbst die niedrigsten Tätigkeiten wie Saubermachen, Gemüse putzen und Zutaten zusammensuchen beruhigten das Gemüt. Mitunter übernahm er das Würfeln und Schnitzeln lieber selbst und ließ es nicht den Gemüsekoch machen, einfach um dabei das Gespür für das Gericht zu bekommen, das daraus entstehen sollte. Mit der Hand ins Mehl zu fassen und Teig zu kneten, empfand er als Wohltat. Wenn man nicht diese einfachen grundlegenden Arbeiten erledigte, wie sollte man dann die Früchte seiner Schöpfung genießen können, den Gipfel der Kunst erklimmen? Wenn man das Hirn sich selbst überließ, arbeitete es im Hintergrund weiter, es war ein Diener par excellence, der gelegentlich an die Tür klopfte und eine höchst unerwartete Botschaft brachte. Vielleicht beschäftigte sich sein eigenes Hirn gerade jetzt mit der Frage Smythe oder Francis und würde die eine entscheidende Zutat liefern, die dem Rezept das I-Tüpfelchen aufsetzte.

Er begann, die Himbeeren durch einen Durchschlag zu pressen; ein Püree für eine Weinschaumcreme sollte daraus werden. Herrlich diese kräftige Farbe, Erdbeeren waren blaß dagegen. Auf dem Markt hatte er weiße Himbeeren gesehen – geradezu absonderlich sahen die aus wie ... wie ... das Tagebuch von 1897. Rührte sich in seinem Hinterkopf schon etwas, fragte er sich und geriet in Erregung. Er arbeitete ruhig weiter. Und da, als die *mousse* fertig war ...

»Pierre!«

Pierre ließ den Hummer liegen und eilte herbei, mußte er doch fürchten, daß zumindest eine Schabe entdeckt worden sei, die sich an Küchenabfällen gütlich tat.

»Pierre«, sagte Auguste erregt, »die Tagebücher. Wir haben die Privataufzeichnungen gelesen, die Miss Hart in jungen Jahren gemacht hat, und auch die Tagebücher, die Sie dem Verlag übergeben haben; aber die sind im Stil so völlig anders, als ob sie eigens für die Veröffentlichung geschrieben wurden.«

»Ich glaube, das ist auch so.«

»Für 1897, dem Jahr des Regierungsjubiläums der Königin, gibt es zwei Tagebücher, eins mit ihren privaten Notizen und Gedanken und ein zweites, kürzeres über eine Reise nach Ägypten. Ist das nicht sonderbar?«

Pierre überlegte. »Ja. Das ist das Jahr, bevor ich ihr zum ersten Mal begegnete. Aber ich kann mir nicht erklären, warum es für das Jahr zwei Tagebücher gibt, und auch nicht, warum sie so unterschiedlich im Stil sind.« Sein Interesse an den Tagebüchern erlahmte, vor allem wollte er zu seinem Hummer zurück.

»Warum mag Miss Hart plötzlich eigens für 1897 ein privates Tagebuch geschrieben haben?«

»Weil Miss Hart gerade über das Jahr so sehr erbittert war. Sie sprach oft von dem schrecklichen Jahr siebenundneunzig.«

Das schreckliche Jahr siebenundneunzig. Auguste ließ sein Hirn wieder arbeiten und komponierte derweil die Salattunke. Vordergründig befaßte er sich mit der Frage, ob er Anchovis in das Dressing tun sollte, im Hinterkopf versuchte er, das Problem Roderick Smythe und Hugh Francis zu lösen. Handelte es sich um ein *crime passionnel* oder um einen vorsätzlich begangenen Mord, zu dem der Täter sein Werkzeug mit Bedacht gewählt hatte?

Als Auguste endlich Queen Anne's Gate betrat, war Tatjana schon für das Dinner gekleidet und lief ihm besorgt entgegen.

»Ich sehe, du bist voller Ungeduld, *ma mie*. Kannst kaum erwarten, meinen Hummer à la Didier zu probieren?«

Sie versuchte zu lachen. »Unsere Ferientage kann ich kaum erwarten und die Gelegenheit, mich von diesem gräßlichen Monat zu erholen. Wenigstens hat Egbert jetzt Roderick verhaftet, und damit könnte die Sache bald ein Ende haben, wenn auch ein Ende, das mir nicht gefällt. Dann können wir endlich fahren!«

»Es ist nicht gesagt, daß es Roderick war, Tatjana.«

»Nicht Roderick? Wer dann?« Tatjana war ganz aufgeregt. »Oh, Auguste, doch nicht etwa Agatha?«

»Nein, Hugh Francis.«

Sie sah ihn mit großen Augen an. »Warum sollte ausgerechnet er Hester Hart umbringen wollen? Um Isabels guten Ruf zu retten?«

Augustes Hirn schlug ein Glöckchen an, aber er war zu abgespannt, um darauf zu reagieren. Also berichtete er Tatjana, wie und warum Hugh Francis ins Bild gerückt war.

»Ist Egbert überzeugt, daß Hugh der Schuldige ist?«

»Nein, aber er gibt die Personenbeschreibung an alle Häfen an der Kanalküste – nur um sicherzugehen. Ansonsten glaubt er immer noch, daß es Roderick war, und ich eigentlich auch. Wenn ich nur all die Teile dieses Puzzles ordnen könnte, dann wüßte ich, wer es war, aber ich schaffe es nicht.«

»Vielleicht wird dich Ediths neuer Hut inspirieren.«

»Wie das?« fragte Auguste verdutzt.

»Heute abend im Club zu speisen, findet sie richtig aufregend – und zur Feier des Tages hat sie sich einen neuen Hut gekauft.«

»Hoffentlich kann unser Menü überhaupt mit Ediths neuem Hut mithalten.«

»Wenn nicht, dann essen wir eben den Hut. Wie ich hörte, sind viele Kirschen und eine Erdbeere drauf.«

»Da ist Hummer à la Edith gewiß das Richtige heute.«

»Du hast das Gericht nach ihr benannt? Das ist aber nett von dir, Auguste.«

»Es ist sogar mit ihrem geliebten Korallenpfeffer gewürzt, den sie ebenso mag wie Mrs. Marshall.« Auf Augustes Liste seiner Schreckgespenste stand Mrs. Marshall gleich hinter Alex Soyer.

»Hast du zufällig Harold Dobbs im Club gesehen?«

»Nein.«

Sie seufzte. »Ich habe ihn energisch aufgefordert, das Fahrzeugwrack abzuholen, noch bevor wir für die Sommerpause schließen. Von Egbert habe ich mir extra die Zustimmung geholt. Früher war der Dolly Harolds ein und alles, jetzt ist er ihm gleichgültig. Na, eben das Kind im Mann.«

Charlie Jolly zwinkerte Edith vertraulich zu, während er die Gäste gesetzten Schrittes an Augustes Lieblingstisch in der Nähe der Küche geleitete, der jetzt für vier gedeckt war. Das machte sie sicher, denn sein freundlicher Wink bestätigte ihr, daß alle diese Herzoginnen und Gräfinnen auch nur gewöhnliche Menschen waren, die Hühneraugen wie sie und jeder andere hatten. Man denke, der neue Hut wurde ihr gestern von Miss Peabody, der Putzmacherin der gehobenen Stände, persönlich ins Haus geliefert. Allen, die hier versammelt waren, fühlte sie sich ebenbürtig.

»Was hat sich inzwischen ergeben, Egbert?« flüsterte Auguste, sobald sich alle gesetzt und Tatjana das Thema Hut aufgegriffen hatte. Nicht um Ediths Hut ging es, den hatte sie bereits gebührend bewundert, sondern um den Hut des Clubs. Man war zu einem Kompromiß gekommen. Eine Schottenmütze sollte es für den Sommer sein und ein Dreispitz für den Winter, jeweils mit einem Steuerrad als Ornament. »Bis die Mode sich ändert«, fügte Tatjana bekümmert hinzu.

»Francis haben wir noch nicht, aber die Polizei von Kent überwacht Martyr House und Lady Tunstall. Er könnte sich in die Grafschaft Kent verzogen haben, um dort eine Weile unterzutauchen und sich dann heimlich, still und leise ins Ausland abzusetzen. Er wird nicht wissen, daß sie ihm gar nicht mehr so gewogen ist. Vielleicht muß ich morgen selber runterfahren, wenn wir bis dahin nicht weiter sind. Smythe will sich auf die Habeas-Corpus-Akte berufen.«

»Morgen?« Tatjana hatte mit ihrem feinen Gehör das Wort vernommen und war entgeistert. »Aber wir wollen morgen doch alle nach Eastbourne.«

Edith schwieg.

»Wenn alles gutgeht, kann ich Montag nachkommen«, warf Egbert ein und blickte sich um. »Der ganze Saal hier ist voller verdächtiger Personen, Tatjana. Soll ich noch ein paar festnehmen, um über die Runden zu kommen, bis wir von Eastbourne zurück sind?«

»Eine großartige Idee«, stimmte ihm Auguste ernsthaft zu. »Aber vielleicht kannst du damit noch warten und probierst erst einmal den Hummer à la Edith.«

Edith wurde rot. »Hummer à la Edith, Auguste?«

»Dir zu Ehren.«

»Oh.« Edith errötete noch mehr. »Das ist aber wirklich reizend von dir«, brachte sie freudig überrascht hervor.

Maud Bullinger, Agatha und Phyllis speisten zusammen, erörterten ernsthaft die schreckliche, Roderick betreffende Nachricht, aber auch das köstliche Gerücht, daß Isabel sich von Hugh getrennt hatte; der habe daraufhin versucht, sich umzubringen, indem er mit über dreißig Stundenkilometern die Park Lane entlanggerast sei. Daß Inspektor Rose so in ihrer Nähe an einem Tisch saß, paßte ihnen wenig. Gesetzeshüter gehörten bestenfalls an den Straßenrand und hatten sich ehrerbietig zu verbeugen, wenn der Hochadel vorbeifuhr. Noch weniger erbaut waren sie, daß der Inspektor aufstand und ausgerechnet an ihren Tisch kam.

»Selbst wenn Sie mit unserer guten Tatjana speisen, sollten Sie bedenken, daß wir uns hier in einem privaten Restaurant befinden!« Agatha war empört über das schlechte Benehmen; auch für die arbeitenden Klassen hatten Verhaltensnormen zu gelten.

»Ich habe nicht nur nette Gesellschaft, sondern ich hatte sogar einen vorzüglichen Hummer. Ich darf doch annehmen, daß er Ihnen auch zugesagt hat.«

Hummer stand nicht obenan auf ihrer Liste der Themen, die sie zu besprechen gedachten.

»Ich suche Mr. Francis. Hat jemand von Ihnen eine Idee, wo er sich aufhalten könnte?«

»Ich weiß nur, wo mein armer, lieber Roderick ist«, teilte ihm Phyllis mit und quetschte eine Träne hervor.

»Woher sollen wir das wissen, Inspektor?« schnauzte Maud.

»Sie fragen besser Lady Tunstall, Inspektor«, entgegnete Agatha eiskalt.

»Wäre Ihnen zehn Uhr Montag früh recht?« parierte Egbert. »Ich werde mir erlauben, bei Ihnen zu Hause vorzusprechen, um zu erfahren, was Ihnen zu Mr. Francis einfällt. Oder hätten Sie das Gespräch lieber in Scotland Yard?«

Aus Ihrem Schweigen war zu entnehmen, daß sie letzteres nicht wünschten. Nur Phyllis wandte ein: »Aber wir sind doch am Ende der Season, Inspektor.«

»Das ist ja köstlich, Auguste.« Edith war schon beim Dessert, als Egbert an den Tisch zurückkam. »Ob ich das auch zubereiten könnte, was meinst du?«

»Ganz einfach ist es nicht«, sagte Auguste diplomatisch. »Man beginnt mit einem Soufflé, das ...«

»Oh, dann ist es nicht weiter schwierig.« Edith strahlte. Sie hatte zwei Gläser Rotwein getrunken, sie freute sich auf den Urlaub, sie war erst sechsundfünfzig und saß nicht nur mit denen zusammen, die ihr die liebsten waren, sondern auch mit Herzoginnen und anderen Ladies, ganz zu schweigen davon, daß Tatjana sogar eine Prinzessin war. Ihr neuer Hut freute sie über die Maßen und noch mehr die Aussicht, bald damit in Eastbourne zu promenieren.

»Noch ein wenig Wein, Edith?« erkundigte sich Auguste und wollte ihr nur den Fingerhut voll einschenken, den er gerade noch für vertretbar hielt.

»O ja! Ein Krug voll Wein und ein Laib Brot, und du singend in der Wildnis neben mir«, rezitierte Edith schwungvoll.

»Edith, du kannst doch unmöglich einen ganzen Krug austrinken«, rief Egbert entsetzt.

»Die ›Rubáiyát‹«, klärte ihn Auguste auf. »Das ist eine der bekanntesten Stellen daraus.« In seinem Gehirn meldete sich noch ein Glöckchen, dessen Läuten er nicht nachging, denn plötzlich erschien Leo in der Küchentür.

Miss Dazey, die mit einer Schulfreundin speiste, der sie ihr Herz voll unerwiderter Liebe ausschüttete, strahlte vor Glück und stürzte auf ihn zu. »Suchst du mich, Leo? Ich wollte gerade los und sehen, wo du steckst.«

»Nein. Ich muß mit Mrs. Didier sprechen«, sagte Leo kratzbürstig und wurde ganz rot, weil ihn so viele ansahen.

»Oh. Ich muß dich aber etwas furchtbar Wichtiges fragen.«

Ihn packte die Angst – nicht, daß das ein Schaltjahr war, in dem sie den Heiratsantrag machen konnte! »Ich habe Mrs. Didier etwas auszurichten, Daisy.«

Ohne sich bewußt zu sein, was er gesagt hatte, ging er zu Tatjana hinüber. Er ließ ein irrsinnig glückliches Mädchen stehen. Er hatte sie Daisy genannt! Selbst als er sie damals geküßt hatte, war es bei »Miss Dazey, Madam« geblieben.

»Mrs. Didier, Mr. Dobbs ist hier.« Mit diesen Worten entledigte er sich des Auftrags, den ihm Fred gegeben hatte.

»Was, jetzt? Es ist zehn Uhr.«

»Er sagt, er will den Motorwagen abholen.«

Tatjana seufzte und war froh, daß Augustes Schöpfungen wenigstens nicht soviel Scherereien machten wie der Dolly Dobbs. Sie entschuldigte sich und ging mit Leo zur Remise.

Einer plötzlichen Eingebung folgend, erhob sich auch Auguste und eilte ihnen hinterher.

Vor der Wagenhalle fand er einen schlecht gelaunten Fred vor, Harold Dobbs und zu seinem nicht geringen Erstaunen auch Thomas Bailey, der offenbar überall auftauchte. Tatjana war nicht minder überrascht.

»Thomas und ich haben höchst interessante Dinge diskutiert«, verkündete Harold. »Da sehen Sie's, Mrs. Didier, Techniker und Erfinder sind über kleine Unstimmigkeiten erhaben.«

»Wie über Patente zum Beispiel«, bemerkte Auguste.

»Der Dolly Dobbs existiert nicht mehr und das Brighton Baby auch nicht. Thomas und ich sind jedoch auf eine hervorragende Idee gekommen!«

Thomas blickte ganz bieder drein, gern hätte er Harolds überschäumenden Eifer etwas gebremst.

»Wir haben gemeinsam ein neues Patent angemeldet, daher können wir es Ihnen jetzt mitteilen, Mrs. Didier. Natürlich werden wir Ihnen den Ehrenvorzug einräumen, die ersten Probefahrten mit dem Neuling zu machen.«

»Wieder ein Gefährt mit Windkraftantrieb?« fragte Tatjana zaghaft.

»Windkraft?« Mit großer Geste wies Harold diese kleine Verirrung von sich. »Nein, nein. Wir gehen jetzt ran wie Dädalus und Ikarus.«

»Wie bitte? Ich verstehe nicht.«

»Wollen Sie einen Motorwagen bauen, der mit Schwingen von Wachs fliegen soll?« fragte Auguste und freute sich über seinen Einfall.

»Nein, so nicht. Wir werden wie Phöbus sein.«

»Wir sind auf dem besten Wege, die Energie der Sonne zu bändigen«, erläuterte nun Thomas. »Wir nennen es Sonnenkraft. Alles, was wir brauchen, ist ein riesengroßes, kreisförmiges Metallteil, um die Sonnenstrahlen aufzufangen, und einen Wassertank, um Dampf oder Gas zu erzeugen und damit dann Elektrizität.« Er strahlte übers ganze Gesicht.

»Klingt prächtig«, äußerte sich Tatjana schwach.

Als Harold und Thomas anfingen, ein Abschleppseil am Vorderrahmen des Dolly Dobbs zu befestigen, sah Miss Dazey, die sich im Rücken der Gruppe herangeschlichen hatte, ihre Gelegenheit gekommen. Sie zog Leo am Ärmel. »Was machst du im August, Leo?«

»Keine Ahnung.« Hilfe suchend blickte er sich um, aber da war niemand, der ihm hätte beistehen können. Mr. und Mrs. Didier waren in der Wagenhalle mit diesen beiden bescheuerten Erfindern. Die hatten ja keine blasse Ahnung, wie man ein Automobil baute. Er hingegen – er riß sich von solchen Tagträumen los.

»Ich aber weiß was. Meine Eltern stellen dich als Kraftwagenfahrer und Mechaniker ein. Du fährst sie nach Deauville, bleibst dort, und fährst sie später zurück. Ich komme auch dahin«, ließ sie ganz nebenbei fallen. »Was sagst du nun?«

Zunächst sagte er überhaupt nichts. Er war einfach sprachlos.

»Du mußt mich nicht einmal küssen, wenn du nicht magst«, redete sie fröhlich daher. »Schön wäre es natürlich ab und an.«

Leo fand seine Stimme wieder. »Wie jetzt zum Beispiel?« Er führte sie aus dem Blickfeld seiner Herrschaft und entwickelte auf einem Gebiet, das noch erfreulicher war, als Autos zu reparieren, großes mechanisches und künstlerisches Geschick.

Sie waren alle gegangen. Tatjana besprach noch mit dem Portier letzte Kleinigkeiten. Egbert und Edith hatten sich nach Higbury begeben. Eigentlich widerstrebte es Auguste, noch einmal in die Küche zu schauen; er hatte den Räumen und Dingen dort schon vor dem Dinner Lebewohl gesagt. Die hatten jetzt keine Seele mehr. Die Küche würde eine leere Hülle bleiben, bis ihr im September neues Leben eingehaucht wurde. Dennoch merkte er, daß es ihn sozusagen automatisch dahin zog, um zu prüfen, ob wirklich alles in Ordnung war.

»Gute Nacht, Mr. Didier. Bis zum September dann.« Als Vorletzte ging auch Annie Parsons.

Trostlos sah die Küche nun aus. Alles, was eben noch an das Dinner erinnert hatte, war verschwunden. Die Kupferpfannen hingen an den Haken, die Teller waren weggestapelt, alle Gerätschaften lagen in ihren Schubladen anstatt zur Arbeit auffordernd neben den Hackbrettern. Nur ein mit Proviant gefüllter Korb stand noch offen auf dem Tisch. So groß sein Verlangen war, endlich in Eastbourne zu sein, der Ort schien ihm ferner denn je. Er würde mit Egbert hier bleiben müssen, bis der Fall abgeschlossen war. Trug er nicht eine ebenso große Verantwortung in dieser Schlußphase? Ein winziges Bruchstück einer Information, ein lächerliches Detail, das ihm womöglich einfiel, konnte die Waagschale der Gerechtigkeit steigen oder sinken lassen, soweit es Francis und Smythe betraf. Francis war bis jetzt noch nicht gefaßt worden. Angenommen, Egbert folgte seiner Neigung und erhob Anklage gegen Smythe? Wie sollte er sich dazu stellen? Die Antwort war klar: Egbert würde einen Fehler machen, und deswegen mußte er, Auguste, auch hierbleiben.

Er betrachtete den Korb auf dem Tisch mit den guten Sachen, die vom Dinner übriggeblieben waren. Von Eastbourne aus würden er und Tatjana noch für zwei Wochen nach Frankreich reisen. Das war ein ganz anderes Land mit einer völlig anderen *cuisine*. Die Reise würde ihm für den Herbst neue Inspirationen bringen. Die in England vorhandenen Nahrungsmittel waren in ihrer Qualität einzigartig, aber die Anregungen, damit zu kochen, fand man nur in Frankreich. Es wäre schon viel wert, wenn wenigstens zwei Länder im Interesse des Magens zusammenstehen wollten. Vielleicht hatte Seine Majestät genau das im Sinn, wenn er sich für die *Entente Cordiale* einsetzte. Man brauchte zum Beispiel nur an eine *saupiquet* zu denken, eine pikante Sauce, die er im östlichen Frankreich kennengelernt hatte. Sie mußte herzhaft schmecken, von den Zutaten her wohlausgewogen sein. Ausgewogen - es war alles eine Frage der Gewichtung, der Betonung.

Eine Frage der Betonung ... Plötzlich schlug in seinem Hinterkopf wieder eine Glocke an, und diesmal überhörte Auguste sie nicht. Augenblicklich drehte er sich um und eilte durch die Korridore zum Haupteingang. Hoffentlich würde er sich im Dunkeln zurechtfinden, und hoffentlich war Tatjana noch da. Die Portierloge war dunkel, doch im Vestibül brannte noch eine Glühbirne. Atemlos erreichte er Tatjanas Büroraum. Sie saß am Schreibtisch und sichtete letzte Papiere.

»Ein Viertelstündchen, *chéri*, bat sie, als er hereinstürzte.

»Tatjana, erzähl mir noch einmal ganz genau, was du gehört hast, als du Hester Hart den Kakao bringen wolltest.«

»Aber das haben wir doch alles aufgeschrieben, und außerdem, Auguste, morgen fahren wir in Urlaub.«

»Der Topf ist noch am Kochen, *ma mie*. Bitte, tu mir den Gefallen, schildere es noch einmal. Und haargenau, wie du es vernommen hast.«

Tatjana gab seinem Drängen nach; es sparte Zeit. »Beim ersten Mal konnte ich nicht alles verstehen, was sie sagten, aber ich habe natürlich Hester gehört und ganz deutlich Rodericks Stimme. Sie stritten sich, worüber konnte ich nicht ausmachen. Beim zweiten Mal verstand ich einiges ganz deutlich, denn Hester schrie: ›Dich heiraten, du Narr. Als ob ich das je vorhatte.‹«

»Und was hat Roderick erwidert?«

»Das habe ich nicht gehört. Ich bin ja weggegangen.«

»Woher willst du dann wissen, daß es Roderick war, den sie angeschrien hat?«

»Natürlich, weil davon die Rede war, ob sie ihn heiraten sollte«, erwiderte Tatjana geduldig.

»Versuch dich zu erinnern, *ma mie*. Hat sie gesagt ›dich *heiraten*‹ oder ›*dich* heiraten‹ oder ›dich heiraten‹ mit ebenmäßiger Betonung?«

»Ist da ein Unterschied?«

»Ja. Ein ganz entscheidender.«

Sie dachte nach, rief sich die Szene wieder ins Gedächtnis, versuchte, sie von den vielen Wiederholungen, die sie überlagerten, zu befreien. »Ich bin ziemlich sicher, sie hat gerufen ›*dich* heiraten‹. Meinst du etwa, beim zweiten Mal war es Hugh Francis?« Tatjana geriet in Erregung. »Das wäre durchaus möglich. Aber beim ersten Mal war es bestimmt Roderick. Er müßte sie also verlassen haben, und zwanzig Minuten später oder so müßte Hugh bei ihr aufgetaucht sein. Bloß, warum hätte Hugh Francis sie heiraten wollen, wenn er sie auch so beerben konnte?«

»Das, *ma mie*, ist die Frage.«

Langsam ging Auguste in die Küche zurück. Hatte er schon Halluzinationen, weil er übermüdet war? Sollte er das Ganze nicht lieber Egbert überlassen? Nein, heute nacht schloß der Club, und morgen begann der Urlaub. Urlaub für alle.

Pierre stutzte, als er hereinkam. »Tut mir leid, Monsieur. Ich konnte nicht früher kommen, habe noch in den Speisekammern geräumt.«

Auguste betrachtete ihn zuerst ganz subjektiv: Der Mann verstand so wunderbar zu kochen, daß selbst er nur selten etwas zu tadeln fand. Den Küchenbetrieb leitete er so gut, daß selbst er es nicht hätte besser machen können. Immer hatte er gutmütig und geduldig Eingriffe in sein Reich hingenommen und war zeitweilig in die Rolle des ergebenen Dieners geschlüpft, wo er doch der Meister war. Nicht Diener, jüngerer Partner stimmte wohl eher. Dann betrachtete ihn Auguste objektiv: Hier hatte er einen Araber vor sich, der in einem Land des Westens aufgewachsen, dann im Osten viel umhergereist war. Was machte der eigentlich in einem Club im St. James's-Viertel? War bloße Ergebenheit Hester gegenüber wirklich die Antwort auf die Frage, wenn Herz und Sinn des Mannes doch im Nahen Osten lagen? Auguste war zu müde, um lange wie die Katze um den heißen Brei zu schleichen.

»Sie waren es, nicht wahr? Sie hatten gemeint, Sie würden Miss Hart heiraten, und als Hester Sie zurückstieß, haben Sie sie getötet.«

Pierres Gesicht veränderte sich kaum. Ebenso gut hätte er sich über die beste Art, einen Hammelbraten zuzubereiten, unterhalten können. »Nein, Monsieur, eigentlich wollte sie mich heiraten. Dann aber hat sie es sich anders überlegt.«

»Wieso hätte Miss Hart Sie heiraten wollen?« Auguste konnte das nicht recht glauben. »Sie waren ihr Diener, waren von ihr angestellt.«

Pierre holte tief Luft. »Ich will das erklären – wenn Sie Zeit haben«, fragte er höflich.

Welch irre Situation, dachte Auguste, an diesem Küchentisch mit einem Doppelmörder zu sitzen, der sich erkundigt, ob man Zeit hat, ihm zuzuhören. Nun, da er des Rätsels Lösung hatte, überkam ihn völlige Ermattung. Er konnte nicht aufstehen, selbst wenn er es gewollt hätte. Gebannt blieb er auf seinem Stuhl sitzen.

»Im Orient ist alles anders.« Pierre schien weniger zu ihm als zu sich selbst zu reden. »Dort ist das Land der Araber, nicht der Westler, und ihre Lebensart ist für sie der Pfad der Rechtschaffenheit, gerade so wie eure Bibel und eure Gesetze es für euch sind. Auch bei ihnen gibt es Sklaven, aber unter den Freigeborenen herrscht eine Gleichheit, die man sich hier oder in Frankreich nicht vorstellen kann. Reiche findet man dort und Arme. Es gibt Schlechte und Gute, und danach wird der Mensch beurteilt, nicht nach seiner Abstammung. Wohlhabenden Männern und Männern aus altangesehenen Familien erweist man Respekt wie überall in der Welt. Doch das hat nichts mit ihrem Wert als Mensch zu tun. In London und Paris ist das anders. Die vornehme Gesellschaft ist eine Kaste, die Außenseiter nicht aufnimmt, hat mir Miss Hart erzählt, und ich erlebe das auch selber. Sechs Jahre lang war ich ihr Dragoman – sie eine reiche Lady aus England, und ich ein bei ihr angestellter Dienstmann –, aber in der Achtung, die man uns entgegenbrachte, waren wir ebenbürtig. Der Araber schätzt gleichermaßen Mann oder Frau, die sich gut auf ihre jeweiligen Pflichten verstehen. Wir waren Partner in einem großen Abenteuer. In der Wüste ist das immer so, Brüder helfen einander in der Not, denn, wie ich gesagt habe, nicht alle Araber sind guten Willens Reisenden gegenüber.

Wir haben uns während jener Jahre viel unterhalten; unsere Ansichten vom Leben waren gleich. Sie haben nur die negative Seite in Hester Hart gesehen, ich habe die echte Frau erlebt, ohne die Fesseln der westlichen Welt. Sie war tapfer, ein starker Charakter, lebensfroh – und glücklich. Natürlich müssen wir heiraten, hat sie gesagt, nach all dem, was wir miteinander erlebt haben. In Palmyra hat sie das gesagt, in jenem Schicksalsort.«

Auguste mußte sich zwingen, sich nicht von seiner Sympathie für den Mann forttragen zu lassen. »Und Sie stellten sich vor, wenn Hester Sie heiratet, würden Sie reich werden.«

Pierre lächelte. »Würden Sie mir glauben, wenn ich einfach erwiderte, daß das nicht meine Denkweise ist? Die Versuchung verstehe ich durchaus, denn ich bin in Frankreich aufgewachsen. Der englische Forscher Richard Burton schrieb von seinen ausgedehnten Reisen im Orient, der Unterschied zwischen dem Araber und dem Westler besteht darin, daß es das Lebensziel des Arabers ist zu sein und das des Westler zu haben. Der Glanz und das Elend. Das, sagte er, macht das Leben des Arabers aus, und beides findet man in der Wüste. Ich hatte den Vorzug, das mit Miss Hart zu teilen.«

»Haben Sie sie aufgefordert, Sie zu heiraten?«

»Nein. Sie war es, die es zur Sprache brachte. Sie trug meinen Ring, und wir tauschten Exemplare der ›Rubáiyát‹ aus, weil Hester die Gedichte so mochte.«

»Das in der Handtasche war also ihr Exemplar? Warum haben Sie es dort gelassen?«

»Weil ich ihr das Bändchen geschenkt hatte. Und ich besitze das, das sie mir gab. Sie trug es immer bei sich, also wußte ich, es war in der Handtasche. Die Titelseite mußte ich herausnehmen, um ihr Ansehen und auch mich selbst zu schützen, ich hatte etwas darauf geschrieben. Die Pistole nahm ich ebenfalls an mich; sie war mir so vertraut, war Teil meines Lebens. Zuerst wollte ich sie erschießen, doch dann hielt ich es für passender, sie mit unserem Dolch zu erstechen.«

»Mit unserm Dolch?«

»Der Dolch, den wir gemeinsam in der Wüste gebrauchten. Wir haben unsere Gelübde darauf geschworen, wir haben unser Fleisch damit geschnitten, wir haben uns damit verteidigt. Wir hatten ihn gemeinsam in Damaskus gekauft, und für uns war er das Symbol unserer Gemeinsamkeit. Er war die geeignete Waffe, ihr als Verräterin den Garaus zu machen.«

»Verräterin? Nur weil sie es sich anders überlegt hatte?«

»Es war mehr als das, Monsieur. Ihr Rachegelüst zu befriedigen wurde ihr das Allerwichtigste. Sobald sie nach England kam, war sie ein anderer Mensch, war sie nicht mehr meine geliebte Miss Hart. Sie bat mich, den Job hier anzunehmen und sie bei ihren Plänen zu unterstützen. Ich wußte, wie sehr ihr daran lag, deshalb willigte ich ein. Sie würde vortäuschen, mich nicht zu kennen; auch das verstand ich. Deshalb sollte ich sie nicht in ihrem Haus aufsuchen, sollte mich mit ihr im Zoologischen Garten treffen.«

»Ah, im Zoo also. Nun wird mir's klar.«

»Ja, wo ich Luigi, den Hund, getötet habe«, bestätigte Pierre ganz sachlich. »Sie veränderte sich völlig. Von Heirat war nie mehr die Rede. Sie behandelte mich so, wie man Diener hier eben behandelt, und Sie wissen selbst, wie das ist. Die Kluft zwischen der Herrschaft und dem Personal ist so tief wie der Euphrat, und niemand wird ihn je überqueren.«

»Und hat sie deshalb mit solcher Verachtung geschrien ›*Dich* heiraten?‹, als Sie in jener Nacht zu ihr gingen?«

»Unser Verhältnis zueinander war nicht immer so, Monsieur. Mir war klar, daß ich sie töten mußte, als sie ihre Verlobung mit Roderick Smythe bekanntgab.«

»Warum mußte? Mord ist eine Sache des freien Willens.«

»Nicht für einen Araber, Monsieur. Meine Frau hatte mich betrogen, deshalb mußte sie sterben. Sie war eine Ehebrecherin. Steinigt das Weib, sagt Mohammed.«

»Frau?«

Pierre beachtete den Einwurf nicht. »An jenem Abend hörte ich Sie sagen, daß Miss Hart Mr. Smythe nun doch nicht heiraten werde. Ich glaubte sofort, daß es von vornherein Teil ihres Plans gewesen war, nur so zu tun, als ob sie das wollte, und daß sie immer noch beabsichtigte, mich zu heiraten. Ich hielt mich in den Vorratsräumen versteckt, während Sie annahmen, ich sei nach Hause gegangen. Den Dolch hatte ich bei mir, damit wir uns darauf erneut unsere Treue schwören konnten. Ich war sehr aufgebracht, als Roderick Smythe auftauchte, und erlöst, als er bald danach wieder verschwand. Sofort ging ich zu ihr in die Wagenhalle. Sie lachte über meine Liebe. Sie war nicht mehr meine Hester. Sie war nur noch eine englische Lady, die nie einen Diener heiraten würde. Deshalb habe ich sie getötet.« Er schüttelte sich. »Ich hatte meine Hester getötet. Bis dahin hatte ich nicht an mich gedacht. Aber dann begriff ich, ich war ja in einem Land des Westens, in dem man meine Tat mit anderen Augen sehen würde. Also habe ich den Dolly Dobbs zerschmettert. Ich hoffte, Sie würden denken, das Automobil war der Grund für den Mord.«

»Und Luigi?« Auguste war entschlossen, nicht weich zu werden. »War das recht nach Ihren Maßstäben, daß er sterben mußte?«

»Wenn man unter die Räuber gefallen ist, ist es kein Verbrechen, sich zu verteidigen. Der Hund ahnte, als Sie mit ihm sprachen, daß ich Hester getötet hatte. Er war überrascht, daß ich Ihnen gestanden hatte, ich war ihr Dragoman. Warum hätte ich Ihnen das auch nicht sagen sollen? Es stimmte doch. Jedenfalls hatte er mitbekommen, daß ich Hester getötet hatte, denn er sah mich vom Fenster seines Servierzimmers aus über den Hof gehen. Wenn ich wegen Hesters Tod schon sterben mußte, hatte ich mir vorgenommen, sollte der Hund nicht lebend davonkommen. Ich willigte deshalb in seine Forderung nach Bestechungsgeld ein und schlug vor, uns im Zoo zu treffen, damit ich ihm das Geld übergeben konnte. Die Pistole ließ ich dort als Zeichen für Hester, daß ich sie gerächt hatte. Es hätte sie gefreut, daß es an dem Ort geschah, an dem wir uns immer getroffen haben.«

»Sie haben vorhin ›meine Frau‹ gesagt«, bemerkte Auguste. »Waren Sie denn schon verheiratet?«

Er erhielt keine Antwort.

»Auch gut. Vielleicht steht darüber etwas in ihren Tagebüchern.«

»Sie haben ja die Bücher«, erwiderte er knapp.

»Nicht alle, Pierre.«

Unvermittelt stand er auf. »Was werden Sie jetzt tun, Monsieur Didier?«

»Ich muß Inspektor Rose informieren«, entgegnete Auguste ohne nachzudenken. In dem Moment sah er, wie Pierre die Hand unter die Schürze schob – er hatte einen Fehler gemacht. Konnte er eine der Türen erreichen? Nein. Seine einzige Chance bestand, Pierre von seinem Vorhaben abzubringen. Das war schließlich nicht Gregorin, das war Pierre, sein ihm zugetaner Assistent; aber es war auch Pierre, der den geschnitzten Griff eines Dolchs gepackt hatte, eines Dolchs, mit dem er Hester Hart ermordet hatte und Luigi Peroni.

»Mir bleiben drei Möglichkeiten«, sagte Pierre ruhig. »Ich kann Sie töten, ich kann mich selbst töten, oder ich kann dem Inspektor sagen, daß ich schuldig bin. Was meinen Sie, was soll ich tun?«

»Sie achten mich, Pierre. Sie werden mich nicht umbringen. Ihre arabische Seele läßt das nicht zu.« Auguste bemühte sich, mit ruhiger Stimme zu sprechen. Was er sagte, mußte so klingen, als sei er davon überzeugt.

»Ich bin in Marseille groß geworden.« Pierre betrachtete den Dolch. »Ich könnte Sie ohne weiteres töten, wenn es die Vorsehung so will.«

»Pierre, die Vorsehung will es nicht.« Auguste sagte es ganz sacht und beinahe voller Mitgefühl, denn er sah, was Pierre nicht sehen konnte – Egbert kam in die Küche geschlichen, hinter ihm zwei Polizisten. Ermüdung und die übermäßige Anspannung der letzten Tage überwältigten Auguste schlagartig. Er brach zusammen.

Die Sonne schien durch die Scheiben, Auguste schlug die Augen auf. Das Bett neben ihm war leer. Tatjana summte im Ankleidezimmer vor sich hin. Es ging in die Ferien. Dann fielen ihm die Vorgänge der vergangenen Nacht ein.

»Egbert wartet unten auf dich, falls du dich schon kräftig genug fühlst.« Tatjana schaute besorgt ins Schlafzimmer. »Geht's wieder?«

»Bleibt es dabei, daß wir in Urlaub fahren?«

»Ja! Alle vier miteinander.«

Er setzte sich im Bett auf – die Welt sah wunderbar aus – und schwang die Füße auf den Boden. »Hat er schon gefrühstückt?« Ans Nächstliegende mußte man zuerst denken.

»Mrs. Jolly und Egbert haben sich verständigt. Sie macht gerade einen ihrer speziellen Crêpes mit Nierchen.«

Der Duft stieg ihm bereits in die Nase. Und bald würde er auch die frische Seeluft schnuppern. »Ich bin in fünfzehn Minuten unten.«

Egbert begrüßte ihn mit aller Herzlichkeit; man merkte ihm nicht an, daß er die ganze Nacht aufgewesen war. »Dachte mir, du würdest das hier noch sehen wollen, bevor wir abreisen. Wir fanden sie beim Durchsuchen seiner Behausung.« Er holte vierzehn vertraut aussehende Bände hervor und stapelte sie auf den Tisch im Frühstückszimmer.

»Aha!« Auguste schlug mit der flachen Hand darauf. »Die Tagebücher. Die privaten, für die Jahre, die Pierre mit ihr verbrachte.«

»Ja. Und für die Jahre davor. Pierre war nicht der erste Dragoman, der zugleich ihr Liebhaber war. Sie hatte ihm den ganzen Packen anvertraut. Fand ich sonderbar, hab ihn gefragt warum, wo sie doch nicht mehr so intim miteinander waren. Weil sie ihn als ihren Diener betrachtete, hat er verbittert gesagt, der selbstverständlich ihre Weisungen befolgen würde.«

Auguste nahm eins der Hefte in die Hand und schlug es aufs Geratewohl auf. »Gestern Nacht hat mich Pierre die orientalische *upavishta* gelehrt, die sitzende Stellung, die Europäern so schwer fällt. Aber mir ist sie gelungen. Alles in allem sind das jetzt dreiunddreißig Stellungen. Er ist ein Mann mit wohlgeformten Gliedmaßen, das eine Glied aber, das wichtigste, ist das gewaltigste, dem ich je begegnet bin. Ich habe es ausgemessen ...« Auguste ließ den Band sinken. Doch Neugier war stärker als Widerwille. »Ich liebe ihn, ich liebe ihn wirklich! Ich werde ihn heiraten. Wie Jane Digby und ihr Scheich werden wir in unserer Wüste der Schönheit leben für immer und ewig.« Er klappte das Buch zu und blickte zu Egbert; der nickte.

»Kein Wunder, daß er sie als seine Frau ansah. Und kaum war sie hier, änderte sich ihr Verhalten. Ist schon merkwürdig, daß Miss Hart, die in ihrer Jugend so darunter gelitten hat, wegen ihrer Herkunft als nicht ebenbürtig behandelt zu werden, nichts dabei fand, mit Pierre ebenso umzuspringen.«

»Edith hat eben recht, wenn sie meint, eine nette Lady war Hester Hart nicht.«

»Übrigens«, sagte Egbert, »du hast noch gar nicht gefragt, wie ich gestern Abend gerade im richtigen Moment aufgetaucht bin. Obwohl ich nicht glaube, daß er dich umgebracht hätte. Er mag dich wirklich.«

»Wie kam's also?« Auguste versuchte, nicht an Pierre zu denken und an das, was sie miteinander verband.

»Ich war nach Scotland Yard zurückgegangen, um die Anklage gegen Roderick Smythe fertig zu machen. Du lagst zufällig mal richtig. Er war nicht der Herr aus dem Club, das war Hugh Francis. Na egal, Smythe saß in seiner Zelle, freute sich wie ein Schneekönig und trank – er stand ja nicht unter Arrest und wußte, ich mußte die Anklage vorbringen oder ihn freilassen. Er rechnete mit dem letzteren. ›Noch ein Glas Wein, wenn ich bitten darf‹, verlangte er in aller Seelenruhe. Da fielen mir die Verse ein, die Edith beim Dinner aus dem Buch in Hester Harts Handtasche deklamiert hatte. ›Ein Krug voll Wein und ein Laib Brot, und du singend in der Wildnis neben mir.‹ Poetische Einfälle habe ich sonst nie. Dein Hummer à la Edith muß da was in meinem Innern bewirkt haben, denn plötzlich schoß mir durch den Kopf, das paßt auf unseren Pierre wie die Faust aufs Auge. Also kam ich noch mal nach Milton House, wollte bloß mal sehen, ob er irgendwo im Club steckte. Tatjana sagte mir, daß du noch da bist, und da bin ich so in Richtung Küche geschlendert und habe alles mit angehört.«

»Eigentlich hat dann Edith den Mord aufgedeckt.«

»So ist es.«

»Heute abend mache ich ihr ein Soufflé Edith, das wird besser sein als alle Rezepte ihrer geliebten Mrs. Marshall zusammen.«

»Wir fahren in den Urlaub. Du wirst eine Küche nicht einmal von weitem zu sehen bekommen.«

Das fand Auguste enttäuschend, doch gleich hellten sich seine Züge auf. »Essen kann ich aber trotzdem.«

Epilog

Auguste war glücklich. Die Brise auf dem Pier von Eastbourne zerrte ungeduldig an seinem Panamahut und blies ihm sanft in den Kragen seines Blazers. Edith hielt ihren neuen Strandhut fest, und Tatjana band ein Tuch um ihre kreisrunde Kopfbedeckung, als ob sie in einem Motorwagen säße. Es fehlte nur noch die Schutzbrille. Egbert zog das Jackett seines legeren Anzugs aus und ließ seine Hemdsärmel den Sonnenschein genießen.

Sie hatten gerade *crevettes grises* von einem Kiosk auf dem Pier verspeist; die waren ganz frisch und rochen nach Meer. Ihr Urlaub hatte begonnen, und angereist waren sie mit der Bahn.

»Egbert hat gemeint, wir werden uns auch einen Motorwagen zulegen«, verkündete Edith glückselig.

Auguste sah seinen Freund groß an; der wurde rot.

»Für dienstliche Belange«, murmelte er.

»Und Auguste hat eingewilligt, daß wir uns ein neues Automobil kaufen«, bemerkte Tatjana. »Du wirst es sogar fahren, nicht wahr, Auguste?«

Am liebsten hätte er »Nie im Leben« gerufen, auch war ihm nicht gegenwärtig, daß er einem solchen Vorschlag zugestimmt hatte. Aber da Tatjana niemals log, mußte es wohl an dem sein. Er sah seine Frau an, dunkles Haar umrahmte ihr rosig leuchtendes Gesicht. Er blickte auf seine Freunde, er dachte an das Vergangene und dann nach vorn an die wackre neue Welt der Zukunft.

»Natürlich werde ich es fahren«, erklärte er.

AtV

Band 1087

Amy Myers
Mord im Dienstbotenzimmer

Kriminalroman

Aus dem Englischen von Elfi Schneidenbach

265 Seiten
ISBN 3-7466-1087-7

Butler Greeves war ein mächtiger Mann auf Stockbery Towers, einem Herrensitz in Kent zum Ende des vorigen Jahrhunderts. Aber beliebt war er nicht. War er ein Erpresser? Ein Heiratsschwindler? Eines Tages wird er vergiftet aufgefunden. Wer von den Dienstboten hätte ihn ermorden wollen? Oder haben auch der Herzog nebst Gattin und ihre zur Jagd angereisten Gäste ein Motiv? Zuerst einmal verdächtigen alle den Chefkoch Auguste Didier. Was der Halbfranzose dem englischen Gaumen an französischer Küche zumutet, daran kann man sich schon leicht vergiften. So ist der charmante Auguste gezwungen, selbst Nachforschungen anzustellen, um seinen Hals aus der Schlinge zu ziehen. Ein spannender und amüsanter Krimi aus dem viktorianischen England.

AtV

Band 1088 **Amy Myers**

Mord im Rampenlicht

Kriminalroman

Aus dem Englischen von Elga Abramowitz

265 Seiten
ISBN 3-7466-1088-5

Eines Nachts im Jahre 1894 bergen Polizisten eine Leiche aus der Themse: ein Chor-Girl aus dem berühmten »Galaxy-Theater«. Der Mörder hat ihr die Arme gekreuzt und über der Brust zusammengebunden. Kurz darauf werden zwei weitere Chormädchen auf dieselbe Art ermordet. Im »Galaxy« breitet sich Angst aus. Verunsichert ein neuer Ripper London? Gehört er zur Theatergruppe? Oder ist er einer der reichen Herren, welche die auffallend hübschen Galaxy-Mädchen galant umwerben?
Auguste Didier, der charmante französischen Meisterkoch, der seit einiger Zeit die Gäste des Theaterrestaurants mit seiner Kunst verwöhnt, unterstützt Inspektor Rose von Scotland Yard wieder tatkräftig bei seinen Ermittlungen und zeigt viel Herz für die Damen vom Theater.

AtV

Band 1089 **Amy Myers**

Mord in Cannes

Kriminalroman

Aus dem Englischen von Helga Schulz

287 Seiten
ISBN 3-7466-1089-3

Chefkoch Auguste Didier hat beschlossen, endlich Urlaub zu machen – in Cannes, wo er zu Hause ist und wo nichts und niemand ihn zwingen kann, wieder Amateurdetektiv zu spielen. In London verfolgt Inspektor Rose unterdessen eine Serie aufsehenerregender Juwelendiebstähle: Jedes der sechs gestohlenen Schmuckstücke war in einem der sagenumwobenen Fabergé-Eier aufbewahrt, die der russische Großfürst Igor seinen Ex-Geliebten zu schenken pflegte. Ein einziges dieser unendlich kostbaren Kunstwerke ist noch übrig – das siebte Fabergé-Ei, und dessen Besitzerin hält sich zur Zeit ausgerechnet in Cannes auf…

AtV

Band 1084 **Amy Myers**
Mord im Pavillon
Kriminalroman

Aus dem Englischen von Elga Abramowitz

316 Seiten
ISBN 3-7466-1084-2

Es ist schon seltsam für Auguste Didier, nicht in seiner Eigenschaft als Koch, sondern als frischgebackener Ehemann der russischen Prinzessin Tatjana Manjowskaja auf Tabor Hall in Yorkshire zu einer Verlobungsfeier geladen zu sein, an der auch der vor kurzem gekrönte König Edward VII. teilnehmen wird. Lady Priscilla Tabor hat allerdings eine befremdliche Sitte in ihrem Haus eingeführt: Um ihre kostbaren Tapisserien nicht zu beschädigen, müssen sich die Gentlemen zum Rauchen in einen Pavillon im Park zurückziehen. Es geht das Gerücht unter den Damen, daß die Herren dort auch recht pikante Gemälde bewundern könnten. Spätnachts stolpern Tatjana und ihr Vetter auf den Stufen des geheimnisvollen Bauwerks beinahe über eine Leiche. Wer ist der Tote? Ein neuer Fall für Meisterkoch und Detektiv Auguste Didier.

AtV

Band 1085 **Amy Myers**
Mord in der Music Hall
Kriminalroman

Aus dem Englischen von Irmhild und Otto Brandstädter

319 Seiten
ISBN 3-7466-1085-0

Chefkoch Auguste Didier, der nach seiner Heirat in adlige Kreise keiner geregelten Arbeit mehr nachgehen darf, hat endlich einen Job auf Zeit: Eine Woche lang ist er vorgeblich Koch in dem heruntergekommenen Gasthaus, das zur Old King Cole Music Hall gehört. Eigentlich soll er hier den gefeierten Varieté- Künstler Will Lamb beschützen. Auguste hält Lambs Ängste, umgebracht zu werden, für reichlich überspannt, basieren sie doch auf einem ominösen Traum – da stirbt der Künstler vor seinen Augen bei seiner berühmten Schwert-Nummer.
Eine neue Aufgabe für den charmanten Koch und Detektiv.